语义学（第二版）

Semantics

［新西兰］凯特·科恩（Kate Kearns） 著

陈丽萍 译

四川大学出版社

责任编辑:黄新路
责任校对:敬铃凌
封面设计:墨创文化
责任印制:王 炜

图书在版编目(CIP)数据

语义学 /（新西兰）科恩（Kearns，K.）著；陈丽萍
译. —2 版. —成都：四川大学出版社，2015.6
ISBN 978－7－5614－8688－7

Ⅰ.①语… Ⅱ.①科… ②陈… Ⅲ.①语义学－高等
学校－教材 Ⅳ.①H030

中国版本图书馆 CIP 数据核字（2015）第 148875 号

四川省版权局著作权合同登记图进字 21－2015－163 号
授权者——
© Macmillan，Kate Kearns，2011 年.
"First published in English by Palgrave Macmillan，a division of Macmillan Publishers
Limited under the title Semantics，2nd edition by Kate Kearns. This edition has been
translated and published under licence from Palgrave Macmillan. The author has
asserted her right to be identified as the author of this Work. "

书名 **语义学(第二版)**
YUYIXUE (DIERBAN)

著　者　[新西兰]凯特·科恩(Kate Kearns)
译　者　陈丽萍
出　版　四川大学出版社
地　址　成都市一环路南一段 24 号 (610065)
发　行　四川大学出版社
书　号　ISBN 978－7－5614－8688－7
印　刷　郫县犀浦印刷厂
成品尺寸　148 mm×210 mm
印　张　13.625
字　数　405 千字
版　次　2015 年 10 月第 2 版
印　次　2015 年 10 月第 1 次印刷
定　价　35.00 元

◆读者邮购本书,请与本社发行科联系。
电话:(028)85408408/(028)85401670/
(028)85408023　邮政编码:610065
◆本社图书如有印装质量问题,请
寄回出版社调换。
◆网址:http://www.scup.cn

译者序

2011 年，在获得美国罗格斯大学（Rutgers University）语言学博士学位后，我回到了中国，来到了美丽的四川外国语大学的语文研究中心，感谢川外为我提供了非常优越的科研条件和生活环境。

回国的第二年，我开始给研究生开设《形式语言学》课程。一开始选用了美国哈佛大学著名语义学家 Gennaro Chierchia 的 *Meaning and Grammar* 作为教材，因为这是我在美国读博士期间语义学课程的第一本教材，也由此与我的导师 Veneeta Dayal 和形式语义学结缘，Chierchia 也是我的导师在康奈尔大学（Cornell University）时的博士生导师，所以感觉很亲切。

但是，一个学期下来，情况并非如之前预期。由于中国大学本科没有开设语言学专业，学生的语言学知识储备有限，对教材内容根本无法理解，加之相关中文辅助教材奇缺，仅有的由香港学者潘海华、蒋严（1988/2005）合著的《形式语义学引论》又偏难，学生苦不堪言。于是我开始搜寻合适的教材，并发现 Kate Kearns 的这本《语义学》难易适中，比较适合语言学专业低年级的学生，因而采用这本书作为教材。试用了一个学期，效果不错，但学生还是有些理解障碍。

2013 年 5 月，中国世界图书出版社"西方语言学视野"系列丛书引进了这本书的英文原版，并由香港理工大学蒋严教授为这本书提供了中文导读。尽管导读为读者了解全书概貌提供了很大的帮助，但学生普遍感到要准确领会原著，进入这个全新的前沿领域，光靠导读还是有些困难，我就萌生了将这本教材译成中文的想法。

对此想法，研究生们反响很热烈，纷纷表示很有必要，也愿意参与其中。于是我就结合授课让学生进行了部分章节的初稿翻译。尽管离我的要求还有差距，但是同学们付出了辛勤的劳动，最难能可贵的是，以翻译此书为契机，营造了一种浓厚的学习、研究气氛，培育了紧密协作的团队精神，使我对国内学生的知识结构和学术环境等有了深刻的了解，为以后有针对性地开课、带学生搞科研都大有裨益。在此特别感谢他们，他们的名字是：

阎晓雨（第1章），李晓琴（第2章），李燕（第3章），王婉如（第4章），何珊瑚（第5章），李晶（第6、7章），张彦明（第8章），孔宪宁（第11章）。另外，本校研究生院的贺佳老师翻译了第9和第10章的初稿，新闻传播学院的雷涛老师润色了全部中文稿，在此一并感谢。

一章一章地翻译和修改，一遍一遍地校对和统稿，几经往复，几多昼夜，经过一年多的努力，终于完稿。校领导、研究生院为本书的出版在经费上给予了大力支持，四川大学出版社的黄新路编辑也在封面设计和版式等方面给予了很大的帮助，在此表示诚挚的谢意。最后也感谢我的家人给予的支持和鼓励，使我能够全身心投入翻译工作中。

凝聚众人心血和期盼的这部教材问世了，这份成功的喜悦，我愿意与看到这些文字的每一位分享，谢谢所有为此书付出过的人。当然，最感谢的还是原作者和原出版商，没有他们的创作和授权，此书不可能问世。

陈丽萍

2015 年 6 月于四川外国语大学

原著者前言（第二版）

此版对所有章节都做了修改，有些章节修改幅度较大。

本版新增加了第四章形式组合的内容，包括类型论和兰姆达演算，难度适合初学者。该章一直到 4.5 节都只运用到一阶逻辑的一些简单规则，并附有练习（5）和练习（6）。这部分可作为一个基本单元来使用。4.6 节介绍了二阶函数并附有练习（7）至（10）。不过，形式组合并没有作为本书的主要框架，主要有两个原因。第一，强调形式化技巧和引入广泛的语义问题和现象一直是一对矛盾。本书旨在后者，因此以广泛介绍语义问题为主，简化了形式化表达。第二，本书基本无需句法理论的背景知识，但与时态、情态和量化名词短语等相关的二元组合的句法结构则相当高级。本书除了对宾语位置的量化名词短语进行了简化的转换生成概括以外，与高级句法结构相关的语义组合基本被省略了。在讨论组合性原则的地方，我附了树形图，供学生们做书后练习时参考。

为了更集中地介绍形式理论，我删除了有关词汇语义学的内容并减少了对语用学的讨论。语用学的内容现在主要以"需知"为导向放在第一章。主要介绍了几种语用推理，如梯级隐含，它与字面义的真值条件很难凭感觉加以区分。我也增加了有关预设的描写，并对索引词和回指词进行了简要的概括。

对论旨角色这一章进行了更新和澄清，对词汇概念结构（LCS）的动机和形式化表征进行了新的全面的讨论，尤其是

LCS 中的论旨角色。对第 9 章的时和体也进行了大幅度修改，全面讨论了话语表征理论对叙事体参考时间的分析。

全书都增添了新的练习，而且对许多已有练习进行了修改。现在，所有的练习都标出了难易程度：★ 容易；★ ★ 中等难度；★ ★ ★ 高难度；还有少量 ★ ★ ★ ★ 超高难度。有些练习也标为"建议讨论"。

本书意在帮助真正的初学者，包括那些鲜有语言学和哲学背景的人。然而，语言现象及语言分析本身存在内在不同程度的复杂性，所以，像词汇概念结构以及作为兰姆达函数的广义量词的分析可能更适合中高水平的学生。

大量的读者反馈表明，本书可用教学范围极大，很多老师只选用了其中部分章节。的确，要在一个学期完成所有的内容可能会有些不切实际。为此，我增加了交叉索引并在有些地方进行了简要重述，以便读者独立地使用书中的某些部分。例如（如果你愿意），在没有阅读第 8 章动词情状类型的情况下可以使用第 9 章的时体，或者在没有阅读第 6 章广义量词的情况下使用第 7 章的指称隐晦。

感谢你与我们一起飞翔——愿你的旅程愉悦而有趣。

目　录

1 导论

1.1 语义学与语用学

语言学对意义的研究通常是在语义学和语用学这两个主要领域内进行的。**语义学**（Semantics）研究词语的字面意义以及词语组合方式的意义，二者一起构成意义的核心或者构成对某特定话语完整理解的起点。**语用学**（Pragmatics）则研究如何提炼、充实，或者扩展字面意义以达到对说话人某特定语句的理解。语义和语用的这种划分可大致通过下例来说明：

(1) I forgot the paper.

语义学提供了该句各个部分 I，forget，过去时，the 和 paper 的字面意义以及按词序所获得的意义，可大致理解为"说话人在说话前的某个时间忘记了某个具体物品，该物品是纸"。

语用学则使上述字面意义得以充实从而达到更加完整的交流。

例如，假设那是个周日早上。说话人安娜去附近超市买牛角面包和报纸，刚回到公寓。在这个语境下，她的室友弗朗西斯会认为安娜说上述这句话的意思是她忘了买一份当天早上的周日版报纸，并且忘记的时间是她在商店的时候——她出发的时候应该还记得要买报纸，而且显然一回来又记起了此事。如果超市就在附近，可能还会让弗朗西斯推断安娜会返回商店去买报纸。

再比如，假设在一家农舍附近的荒地发现某人被谋杀了。农舍在案发前两天的夜里曾被人破门而入，尽管无相关损失的报道。农舍的主人此时正在翻修楼上的一间小屋，地上都是铲下的黏糊糊的墙纸碎片。被谋杀者的鞋底上发现了墙纸碎片。两个侦探正在探讨这个案子。其中一个刚刚做出推测，认为这起谋杀案与近期发生在附近城镇的一系列案件有关，而与闯入农舍事件无关。但她停顿了一下，说 *I forgot the paper*。在这个语境下，她的同事明白她想说的是当她对这件事进行上述推测时忘了死者鞋底上的墙纸碎片。假设墙纸碎片证明死者在某个阶段曾在农舍的楼上出现过，那么她的话也可以理解为她撤销对该案所做的已有推测，因为那个推测很可能是错误的。

这样的例子说明了语用在交际中的巨大贡献。不过，我们得到 *I forgot the paper* 这句话两种完整意义的出发点则是 *I forgot the paper* 所提供的稳定的字面意义。

本书主要讨论字面意义，讨论词语和语言表达中相对稳定的不随语境变化而变化的内容。下面介绍一些分析字面意义的主要问题。然后讨论几种重要的语用意义，这些语用意义可能很难与字面意义区分开来。

1.2　意义的种类

1.2.1　指谓与涵义

赋予词语或更长的语言表达的意义，最基本的方法有两种。第一种也是最简单的方法就是用例子来说明某词语**指谓**（denote）什么。例如，"奶牛"这个词可以通过指着一头奶牛说"这是奶牛"来定义；"蓝色"也可以通过指着一个蓝色的物体说"那个颜色就是蓝色"来定义。通过指向一个同类物体来定义的方法，叫**明示定义**（ostensive definition），这种方法直接诉诸要定义的词语的**指谓**（denotations）。"蓝色"指蓝颜色或者蓝色的物体，"奶牛"指谓奶牛。语言通过意义与周围世界发生联系，这是我们使用语言传递现实信息的基础。一个语言表达的指谓就是与其相关联的现实世界。

第二种赋予词语意义的方法是释义，常用于词典，如例（2）所示：

（2）法庭的　　"与法律或法庭程序有关的"
　　　出口　　　"从一个国家运送到另一个国家，通常是商品"

这种方法把要定义的词语与具有相同涵义（sense）或相同内容的语言表达相匹配。这种涵义匹配最好的例子莫过于不同语言之间的翻译。例如，我们说法语 le train bleu 的意思是 the blue train 就是说这个法语表达与这个英语表达具有相同的涵义。

涵义和指谓的区别讨论得最广的就是**涵义**（sense）和**指称**（reference）的区别。某表达指谓某个个体就是指称（refer）那个个体。头衔与专有名词是常见的指称性表达。例如，前几届肌肉先生沙滩大赛的获奖者分别是：1934 年的 Wade Rodriguez，1987 年的 Denzel Lucas，2001 年的 Josh Minamoto 和 2009 年的 Rob Cabot。"沙滩肌肉先生"这个词语有一个固定的含义，可释义为"称为沙滩大赛肌肉先生的年度沙滩健身大赛冠军（的头衔）"，但具体指哪一年或者是关于哪一年的冠军，这个词语则分别指 Rodriguez、Lucas、Minamoto，或者 Cabot。这说明含义的稳定性和指称的变化性。二者的关系在第 7 章将有进一步的介绍。

涵义与指谓地位不同。上例的"肌肉先生"在不同时间分

别指称 Wade Rodriguez、Denzel Lucas、Josh Minamoto 和 Rob
Cabot 等不同的人，而该词语在某个时间指称这些人中的某一个
这一事实则是由该词语的涵义所决定的。正是因为该词语有
"称为沙滩大赛肌肉先生的年度健身竞赛冠军"的涵义，并且
Lucas 是 1987 年该项比赛的冠军，所以该词语 1987 年指称
Lucas。也正是由于该词语的涵义，它不可能指称任何没有赢得
该比赛的人。因此，涵义是指谓的基础，涵义决定指谓。

总之，涵义和指谓是意义的两个基本方面。下面介绍如何根
据构成部分来分析复杂表达的意义。

1.2.2　词汇意义和结构意义

一个复杂的语言表达（如句子），其意义由**词汇意义**
（lexical meaning）和**结构意义**（structural meaning）构成。词汇
意义是单个词语的意义，而结构意义是词语组合方式的意义。

语言表达的结构意义主要包括通过句法结构所获取的意义，
例如：

（3）咬了那只狗的老鼠追了那只猫
　　追了那只狗的猫咬了那只老鼠
　　追了那只猫的老鼠咬了那只狗
　　追了那只老鼠的狗咬了那只猫
　　咬了那只老鼠的狗追了那只猫
　　追了那只猫的狗咬了那只老鼠
　　咬了那只猫的狗追了那只老鼠
　　追了那只猫的狗追了那只老鼠
　　追了那只老鼠的狗追了那只猫
　　……

由这几个词语"猫、狗、老鼠、追、咬、那、只、了"我们可以构建出大量不同意义的句子，但这些句子都建立在一个句法结构上，有一个共同的"意义模板"：

(4) [[B 了 C 的 [A]] D 了 E

　　x 是 A

　　x 进行了 D 活动

　　y 是 E

　　y 经历了 D 活动

　　x 进行了 B 活动

　　z 是 C

　　z 是 B 活动的经历者

例（4）所构成的意义成分就是句法意义。

任何自然语言理论都必须符合这一事实，即人类语言是在大脑中实化的，而大脑的容量是有限的。然而，尽管人们在某特定时间点所掌握的词语数量是有限的，但这些有限的词语原则上却可以产生或者生成无限多的句子，因为句法是递归性的。所谓**递归性**（recursiveness）是指某一短语嵌入另一同类短语的一种特性，它使句子的长度得以无限延伸。例（5）包含了两种递归手段，每一种都重复使用了很多次：

(5) a. 那辆车抛锚了，因为汤姆忘了加满油箱，因为他迟到了，因为当他刚要离开的时候比尔给他打了个电话，因为比尔想卖给约翰一个家庭健身馆，因为他不再用那个家庭健身馆了，因为他需要钱，因为他上个月花得太多了，因为他度过了一个短暂的假期，因为他需要一个假期……

b. 这就是那个孤苦伶仃的姑娘，她用那个弯曲的牛角挤牛奶，那个弯曲的牛角砸到了那只狗，那只狗追了那只猫，那只猫弄死了那只老鼠，那只老鼠吃了那棵麦芽，那棵麦芽是放在屋子里的，那个屋子是杰克修建的。

例（5）说明递归可以通过叠加而使句子加长。比如，"那辆车抛锚了"这句话，通过加上"因为汤姆忘了加满油箱"这句话而加长，从而得到两个句子：一个原句，一个加长了的句子。原则上，任何一个句子都可以通过递归叠加形成一个新句子，因此句子的数量是无限的。由于一种语言其句子数量是无限的，因此掌握一种语言不可能等同于记住这个语言的所有表达，而是我们掌握了单词和把单词组成句子的句法规则，而句法规则本身是有限的，而且数量可能很少。

同样，我们也能给数量无限的句子赋予意义，而句子与意义的匹配也不可能凭记忆进行。我们所听到或者理解的句子大都是第一次听到，不可能是学过的。因此，在掌握构成短语和句子的句法规则的同时，我们也一定掌握了意义组合的解释规则，就像句法规则的形式组合一样。因此，语言的意义是组合的（compositional）。所谓组合性是指由部分构成整体的一种特性。语义分析的组合性原则将在第 4 章讨论。

结构意义与下面要介绍的虚词意义有所重合。

1.2.3　实词与虚词

实词与虚词的区别适用于单词而非短语。有意义的屈折变化形式也可归于此，因为它们具有虚词义。

实词（categorematic expressions）指像名词、形容词和动词这样的描述性词语，涵盖了词汇中相当大的一部分。这些词之所以称为实词，是因为它们的描述性内容（或者涵义）奠定了分类的基础。例如，"烟囱"这个词的描述性内容奠定了烟囱这个类别的基础；"蓝色的"的涵义提供了蓝色事物的分类基础；"国内的""专业的""商业的"的涵义则为事物和活动的分类奠定了基础。除此之外都是**虚词**(syncategorematic words)，例举如下：

（6）as，some，because，for，to，although，if，since，and，most，all，…

虚词所共有的特点是它们本身没有独立而稳定的意义，我们只能通过它们所处的语境来描述其意义。与实词不同，虚词本身不描述现实，也不指谓现实世界。虚词的作用是修饰实词或者以某种方式连接实词。

下面是其他一些具有虚词义的表达，其中，（7a-c）涉及时态，（7d）涉及情态。（情态和时态将分别在第5章和第9章做进一步的讨论。）

（7）a. He believed us.

　　 b. He believes us.

　　 c. He will believe us.

　　 d. He might believe us.

在（7a-c）中的-ed，-s 以及表将来的助动词 *will* 都与同一个基本句式 *He believe us* 相结合。这个基本句式描述事件的状态，而语义时态把该事件定位在过去、现在或者将来。时态表达（*-ed*，*-s*，*will*）的过去、现在或者将来的内容并不是独立存在的，必须与基本句式结合才能获得某种相应的解释。同样的句式

He believe us 也出现在（7d）中，但这里 *He believe us* 所表达的事件状态并未定位在过去、现在或者是将来。情态动词 *might* 表示这一事件状态存在的可能性。

下面 *all* 的用法是虚词与描述性表达相结合的例子：

（8） a. All diamonds are hard.

　　 b. All dogs like ice-cream.

　　 c. All zinks neb.

　　 d. All A B.（*All As are B* 或者 *All As B*）

（8d）给出了 *all* 的基本框架格式，这一格式哪怕是在由毫无意义的词语构成的（8c）中也体现得很清楚。All 建立起 A 与 B 之间的关系。如果从范畴角度看，我们可以说"All A B"是将 A 范畴置于 B 范畴内，即 Bs 包含 As。例如，（8a）中 *hard* 事物的范畴包含 *diamonds* 的范畴，（8b）中 *ice-cream* 爱好者的范畴包括 *dogs* 的范畴，（8c）中 *nebbers* 的范畴包括 *zinks* 的范畴，无论 *nebbers* 或者 *zinks* 是什么。All 的意义通过 A，B 两个谓词的关系来定义，而非脱离语境，这就使 *all* 具有了虚词的特征。（包括 *all* 在内的量化限定词将在第 6 章讨论。）

总之，词汇意义可以实也可以虚。虚词，包括词和时态尾缀等小于词的部分，都自然地与结构意义归为一类，因为二者都必须依据它们所处的结构来定义。

（9）

1.3 意义的真值条件理论

1.3.1 指谓

语言的意义性在于它的"关于性"（aboutness），这是对语言意义的一个悠久而颇具影响的观点。因为词语和语句描述的是我们周边现实的各种事物和现象，因此是"关于"我们周边现实的。这就是为什么我们能用语言来表征现实。所以，语言的有意义性包括词语、语句与现实之间的各种关系。

正如我们先前所看到的，一个语言表达的指谓就是与该表达所关联的现实部分。例如，*Midge*，*Rinny*，或者 *Keeper* 等名字（name）指谓它们在现实世界中所指称的东西。假设例（10）中的名字都指狗（当词语本身用来指称时以斜体方式表示，如"名称 *Midge*"但是"狗 Midge"）。

（10）名字：*Midge*

Midge 的指谓＝Midge（她是一只棕色小狗。）

名字：*Rinny*

Rinny 的指谓＝Rinny（他是一只猎狐犬。）

名字：*Keeper*

Keeper 的指谓＝Keeper（他是一只忠诚的猎犬。）

但名字所描述的内容并非与其指称的内容相对应。比如，多数人的名字是按男女性别的惯例来编码的，但这种惯例也可以被打破。比如美国女演员 *Michael Learned* 使用的名字通常是男性的名字，女性使用这个名字时一般用 *Michaela* 和 *Michelle* 两种形式。有些名字虽然有词汇意义但未必与具有其名的人相匹配。比如，一个丑男人可以叫 *Beauregard*（美颜），而一位金发女士可以叫 *Melanie*（一种黑巧克力）。总之，有些名字虽然有明显的描述性内容，但这与决定它们的指谓没有关系。

与名字相反，描述性词语如"棕色的""咳嗽""摩天大楼""愤慨的"等，则指谓它们所真正描述的事物。这样的词语称之为谓词（predicates）。谓词的大部分是名词、形容词和动词，它们的指谓就是使它们为真或者使它们成立的事物的集合。例如：

（11）词语（名词）：*dog*

　　　dog 的指谓 = 狗的集合

　　　词语（形容词）：brown

　　　brown 的指谓 = 棕色事物的集合

　　　词语（动词）：grin

　　　grin 的指谓 = 大笑动物的集合

首先，这种对谓词意义的分析显得有些单薄。拿 *brown* 来说，它的意义是棕色事物的集合。这是这个词语的全部意义吗？假如这个世界是当前这个样子，但有一个细节除外，那就是在拉达卡某窗台上的某棕色陶碗是蓝色而不是棕色。如果这个世界真是那样而不是现实的样子，那么棕色事物的集合就会不同，而 *brown* 这个词语的意义是不会发生改变的。这似乎使词语的意义有些捉摸不定。因此我们想把 *brown* 这个词是如何与世界相关联的因素考虑进来，哪怕与现实世界的情况有所不同。

我们不仅要考虑谓词在实际中碰巧所指谓的事物，也要考虑它可能会指谓的所有假想的事物，即如果情况与现实不符，谓词指谓什么。*dog* 指谓所有实际的以及假想的狗，*grin* 指谓所有现实的以及假想中的大笑的动物，以此类推。因此，要说明具体谓词的指谓，我们需要考虑整个现实世界的各种假设版本。词语不仅与现实世界相连，也与其他可能世界相连。

1.3.2 可能世界、外延与内涵

在语义学中，**可能世界**（possible world）这个术语是对现实世界可能出现的各种情况的假设。现实世界是事物真实的存在方式，它包含在可能世界中，因为现实世界毫无疑问是一种可能的现实。与现实世界不同，可能世界不仅仅是地球的翻版，而是整个宇宙的翻版，存在着无限的可能世界。

dog 指谓很多可能世界里的狗。我们可以把现实世界中所有的狗收集起来形成一个所有现实中狗的集合——这个集合就是 *dog* 的**外延**（extension）。为了更加接近我们所认为的 *dog* 这个词的"真实意义"，我们则需要考虑它的**内涵**（intension），即所有可能世界中所有狗的集合，这就包含了符合"狗性"的全部可能的范围。因此，谓词有外延和内涵两种指谓。

（12）词语（名词）：*dog*

外延：现实世界中所有狗的集合

内涵：所有可能世界中所有的狗的集合

词语（形容词）：*brown*

外延：现实世界中所有棕色事物的集合

内涵：所有可能世界中所有棕色事物的集合

词语（动词）：*grin*

外延：现实世界中所有大笑动物的集合

内涵：所有可能世界中所有大笑动物的集合

1.3.3　真值条件

陈述句就是能够用来进行陈述的这类句子，以下分析以分析陈述句为主。

例如，我们需要确立"Midge 在大笑"这句话是如何与世界发生联系的。如果 Midge 果真在大笑，这句话就是对现实世界的准确描述。如果 Midge 在大笑，那么这句话就为真。所以，要确定这句话是否为真，就必须知道它的意义，从而确定哪些事实与之相关：在该例中，必须找到 Midge，并查看她的面部表情。

所以，一个句子的真假取决于该句的意义是否与现实相"吻合"。如果你知道相关事实，还知道句子的意义，那么你就知道这句话的真假。如果你知道句子的意义，还知道这句话为真，那么你就知道相关事实。如果你知道某一事实，还知道这个事实使某句为真，那么你就知道这句话的意义。

句子的外延和内涵是通过真值与现实世界建立联系的。这与谓词的外延与内涵有所不同。一个句子的外延（extension of a sentence）就是其真值（truth value），取决于这个句子在现实世界是否为真。句子的内涵是使句子为真的所有可能世界的集合。例如：

（13）句子："Midge 在大笑"
　　　外延：现实世界中的真值（或真或假）
　　　内涵："Midge 在大笑"这句话为真的所有可能世界的集合

句子的内涵也叫作句子的真值集合（truth set）。

在这类理论中，谓词的意义分析为谓词的内涵。相应的，句子的内涵（或者真值集合）就表示句子的涵义或者意义。这似乎有些奇怪：句子的意义怎么可能是宇宙的集合呢？"Midge 在大笑"这句话如果为真，它就直接描述了现实世界中 Midge 脸上的某种表情的事件状态，为什么这一事件状态不是这个句子的语义值呢？

更多的例句会证明现实世界不足以确定一个句子的意义，需要考虑其他的世界。

假设下面的句子都为真，考虑一下与之相关的情况。

（14）a. Midge 不是紫色的。
　　　b. Midge 不是白色的。

首先要确定的是无论 Midge 在哪儿情况都该如此。那么，单从现实世界的角度如何区分这两句的不同呢？Midge 是棕色的这一现实情况使两句都为真。因为二者在现实世界都为真，所以仅从现实世界的角度无法区分这两句的意义。但要引入所有的可能世界，就可以把它们区分开来了。

有包含 Midge 是紫色的可能世界，称这些世界的集合为"紫色世界"；也有包含 Midge 是白色的可能世界，称这些世界的集合为"白色世界"。那么，"Midge 不是紫色的"不仅在现实世界为真，而且在除了"紫色世界"以外的其他所有可能世界中也为真。同样，"Midge 不是白色的"在除了"白色世界"以外的所有可能世界中（包括现实世界）都为真。因此，尽管在单一世界情况下由于两句真值相同而无法区分，但如果考虑到发生不同情况的所有可能世界的话，这两句就可以区分了。"Midge 不是紫色的"与"Midge 不是白色的"真值集合不同，因而，这两句的意义不同。

发生 Midge 不是紫色的世界就是"Midge 不是紫色的"这句话为真的世界，也就是"Midge 不是紫色的"句子的内涵或者真值集合。"Midge 不是紫色的"的真值集合就像根据现实世界所有可能的不同存在方式（除 Midge 的颜色之外）对类似情况的每种可能的版本所进行的完整的说明。"Midge 不是紫色的"这句话的真值集合与任何其他事实句的真值集合都不同，不然二者就有相同的意义（事实句就是根据现实情况判断正误的句子）。

下面（15）中的 X 代表所有的不同于"Midge 不是紫色的"的事实句。不管 X 是什么，至少有一个世界会出现以下真值组合中的一组。

（15）X   "Midge 不是紫色的"
　　　真   假
　　　假   真

假设 X 为"Midge 是有色的"，那么在所有 Midge 是紫色的世界中，"Midge 是有色的"为真，而"Midge 不是紫色的"为假。假设 X 是"Midge 是绿色的"，那么在所有 Midge 是棕色的世界中，"Midge 是绿色的"为假，而"Midge 不是紫色的"为真。

两个句子只要在至少一个世界中不同，那么这两句的真值集合或者内涵就不同，也就是句子的意义不同。这一点适用于所有可以替代 X 的事实句。"Midge 不是紫色的"在至少一个世界中与其他任何事实句都具有不同的内涵——它的内涵是唯一的。如果某个事实句与"Midge 不是紫色的"这句话有相同的内涵，那么它们就有相同的意义。比如，法语 *Midge n'est pas violette* 和德语 *Midge ist nicht violett* 与"Midge 不是紫色的"有相同的内涵。

利用所有的可能世界，我们也可以处理"Midge 是紫色的"这样的句子。由于 Midge 是棕色的，所以这句话在现实世界为假，与任何现实情况不符。即使把 Midge 放到现实世界中，如我们所看到的，她是棕色的这一事实仍然证明"Midge 是绿色的"

或者"Midge 是黄色的"为假，正如"Midge 是紫色的"为假一样——现实世界与任何假语句都没有特别的关系，不能帮助我们确定这些假语句的意义。要给出"Midge 是紫色的"或者任何假语句的意义，我们需要使它们为真的所有可能世界的集合。

当我们说一个语句为真当且仅当某一特定情况或者状态的确如此的时候，就是在陈述该语句为真的条件。陈述句为真所需的环境就是陈述句的所谓**真值条件**（truth condition）。许多理论根据真值条件来分析句子的意义，这种理论被称为真值条件理论（truth-conditional theories）。通过指称、指谓或描写现实世界或可能世界的事物、情况和事件来分析意义的理论叫外延理论（denotational theory）。大多数形式语言学理论既是外延的也是真值条件的。

到目前为止，我们已经有了如下分析意义的工具：现实本身，也叫现实世界，还有无限多的现实世界其他可能的存在方式，也就是可能世界（包括现实世界）。由于可能世界的存在，语言表达具有外延和内涵的双重意义。

·名称的外延是它在现实中的所指。

·谓词的外延是使谓词成立的现实事物的集合。

·句子的外延是它在现实世界中的真值，或真或假。

·名称的内涵是它所在的任何可能世界中的所指（这一点会在5.5节做进一步讨论）。

·谓词的内涵是使谓词成立的所有可能世界中的事物的集合。

·句子的内涵是使句子为真的所有可能世界的集合——真值集合或者真值条件。

1.3.4 陈述句之间的涉真关系

"真"这个概念涉及陈述句之间的诸多重要特性，这里只做简单描述。如果 A 句为真时，B 句总为真，那么 A **蕴涵**(entail) B，换句话说，B 是 A 的蕴涵。(16) 给出了一些**蕴涵**(entailment) 的例子：

(16) a. "门开着" 蕴涵 "门没关"。

b. "里奥比丹矮" 蕴涵 "丹比里奥高"。

c. "溶液无味" 蕴涵 "溶液无丁香味"。

如果 A 和 B 两句在任何情况下都不能同时为真，那么 A 与 B **矛盾**(contradiction)。如果互相矛盾的 A 与 B 同时出现在复杂句 D 中，那么 D 也称为矛盾。如例 (17)：

(17) a. "约翰在家" 与 "约翰不在家" 矛盾，反之亦然。

b. "这个表又快又慢" 是矛盾句。

矛盾句永远不能为真，因为在给定的任何场合，只能有这一部分或者另一部分为真。另一方面，**重言句**(tautology) 则永远为真，不可能为假。如例 (18)：

(18) a. 琼斯走路的时候脚动了。

b. 宇宙要么在扩张，要么没在。

另一涉真（颇具争议）语句的特性就是**分析句**（analytic statement）与**综合句**（synthetic statement）的区别。分析句的真值仅取决于句中词语所表达的涵义，而非依据事物的真实属性。例如，我们可以判断（19a）为真而无需知道某只特定的老虎，因为雌虎本身已经包含了其外延为雌的这一信息。典型的分析句具有（19）所展现的形式：谓语部分重复主语表达内容的一部分：

> (19) a. 那只雌虎是雌的。
>
> b. 红酒是有颜色的。
>
> c. 被谋杀的那个人死了。

综合句是根据事物的真实情况确定真值的语句，其真值不能仅仅依靠句中词语的涵义来确定。例（20）是综合句，与（19）形成对比：如果不知道某特定的老虎或液体的真实情况，我们无法判断这两句的真假。

> (20) a. 那只雌虎怀孕了。
>
> b. 这个蒸馏液是深紫色的。

在上述这些性质中，蕴涵最重要，在语义分析中也最常遇到。A 蕴涵 B 这个概念也可以非正式地表达为"从 A 得出 B"。但"从 A 得出 B"所传达的信息可能还包含与基本蕴涵不同的其他关系，这是我们在本章剩余部分要讨论的。

1.4 隐涵

回顾一下本章开头的两个片段。这两个片段使 *I forgot the paper* 得到两种完全不同的解释。第一个片段中，当安娜说"I forgot the paper"，她是说在商店时忘了买报纸，也可能意味着她会回去买。第二个片段中，当侦探说"I forgot the paper"，她是说在建构对谋杀案的推论时忘了考虑死者鞋底粘着的墙纸碎屑，于是撤回了令她不满意的推论。两个事例中的那些额外信息都是听者从特定的语境和其他相关背景中推断（infer）出来的，而不

是来自 *I*，*forgot*，*the* 和 *paper*（以及句法）的字面意思。例如，第一个片段中的弗朗西斯从安娜的话中得出如下**推论**（inference）：*the paper* 指一份当天的报纸，安娜忘记的时间是她在商店的时候，安娜忘记的事情是买报纸（不是读报纸或者烧报纸），安娜可能打算立即回商店买那份报纸。

日常交际通常都或多或少地包含着这样的推理过程。听话人毫不费力地无意识地对说话人说出的字面意义进行补充，并最合理地构建出说话人想表达的信息。反过来，说话人说话的方式也是为了使听话人轻松地获取正确的推理。交际双方都积极参与理解与被理解的过程中。在这个意义上，正常交际是**合作性的**（cooperative）。正如我们上面所看到的，听话者的角色是获取适当的推理，说话者的角色是使听话者能够获取到正确的推理，或者说"引导"出正确的推理。被引导出来的推理叫作**隐涵**（implicature），是说话者所隐涵的（implicated）。

哲学家格莱斯（Paul Grice）确认了说话者必须遵守的四条基本原则（或者准则），为分析隐涵提供了一个理论框架，但实际上，这其中的两条就足以起到全部的作用。因此，后来的研究大致在两个主要原则上会合：指导听话人获取推理，指导说话人引出推理（或者隐涵）。这两个原则分别是**关联原则**（Principle of Relevance）和**信息度原则**（Principle of Informativeness）。

1.4.1 关联原则

关联原则认为，说话者所说的应该与交际双方当前关心的相关联。反过来，听话人应该把说话人所说的看成与当前相关，并据此做出推论。关联原则贯穿在本章开头片段的整个推理过程中。设想一下，那个侦探完全有可能在上班途中想要去买报纸，而通常情况下，如果有空喝咖啡的话，她会在此时与她同事分享报纸的内容，但是，这一天，她忘了买报纸。在此情形下（喝咖啡），她可能会对同事说"I forgot the paper"，而她的同事也马上会明白她想传达的是她忘了买那天的报纸。然而在实际场景中（谋杀案推论现场）当她说"I forgot the paper"时，几乎不可能理解为"我忘了买那天的报纸"，因为与当时的情况不相关。（如果她想传达的是"我忘了买那天的报纸"，那她就是在没有任何提醒的情况下改变话题，这既违反常情也不符合交际的合作性。）

下面也是基于关联的隐涵义的例子：

（21）Alice：希尔维会怎么来这儿？

Bella：克劳德就要下班回家了。

表面上看，Bella 的回答似乎与希尔维怎么来无关。不过，Alice 知道 Bella 是在回答她的问题，加之她自己对克劳德与希尔维两人的了解，Alice 可以轻松地推论克劳德下班会把车开回家，希尔维就可以使用了。总之，Bella 隐涵"希尔维会有车"。

（22）Axel：我们要邀请鲁伯特吗？

Benny：我们不想有任何政治上的争吵。

Benny 的回答必须与邀请鲁伯特参加某活动相关——Axel 可以轻松推论，Benny 认为鲁伯特可能会在这个活动上引发政治上的争吵，所以 Benny 不建议邀请鲁伯特来。Benny 隐涵"不要邀请鲁伯特"。

1.4.2 信息度原则

信息度原则有两条：①给出足够信息；②不要多给信息。**信息度原则二**（informativeness 2）通常被认为具有相当普遍的适用性，它允许对说话人所做的陈述通过推理而得到他所要表达的完整的信息。因此，听话人假设说话人没有直接陈述的任何信息都可以凭借推理而轻松得到，从而做出推论。再看一下 *I forgot the paper* 这句话。在第一个片段中，安娜说 *the paper* 一般情况下指一份当天特定的报纸。在此种情况下，如果她说"我忘了买一份基督教会出版社发行的今天的报纸"会很奇怪。因此，不说不必要的信息，遵循了信息度原则第一条。

信息度原则一（informativeness 1）——"给出足够信息"——也是所谓**梯级隐涵**（scalar implicature）的基础。典型的梯级隐涵出现在表示数量或表示程度的语言表达中，可通过信息度强弱等级来划分。例（23）中的限定词等级构成典型的梯级隐涵：

(23)（弱）〈*some*，*most*，*all*〉（强）

这个等级说明用 *some* 所做的陈述通常要比用 *most* 所做的陈述弱，信息度小，而用 *most* 所做的陈述通常又比用 *all* 所做的陈述弱，信息度小。

梯级隐涵假设说话人遵守信息度原则一，做出与他所知、所信一致的最强的陈述。说话人使用信息等级上某一表达所做的陈述意味着对该信息等级上更强的表达所做陈述的否定，因为如果使用更强表达的陈述为真，那么说话者应该会做出那个更强的陈述。例如，假设某门课的学生刚完成一个测验。当老师被问到"学生在测验中表现如何？"例（24）中的这些回答的梯级隐涵不同：

(24) a. Most of them passed.

　　　隐涵：并非所有的学生都通过了。

　　 b. Some of them passed.

　　　隐涵：并非所有的学生都通过了。

隐涵：并非大部分学生通过了。

c. Two or three did very well.

隐涵：做得很好的不超过两三个。

在这个等级中，相关语句的信息强度也可以通过蕴涵来定义。"All students passed" 蕴涵 "Most students passed"，也蕴涵 "Some students passed"，但反过来却不成立。所以，*all* 在信息度等级上比 *most* 和 *some* 强。同样，"Most students passed" 蕴涵 "Some students passed"，反过来却不成立。因此，*most* 在信息度等级上比 *some* 强。

下面是更多梯级隐涵的例子：

（25）I tried to contact Don several times.

隐涵：I didn't manage to contact Don.

弱〈try, manage〉强

（26）I've read halfway through the book.

隐涵：这本书我读了不超过一半。

弱〈刚刚开始，一半，四分之三，完成〉强

（27）黛安背得起 30 磅的东西。

隐涵：她背不起超过 30 磅的东西。

弱〈20 磅，30 磅，40 磅，……〉强

（28）（接待员对一个急于预约的病人）

埃文斯医生明天下午 2:00 可以见你。

隐涵：他不能更早见你。

弱〈明天 2:00，明天上午，今天下午，一小时之内，现在〉强

例（28）说明梯级隐涵等级的强/弱取向可能会依赖语境。

这里，这个病人想尽快见到医生，因此对于接待员来说，信息度最大的回答就是确定"最早"可预约的时间。但是，不同的语境，不同时间表达的相对信息强度会被颠倒。例如，在下例中，信息度最大的回答是确定所允许的"最晚"时间。

（29）这台机器有些运转不正常——你什么时候要这些底片？

我想明天第一时间就可以。

隐涵：我们不晚于明天第一时间需要这些底片。

弱〈今天下午，明天第一时间，明天下午，……〉强

就本书而言，关于隐涵需要记住的是，不是所有话语所产生的意义都必然是字面意义的一部分。在一些例子中，比如上面提到的 *the paper*，在不同的场合有不同的解释，语用贡献很明显。在其他例子中，尤其是带有梯级隐涵的例句中，隐涵的语用本质不那么明显。恐怕 *some* 具有 *not all* 的隐涵义最能说明隐涵的语用特性了，这个隐涵义很容易与蕴涵相混淆，不过，它的确具有依赖于语境的隐涵义。请看下面两例：

（30）a. Some cast members want to see you after the show.

b. The photographer wants some case members for the photo.

（31）a. Some of you are working well.

b. If some of you works solidly the mess could be cleared by tomorrow.

两例中的 a 句都有预期的 *not all* 隐涵义，但 b 句则没有。（30b）可以理解为：摄影师想让剧组所有成员或者大多数来拍

照，而（31b）可以理解为：如果你们中的一些人能在明天前把垃圾清理干净，那么你们中的大多数或者全部肯定会在同时或者更早把这些垃圾清理干净。

1.5 其他语境因素：指示词与回指词

语用推理可借助各种背景知识，这些背景知识构成解读话语意义更宽泛语境的一部分。对**索引词**（indexical expression）完整的理解有赖语境，但它们对语境的依赖不是开放语用式的依赖，而是由于它们本身包含依赖语境才能确定的成分。这些语境主要包括说话人的身份、听话人的身份、话语发生的时间与地点。例（32）是一些常见的索引词：

（32）*I* 指说话者

you 指听话者

now 指说话时间（或者包括说话时间，类似"这些天"）

today 指话语发生的当天

yesterday 指话语发生之日的前一天

tomorrow 指话语发生之日的后一天

past tense 指话语发生前的一段时间

future tense 指话语发生后的一段时间

come here 指朝说话者方向的运动

其他时间索引词包括 *this week/month/year*，*last week/month/year*，*next week/month/year* 等。这种通过话语语境特征定义的属性叫作**索引性**（indexicality）。索引词也叫**指示词**（deictic expression），相应的属性称为**指示**（deixis）。

回指词（anaphor）对语境的依赖有所不同。回指是从前文的语境获取所指。回指词选择语境中离其最近的语言表达作为其所指对象。回指词的典型特性是**回指性**（anaphoricity）。使回指词获取意义的词语叫**先行词**（antecedent）。下面给出一些例子。回指词下面加了下划线，括号中是先行词。

(33) He [grabbed the phone] and as he did so signalled frantically for a pen.

他 [拿起电话]，他这样做的同时不耐烦地示意要支笔。

(34) [Luisa] always thinks people are talking about her.

[Luisa] 总以为人们在谈论她。

(35) [Neil and Ewan] were still furious with each other.

[Neil 和 Ewan] 还在生彼此的气。

(36) [Jam, chocolate, tropical fruits and nuts] and other such luxuries were not seen for years.

[果酱、巧克力、热带水果和坚果] 以及其他诸如此类的奢侈品已经很多年没有见到了。

(37) [We] can't imagine ourselves running a country pub, we're not really open spaces people.

[我们] 不能设想我们自己经营一个乡村酒吧，因为我们不是真正的乡村人。

1.6 预设

预设的问题是由 Strawson（1950）提出来的，他指出，某类句子很难判断其真假。他观察到：

假设某个人真的跟你说……"The King of France is bald"……然后问他刚才所说的是真还是假……我想你可能会说……他的话是真还是假这个问题根本不会产生，因为 the King of France 根本就不存在。

Strawson 认为像 *the King of France*（即带有定冠词 *the* 的单数名词短语）这样的表达**预设**（presuppose）其所指的存在。一个陈述句要有真值必须使其预设得到满足。如果一个陈述句的预设失败，这个陈述句既不为真也不为假——出现真值缺口（truth value gap）。反过来，如果一个陈述句确有真值的话——或真或假——其预设都为真。总结如下：

(38) a. 陈述句 S 有预设 P。

　　b. 如果 S 为真，那么 P 为真。

　　c. 如果 S 为假，那么 P 为真。

　　　如果"非 S"为真，那么 P 为真。

　　d. 如果 P 为假，那么 S 既不为真也不为假。

注意（38c）中的两种说法是基于如下事实：如果陈述句 S 为真，那么该句的否定形式"非 S"为假，反之亦然。（如果"John 在家"为真，那么"John 不在家"就为假；如果"John 不在家"为真，那么"John 在家"就为假。关于这一点，我们在第 2 章还要讨论。）**预设存活于否定**（presupposition survives negation）是测试预设的主要手段，如例（39）所示。相比之下，例（40）的普通蕴涵则不能在否定句中存活：

(39) a. 如果 S 预设 P，那么 S 蕴涵 P 并且非 S 蕴涵 P。

　　b. "这位法国国王是秃子"蕴涵"法国有一位国王"。

  c. "这位法国国王不是秃子"蕴涵"法国有一位国王"。

（40）a. "尼罗是只哈巴狗"蕴涵"尼罗是只狗"。

  b. "尼罗不是只哈巴狗"不蕴涵"尼罗是只狗"。

  例（41）也体现了"预设在否定句中存活"这一事实。对于这个是否问句，不论回答是还是否，说话人都承认"汤姆一直在假报税表"这个预设的真实性。

（41）汤姆已经停止假报税表了吗？

  "是的"。"汤姆已经停止假报税表"蕴涵"汤姆一直在假报税表"。

  "没有"。"汤姆没有停止假报税表"蕴涵"汤姆一直在假报税表"。

  如果说话人不相信汤姆一直在假报税表，他就必须拒绝这个预设。这样做的一个策略就是"嘿，等一下！"，这一套路是另一种诊断预设很有用的方法。下面的例句摘自 von Fintel （2004）。"嘿，等一下！"表明说话者对假定的话语背景的否定，而不是对话语真实内容的否定。例（43）表明说话者反对例（42）中的预设。但是例（44）看起来比较奇怪，因为说话者开始质疑句子的具体内容，而不是质疑预设。

（42）证明哥德巴赫猜想的数学家是位女性。

  这句话存在错误的预设：哥德巴赫猜想已经被人证明出来了。

（43）合理的回应：

  "嘿，等一下！——我不知道已经有人把哥德巴赫猜想证明出来了。"

（44）奇怪的回应：

"嘿，等一下！——我不知道这是一位女性。"

日常交际中的表述经常带有预设，听话人虽不知道其真实性，但也不会加以反驳。例如，假设莱达对雅丽雅德说"我姐姐有完全相同的发型"，这句话预设莱达有个姐姐。雅丽雅德先前可能不知道，但通常她会假定这个预设是真实的——雅丽雅德只需在她已有的知识里添加以下事实：莱达有个姐姐，并且她留有一款特定的发型。这就叫作**预设调节**（presupposition accommodation）——听话者通过接受它为事实来调节预设。

很多不同类型的预设已经得到确定，下面介绍其中的几种。

有些限定词预设所提及的那类事物的全部。单数名词短语中的限定词 the 预设所描述的那类事物只有一个（关于 the 的语义将会在第6章详细讨论）。限定词 both 与 neither 预设所描述的那类事物有两个。注意井号"#"表示被标记的句子语义异常：

（45）#The island of New Zealand lies to the south-east of Australia.（New Zealand has three main islands.）
新西兰岛位于澳大利亚的东南部（新西兰有三个主要岛屿）。

（46）Both twins called the wolf 'Mama'.
双胞胎都叫这只狼"妈妈"。

（47）#Both triplet called the wolf 'Mama'.
#双人三胞胎都叫这只狼"妈妈"。

所谓的事实动词带句子论元，这个句子论元被认为是事实（即为真）。事实表达也包括名词 fact 和由事实动词转化而来的名词组。

（48）"琼斯知道这个关口因大雪而关闭了"蕴涵"这个关口因大雪而关闭了"。

（49）"琼斯不知道这个关口因大雪而关闭了"蕴涵"这个关口因大雪而关闭了"。

带有焦点的陈述句中，非焦点部分有预设的地位。最明显的例子就是所谓的 it 分裂句（it-cleft sentence）和语调焦点。如例（50）和例（51）所示：

（50）It was（wasn't）Greg who first noticed the marks on the wall.

预设：某人注意到了墙上的标记。

断言：那个人是（不是）格雷格。

（51）Judith doesn't grow LEMONS.

预设：朱迪丝种些东西。

断言：无论她种什么都不种柠檬。

所谓体貌动词指某类事件继续或停止，预设那件事一直在进程中［上面的例（41）也属于这一组］。

（52）James kept/continued/ceased/stopped/finished reading the paper.

预设：詹姆斯当时正在读报。

重复性表达预设某种状况先前已经发生过，正如下面所展示的那样，例（53）-（55）都预设哈利先前看过这间房子。

（53）哈利星期三又仔细察看了这个房子。

（54）哈利重新检查了这个房子。

（55）哈利又看了看这个房子。

像 *manage* 和 *succeed* 这样的动词预设在成功取得之前进行了一些尝试：

（56）Johns managed to get the door open.

　　　预设：琼斯曾尝试去打开门。

概括地说，预设是一种特殊的蕴涵，它不能通过否定而被取消——预设在否定中存活。因为预设是一种蕴涵，因此，它是带有某预设的陈述句（或某表达）字面义的一部分。预设以字面义依附于某陈述或者句子，而不依赖于特定语境。

1.4 节介绍的隐涵义则不同。隐涵义并非说话者的话语所蕴涵——隐涵义是在特定语境中依附于特定话语的意义，不是普遍依附于句子或陈述的意义。隐涵义是一种交际策略，而不是某些表达的某种语义特征。通过这种说话方式，说话人隐涵了让听话人自然获得的额外内容。

不过，说话人也可以用预设这种语义现象来间接地传递类似隐涵的信息。这种现象通常出现在听话人对预设的调节中：

（57）哦是的，这确实是一个不错的小型汽修场，我已经把那辆劳斯莱斯停到里面了，他们干得不错，没得说……

表面上，说话人是在谈论某修车场的优点。"那辆劳斯莱斯"预设他有一辆劳斯莱斯，且这一宽泛的语境下会让人感到这是说话者的车。听话者很有可能调节了这个预设。因此，尽管说话者没有真正地说"我有一辆劳斯莱斯"，他也成功地传递了这个重要信息。

练 习

指谓

（1）★

a. What is the extension of *alarm clock*?

b. What is the extension of *Cairo*?

c. What is the intension of *fishknife*?

d. What is the truth set for *Jones has a new game console*?

（2）★★

a. What is the intension of *Ludwig Beethoven*?

b. What is the extension of *phoenix*?

c. What is the intension of *phoenix*?

真值条件———个新观点

（3）★

回想一下，用可能世界理论分析句子的意义是把句子看作真值集合，或者是使其为真的所有可能世界的集合。但是这个理论并不总是可行，你能指出下面几组句子的问题吗？（提示：每个句子的真值集合是什么?）

（i）a. That tigress is a female.

b. Every circle in the pattern was round.

c. Either God exists or God doesn't exist.

（ii）a. Two plus two is five.

b. Spain is bigger than Iceland and Iceland is bigger than Spain.

隐涵

(4) ★

在下面每组对话中的第二个句子都含有一类标准隐涵。指出每个例子中的隐涵和涉及的主要原则（关联原则、信息度原则一和信息度原则二）。

a. Ally：Do your children eat greens?

Britt：Well, David eats spinach.

b. Abe：Did you fix the blind?

Brian：I tried to.

c. Alicia：Do you love me?

Bob：I'm very fond of you.

d. Aelfric：Did you stack the dishes and load the washing machine?

Beowulf：I've stacked the dishes.

e. Abdul：Let's try that new French restaurant.

Saladin：I'm on a low-fat diet.

(5) ★★

在下面的对话中，你是否能指出每句话中的隐涵（如果有的话）。方便起见，每句话前都标注了字母序号，但是整个系列是一段对话。所以每一句话都是前面一句的回应。有一条原则几乎贯穿这里的所有隐涵——你能说出是哪条原则吗？

a. Adam：I need a hand to get this piano upstairs.

b. Barry：Oh…my practice starts in ten minutes.

c. Adam：Mmm…I wonder if Jim next door is home.

d. Barry：The Volkswagen is in the drive.

e. Adam：Do you think it's a bad time to ask?

f. Barry：Well, he really hates missing the six o'clock news.

g. Adam：I'll wait till you get back.

回指词

(6) ★

指出下面这个段落的回指词及其先行词。

Clive and Marcia had themselves photographed first thing on Tuesday, and in the afternoon of the same day their secretary drew up a list of things to do. Ordering the passports, arranging visas, buying travellers' cheques and other such matters were Marcia's province, while Clive shopped busily for suntan lotion, enjoyable trashy paperbacks and those stick-on patches for seasickness. Clive bought mostly spy thriller to read, which annoyed Marcia as she preferred murder mysteries. When Marcia was organizing the visas she found she couldn't get herself one for Burma, although Clive still wanted to go there. Nevertheless, none of this depressed their holiday mood; Marcia became more and more excited and so did Clive.

指示词

(7) ★

指出下面这个段落所有的指示词，并且根据话语的语境陈述一下是怎么理解每个指示词的。

When I saw John the other day he had just come out of the tube station. He was standing right here in front of the doorway—I nearly ran into him. He said "Oh, it's you" in the most peculiar way—I thought he was annoyed that I knew he had been in there.

预设

(8) ★

下面这些句子有没有预设？是什么？

a. Mandy didn't finish her dinner.

b. Clive enjoyed the party immensely.

c. Edward realized that he knew Sally.

d. Latoya was delighted that she got her license.

e. Mandy is looking forward to her trip.

f. John didn't stop laughing.

g. She knows they're lovers.

h. Jones commended Louis for publishing the pamphlet.

i. Jones paid Louis for publishing the pamphlet.

j. Jones accused Louis of publishing the pamphlet.

k. Jones is going to Paris and he's thrilled that he's flying on Concorde.

l. Many people who have been kidnapped by aliens have published their experiences

m. The trunk began to roller faster on the slope.

(9) ★★

下面这些句子有没有预设？是什么？

a. Even John couldn't get tickets.

b. Even John got good tickets.

(10) ★★★

思考一下下面的这些例子：（a）似乎在说阳台和暖房都很热，（b）好像在说蓬皮杜中心和国家剧院都很丑。但是（c）和（d）两句并没有传达出 Sam 是年轻还是年老的意思。（a）和（b）是预设起了作用吗？利用诊断测试来验证。

a. In the afternoons the terrace is *hotter* than the conservatory.

b. The Pompidou building is *uglier* than the National Theatre.

c. Sam is *older* than Annette.

d. Sam is *younger* than Annette.

延伸阅读

Portner（2005）第一章是对真值条件的介绍。Carston（1995）是一篇关于真值条件语义学的综述，比较容易理解。

语用学领域庞大复杂，与认知科学的联系日趋紧密。对于这里所讨论的问题（与本书讨论的语义问题最相关的），Levinson（1983）是一本不错的入门教材，涵盖了语用学中的传统观点，包括 Grice 的隐涵理论。稍近一点的在关联理论框架下对隐涵的介绍是 Blakemore（1992）。关联理论探讨隐涵和推理的认知方面。

最近一本关于语用学的权威介绍就是 Huang（2007）——这部著作内容高深但却易懂。

2 基本逻辑工具

2.1 意义的表征

为讨论句子及其他表达的意义，我们需要一种方法来表征它们。日常语句不是对意义的可靠表征，因为这些语句本身通常反映不出意义的相同或不同。例如：

(1) a. Rameses ruled Egypt.

    b. Egypt was ruled by Rameses.

    c. Visiting relatives can be boring.

    d. Visiting relatives can be boring.

(1) 中 a 和 b 两句的书写形式不同，但却有相同的真值条件，c 和 d 两句的书写形式相同，但意义却不同：一个是"到访的亲友可能会很无聊"；另一个是"走亲访友可能会很无聊"。要直接表征各种意义，就需要引入一套基于逻辑的标记方法。

逻辑主要研究意义之间的关系，特别是在推理过程中陈述句之间的意义关系。陈述句是一种可以用来陈述并具有真值的句子，表达**命题**（proposition）。逻辑学研究命题的内部结构，旨在了解推理过程中各命题之间的关系。**命题逻辑**（propositional logic）分析简单命题组成复杂命题的某些方式。把各种简单命题组合起来的语言表达叫逻辑连接词，在 2.2 节讨论。**谓词逻辑**（predicate logic）则是对简单命题（由谓词及其论元组成）内部结构的分析，在 2.3 节讨论。第三章讨论逻辑量词。

2.2 逻辑连接词

逻辑连接词的作用是连接命题使之成为更加复杂的命题，其连接方式与自然语言中的 *and*, *or* 和 *if* 的某些用法相似。下面我们从合取连接词开始逐一进行介绍。

2.2.1 合取连接词

自然语言中 *and* 的某些用法表达**合取**（conjunction）。如下例：

（2）Moira left and Harry stayed behind.

该句中的 *and* 连接 *Moira left* 和 *Harry stayed behind* 两个句子。当 *and* 连接的两个句子都为真时，该句为真，否则该句为假。具体来说，当 *Moria* 和 *Harry* 都离开或者都留下，或者当 *Moira* 留下而 *Harry* 离开的时候，该句为假。这一情况适用于由 *and* 连接的任意两个句子，即整个句子的真值取决于其构成部分的真值：

（3）a. Alfred sings alto and Paul sings bass.
　　　Alfred 唱女低音，Paul 唱男低音。

　　 b. There were lights showing and the door stood open.
　　　有光线透过来，门开着。

　　 c. The airport was closed and all ferry trips were cancelled.
　　　机场关了，所有的渡船都取消了。

这反映了逻辑连接词所具有的特征：真值函数的特征。真值函数特征是指由真值条件连接词构成的复杂命题，其真值仅通过构成该命题的各简单命题的真值就可以判断，而无需考虑各简单命题的内容。

自然语言中的大多数句子连接词都不具有真值函数特征。下面用 *because* 来阐明真值函数表达与非真值函数表达二者的区别。请看下例：

（4）a. Jill was late for work because her car broke down.

b. Jill was late for work because she was caught in a traffic jam.

假设 *Jill* 上班迟到，车坏了，并且遇到了交通堵塞，那么构成 a、b 两句的命题都为真。可事实上，Jill 的车早在她上班之前就坏了，所以她坐了出租车，要不是因为交通堵塞，或许她就能按时上班了。在这种情况下，a 句为假，b 句则为真。因此，要判断 a、b 两句的真假，我们无法仅仅从其组成部分的真假进行判断。只有在知道由 *because* 组成的命题的具体内容时，才能判断 *because* 部分所描述的情形是否造成了另一部分所描述的情形。简言之，判断带有 *because* 命题的真假仅靠其组合部分命题的真假是不够的，所以 *because* 不是真值函数表达。

命题逻辑研究真值函数表达。其中四个（包括上面的合取）是连接词，因为它们连接两个命题。命题逻辑也包括否定，因为否定也是真值函数表达，尽管它不连接命题，算不上严格意义上的连接词。

合取连接词用"&"或"∧"表示。本书使用"&"。命题由命题变量（propositional variables）来表示，传统上用 *p* 和 *q*，如有需要，也可以加上 *r* 和 *s*。由合取连接词构成的复杂命题也称为联言命题。一般用公式 $p \& q$ 表示，其中 p 和 q 表示任一命题。

我们可以列举 p、q 组合的所有可能性及其所对应的 $p \& q$ 的真值情况。这实际上也给合取连接词下了定义。这一定义是以**真值表**（truth table）的形式给出的：

（5）合取连接词真值表

p	q	p & q
T	T	T
T	F	F
F	T	F
F	F	F

表中 p、q 出现的顺序对真值不产生影响。$p \& q$ 和 $q \& p$ 是相等的（equivalent）：对于 p、q 真值的任意组合来说，$p \& q$ 总是与 $q \& p$ 具有相同的真值。虽然这并非适用于所有带有 *and* 的句子，但它确实适用于上述（2）和（3）那样的例句，重复于下：

（6）a. Moira left and Harry stayed behind.

Harry stayed behind and Moira left.

b. Alfred sings alto and Paul sings bass.

Paul sings bass and Alfred sings alto.

c. There were lights showing and the door stood open.

The door stood open and there were lights showing.

d. The airport was closed and all ferry trips were cancelled.

All ferry trips were cancelled and the airport was closed.

合取连接词只连接由句子表达的命题，但 *and* 却可以连接多种语言表达。由 *and* 连接的小于句子单位的情况，可以分析为**合取简化**（conjunction reduction）。合取简化指逻辑合取命题在语言形式上的简化。例如：

(7) a. ［Moira and Harry］left.

b. Tom saw ［Moira and Harry］.

c. Moira was ［changing her spark plugs and listening to talkback radio］.

and 在 a、b 两句中连接两个专名，在 c 中连接两个动词短语。这些句子可以分析为语言形式的简化：

(8) a. Moira and Harry left = Moira left and Harry left

b. Tom saw Moira and Harry = Tom saw Moira and Tom saw Harry

c. Moira was changing her spark plugs and listening to talkback radio = Moira was changing her spark plugs and Moira was listening to talkback radio

并非 *and* 连接的所有非句子形式都能分析为合取简化。最明显的例外是 *and* 构成复杂名词短语指称一组人，如下例所示：

(9) a. Sally and Harry met for lunch.

b. Sally, Harry, Jeff and Buzz met for lunch.

c. Harry, Jeff and Buzz surrounded Charles.

乍一看，a 句似乎可以分析为 *Sally met Harry for lunch* 和

Harry met Sally for lunch 组成的合取命题，但其他例子证明这一分析不具有普遍性。例如，b 句指一组人作为一个整体聚会午餐，因此，名词短语 *Sally*，*Harry*，*Jeff and Buzz* 应该理解为指称这一组人。同样，c 句不能被理解为 *Harry surrounded Charles and Jeff surrounded Charles and Buzz surrounded Charles*，因为 *Harry surrounded Charles* 没有任何意义，是 Harry，Jeff 和 Buzz 三个人作为一个整体围着 Charles。在这些例子中，*and* 根本不是一个连接词，因为它不连接句子，而是组成了复杂名词组，指一组人，该组成员作为一个整体参与了所描述的活动。（关于指称一组人的问题，在第 6 章练习 10 – 12 中有进一步的说明。）

2.2.2　否定

我们上面提到，否定常被归在逻辑连接词里面是因为它具有真值函数特性，可用真值表来定义。简单地说，否定与简单命题组合使其得到相反的真值。否定的两个常用符号是"¬"和"∼"，本书使用"∼"。

（10）否定真值表

p	∼p
T	F
F	T

在英语中否定有几种方式表达，最常见的是第一个助动词后的 *not* 或者 *n't*。例如，如果 p 代表 *Moira left* 这个命题，那么 ∼p 就是 *Moira didn't leave*。如果 *Moira left* 为真，那么 *Moira didn't leave* 为假。如果 *Moira didn't leave* 为真，那么 *Moira left* 为假。

2.2.3 析取连接词

析取（disjunctive）连接词与 *or* 的用法有些类似，*or* 常被注为"and/or"或表述为可兼析取（inclusive disjunction）。析取符号为"∨"。当两个命题中的一个为真或两个都为真的情况下，析取命题就为真。

（11）析取连接词真值表

p	q	p ∨ q
T	T	T
T	F	T
F	T	T
F	F	F

由析取连接词连接的两个命题中含有相同内容时，析取命题（带有 *or* 的命题）通常缩写为**析取简化**（disjunction reduction）形式，这与合取简化类似。例如，*That job will take two or three tins of paint*, *depending on the weather* 可理解为 *That job will take two tins of paint or that job will take three tins of paint*, *depending on the weather*。

与逻辑析取相对应的可兼析取，也称为 *and/or*，如下例：

（12）The prerequisite for FLWR211 is HORT112 or HORT113.
为选 FLWR211 这门课，必须已经通过 HORT112 或者 HORT113（或者两门课都已通过）。

下面是排他析取（exclusive disjunction）的例子：

（13） The agent arrived in Berlin on the 9. 25 or the 11. 10.
代理人在 9 月 25 日到达了柏林或者代理人在 11 月 10
日到达了柏林。

这里的两个句子只能有一个为真，不能同时为真。可兼 *or*
或排他 *or* 的用法可能是由语用造成的。上述（12）和（13）两
句中 *or* 的解读是由常识决定的（见练习 7）。

排他析取（"二取一而非二者兼取"）可以通过在逻辑析取基
础上增加"并非两者兼取"（but not both）的限制条件来表达：

（14） p = 拿走钱
q = 拿走包
拿走钱或者拿走包 =（p ∨ q）& ~（p & q）

注意括号表明哪个命题（简单或复杂）与哪个连接词结合
或哪个命题与否定连接。整个命题是个合取命题，包括两个部
分：第一部分是析取式 p ∨ q，第二部分的合取式 p & q 与否定
构成否定命题 ~（p & q）。

2.2.4　实质蕴涵连接词

条件主要通过 *if* 或者 *if...then* 的某些用法表达。带有 *if* 的句
子叫**条件句**（conditional sentences 或者 conditionals）。与条件句对
应的有两个逻辑连接词，实质蕴含连接词和双条件连接词。双条
件连接词将在下节讨论。我们会看到，这两个连接词与我们日常
对 *if* 句的理解只有一部分重合。

实质蕴含连接词用符号"→"或者"⊃"表示。本书使用
"→"。在 p→q 这一命题中，p 是前件（antecedent），q 是后件
（consequent）。在条件句中，与 if 相连的那部分是前件，这部分

可以出现在整个句子的前面或者后面。

（15） a. If Marcia invited John（then）　he'll go.

　　　 b. John will go　if Marcia invited him.

下面是实质蕴含的真值表：

（16） 实质蕴含的真值表

p	q	p→q
T	T	T
T	F	F
F	T	T
F	F	T

以（15）句 *If Marcia invited John*，*he will go* 为例，这四行真值表给出如下真值情况：

（17） p = Marcia invited John

　　　 q = John will go

　　　 p→q = If Marcia invited John，he will go

　　　 第一行

　　　 玛西娅的确邀请了约翰，约翰也会去：蕴涵为真

　　　 第二行

　　　 玛西娅的确邀请了约翰，但事实上约翰不会去：蕴涵为假。

　　　 第三行

玛西娅没有邀请约翰，但是他无论如何都会去：蕴涵为真。

第四行

玛西娅没有邀请约翰，约翰也不会去：蕴涵为真。

第一、二行给出的结果与我们对 *if* 句日常使用的理解相符合。第三行则有些奇怪。如果不管玛西娅邀不邀请，约翰都会去（到某个已知目的地），那么前件 *If Marcia invited John* 不是多此一举吗？这里所传达的全部信息就是"约翰会去"。"If Marcia invited John, he'll go"这句话其实意味着"如果玛西娅邀请约翰，他就会去，否则就不会"。换句话说，"如果玛西娅邀请了约翰，他就会去，如果玛西娅没有邀请约翰，他就不会去"。在这个意义上，第三行应该为假。这种对 *if* 句的解释更接近双条件连接词，这一点将在 2.2.5 节介绍。

造成上述不匹配现象的原因在于，*if* 句在实际语言使用中没有真值函数那么简单。由于实质蕴含连接词是真值函数，实质蕴含命题的真值完全由组成该命题的各个部分的真值决定，而与组成命题各个部分的实际内容或主题无关。例如，从逻辑上看，例（18）表达的是个完全合宜的（为真）的蕴含，而作为条件句却有些奇怪：

（18）If the number 1960 is divisible by 5 then 1960 was a leap year.

前件（1960 可以被 5 整除） 真

后件（1960 年是闰年） 真

蕴涵 真

我们当中很多人会对该句的真值产生质疑，因为我们不会用除以 5 来计算闰年，这里的问题是我们在用 *if...then* 时，常常表达前件和后件之间具有某种因果（causal）关系——前件描述的某些事件或事态造成了后件所描写的某些事件或事态，或者说，后件描述了造成的后果。所以我们对例（18）会很自然地解读为 1960 年是闰年这一结果是由这个数字可以被 5 整除决定的，而事实上，可以被 4 整除才是计算闰年的标准。这种额外的因果关系——前件的情形造成了后件的情形——通常被视为是关联原则或者关联蕴含下语用推理的结果（见 1.4 节）。

当一个条件句由于语用原因而理解为具有某种因果关系时，真值表的蕴涵条件也必须得到满足：如果前件为真，后件也必然为真。例如，"如果 1960 可以被 4 整除，那么 1960 年就是闰年"就与 *if* 的因果解释一致。另外，如果前件为真，只有当后件也必为真时，条件句才为真，即当 1960 年为闰年时——如果 1960 年不是闰年，该条件句也为假。也就是说，与 *if* 有关的因果意义是附加在实质蕴含上的额外内容。

if...then 的一种常见修辞用法也可以用实质蕴含来分析，因为它不需要前后两句具有因果关系或其他常识性关系：

（19）If 那是毕加索的真迹，then 月亮由长寿食品构成。

　　　p = 那是毕加索的真迹

　　　q = 月亮由长寿食品构成

从第一章我们知道正常的交流是合作性的，包括说话者不会故意撒谎。所以，听话者会认为例（19）为真。这一修辞手段要求后件必为假。这就给出如下真值组合：

（20）　p　　　q　　　p→q

　　　　?　　　F　　　T

对照蕴含真值表（见例 16）我们发现，这种真值组合只发生在真值表的第四行，即当前提为假时。所以，这种修辞手段用来表达前件为假的情况。例（19）表达那不是毕加索的真迹。这种修辞常用形式包括像"如果……我就跟你姓"（If...I'll eat my hat）这类的套话。

2.2.5 双条件连接词

双条件连接词用符号"↔"表示，表达命题之间的等价关系。两个命题如果有同样的真值，它们就等价，要么都为真，要么都为假。所以，当 p 和 q 真值相同时，p↔q 为真，反之为假。

（21）双条件连接词真值表

p	q	p↔q
T	T	T
T	F	F
F	T	F
F	F	T

if 的双条件解释如下例所示，这里有"否则不"的附加含义：

（22）If 你再踢我，我就揍你。

if 的双条件解读可分析为实质蕴含的语用解读。假设 p ＝你再踢我，q ＝我就揍你，*if* 的真值条件就如例（16）中的条件蕴含。如我们上面所看到的，语用关联（见 1.4 节）赋予事件之间一种因果（和时间）关系。"踢"发生在"揍"之前且造成"揍"，因为"揍"是回应"踢"的。踢造成揍这一事实则引发进一步的推

论，即说话者不会无缘无故揍听话者。所以听话者的理解是：

（23）（p→ q）　　　　　 & ~ (~ p & q)

　　如果你踢我，我就揍你……　　否则不会

　　具体来说，听话者可以推断实质蕴含真值表第三行在这里不适用。下面第三行的不同区分了实质蕴含连接词和双条件连接词。

（24）　　　　　　 p　 q　 p→q　　 p　 q　 p ↔q

　　第一行　 T　 T　　 T　　　 T　 T　　 T

　　第二行　 T　 F　　 F　　　 T　 F　　 F

　　第三行　 F　 T　　 T̄　　　 F　 T　　 F̄

　　第四行　 F　 F　　 T　　　 F　 F　　 T

　　第一行　 你踢我，我就揍你。

　　第二行　 你踢我，但我不揍你。

　　第三行　 你不踢我，我也会揍你。

　　第四行　 你不踢我，我也不揍你。

2.3　谓词和论元

　　最简单的命题，也就是原子命题（atomic proposition）的内部结构，是由谓词和论元组成的。下面以所谓的二元谓词为例进行说明。

（25）a. Brigitte is taller than Danny.

  b. Alex is Bill's henchman.

  c. Fiji is near New Zealand.

  所有这些句子都表达了两个个体之间的关系。如果我们去除指称个体的部分，剩下的是表达关系的部分——谓词（predicate）部分。

（26） a. …is taller than…

   b. …is…'s henchman

   c. …is near…

  这些谓词部分中，每个都含有一个表示关系本质或者谓词内容的中心词。我们这里用中心词表示谓词的标记方法，去掉时态，系动词 be 和某些介词。谓词关系所约束的个体是论元（arguments），上例中的论元都由专名充当。按照惯例，专名用小写字母表示。由此，（25）的句子可用公式表示如下：

（27） TALLER (b, d)

   HENCHMAN (a, b)

   NEAR (f, n)

  这些例子说明了谓词的一些重要方面。

  第一，如果孤立地看这些谓词的话，其语义是"不完整"的。在使用这些谓词时，如果不考虑有两个个体与之相关联的话，要解释这些谓词的意义是不可能的。

  第二，每个谓词都有固定的论元数目。这些谓词必须有正好两个论元——不多也不少——才能形成一个的有效的命题，因此，它们是二元谓词。论元"位置"是谓词意义的组成部分。

　　自然语言中常涉及省略，有时谓词的一个论元不被明确地表达出来。例如，人们会说 *Brigitte is taller*（布丽吉特高）或者 *Alex is a faithful henchman*（亚历克斯是个忠实的狗腿）。但被省略的未提及的那个论元仍能被听话者理解。如果丹尼是对话主体的话，"布丽吉特高"可以理解为布丽吉特比丹尼高。在别的语境中，也可以理解为布丽吉特比她以前高了。不可能没有什么比较标准而谈谁高，而狗腿也一定是某人的狗腿。我们在理解这些命题时还是将第二个省略的论元补充出来。

　　自然语言中谓词可以被省略，但标准逻辑式则不行，逻辑公式中二元谓词的两个论元都必须出现。虽然下例中的 a、b 两句都可以表达完整命题（因为我们可从语境中得到被省略的元素），但 c、d 却不合法，不能表达命题。逻辑公式本身不能省略。（例句前面的星号表明该句不合法。）

(28) a. Brigitte is taller.

b. Alex is a faithful henchman.

c. *TALLER（b）

d. *HENCHMAN（a）

　　未提及的论元通常可以从语境中清晰地得出，但即便语境没给出这种信息，该论元位置也可由一般形式来填补，如下例的 *someone* 或者 *something*：

(29) a. TALLER（b, something）

b. HENCHMAN（a, someone）

　　第三，逻辑式中论元的顺序十分重要。一般而言（并非总是如此）逻辑式中论元的顺序与其在句中短语的顺序相对应。例如：

（30） a. Brigitte is taller than Danny.

　　TALLER （b, d）

b. Danny is taller than Brigitte.

　　TALLER （d, b）

我们在第一章所看到的谓词，如 *dog*，*brown* 和 *barks* 等都是一元谓词。传统语法中最基本的主谓句就包含一个一元谓词，主语是该谓词的唯一论元：

（31） a. Zorba was Greek.　　　　　GREEK （z）

b. Moby Grape is purple.　　PURPLE （m）

c. Perry is a lawyer.　　　　LAWYER （p）

d. Cyrus coughed.　　　　　COUGH （c）

值得注意的是，一元谓词和二元谓词都可以用不同词类来表达。如下例：

（32） 形容词　　一元：TALL, PURPLE, GREEK

　　　　　　　　二元：TALLER, FOND

　　　介词　　　二元：NEAR, ON, BESIDE

　　　名词　　　一元：LAWYER, DOG, CORACLE

　　　　　　　　二元：HENCHMAN, FRIEND, ENEMY

　　　动词　　　一元：COUGH, JUMP

　　　　　　　　二元：LIKE, SEE, EAT

三元谓词（和四元谓词，如果有的话）用动词或由动词派生来的名词表达。三元谓词通常用所谓的双宾语动词来表示。例如：

（33） a. Richard gave Liz a diamond. （双宾语）

b. Richard gave a diamond to Liz.

c. Marcia showed Clive the ad. （双宾语）

d. Marcia showed the ad to Clive.

其他三元动词：*tell*，*teach*，*send*，*pass*，*offer* 等等。

上述两组句子中，每组的两个句子虽然语序不同，但意义却相同。对于这类句子，必须决定哪一种论元顺序作为逻辑表达式的基础——这里，我们使用 b 句和 d 句的语序，表达式如下：

（34） a. GIVE（r, a diamond, l）（适用于 a、b）

b. SHOW（m, the ad, c）（适用于 c、d）

这里的两个论元 *a diamond* 和 *the ad* 是名词短语，而不是专名。关于名词短语的详细分析在第 3 章和第 6 章进行。

尽管在原则上谓词的论元个数是没有限制的，但真正的四元谓词在自然语言中可能并不存在。四元谓词不确定的原因将在下节讨论。两个备选的四元谓词是 *buy* 和 *sell*。

（35） a. Marcia sold the cat to Clive for ＄200.

SELL（m, the cat, c, ＄200）

b. Clive bought the car from Marcia for ＄200.

BUY（c, the car, m, ＄200）

2.3.1 谓词，动词和论元数目

如前所述，每个谓词都有固定的论元数目，在逻辑式中必须出现，所以逻辑形式必须表明每个谓词的所有论元。自然语言允

许像上述例（28）那样的省略形式，谓词的某个论元在句中不出现，尽管我们理解该命题时，那个论元是存在的。下面是其他涉及省略的例子：

（36） a. Will you pour out? （the tea）

你会倒吗？ （茶）

b. I gave at the office. （money, to your charity）

我在办公室给了。 （钱，你的慈善机构）

c. Add meat to pan and sauté lightly. （you, the meat）

把肉放到锅里，并稍稍翻炒。 （你，肉）

另外，句法理论中有个普遍原则，即动词（或其他谓词）在句法上的论元都是强制性的，在一个合法句子中必须表达出来。省略对这个普遍规则来说是个例外。这个原则可用来测试一个短语是不是动词的论元。例如：

（37） a. Al put the groceries away/on the bench.

b. #Al put the groceries.

带有动词 put 的句子需要一个方位短语来表达东西被放在哪里。与 a 句相比，b 句缺乏方位短语，因此不合法。这通常被用来证明 put 必须带有方位短语，因此该短语是 put 的论元。大体而言，如果省略一个短语会造成句子的不合法（并且没有明显的可从语境获得的具体内容的省略），那么该短语就为这个谓词的论元。

动词的句法论元具有强制性这一普遍原则有大量明显的反例，主要归为两大类。

第一类，如我们上面所看到的，是省略句。对于这类句子可能有一种句法结构策略，那就是在句子的句法结构中用"不发音代词"（silent pronoun）（见下例中的 *pro*）来填补论元的位置。这样，不发音代词即使不发音，也会被当作论元表达，使强制性论元原则得以贯彻。这类论元的指称可由语境提供，与代词 *he*，*she*，*they* 等类似。

（38）*Jacob will tell Laura* = $\underbrace{\text{Jacob will}}_{\text{句子}}$ $\underbrace{\text{tell Laura } pro}_{\text{动词短语}}$

　　　 pro 指 Jacob 会告诉 Laura 可从语境得出的内容

第二类反例体现所谓的变化价（variable adicity）。谓词的价就是谓词所需论元的个数，来自于一价（monadic）、二价（dyadic）、三价（triadic）等术语。带有变化价的动词在不同句子中，论元个数也不同。例如：

（39）　a.　They showed the film to the censor on Tuesday.　　3

　　　　b.　They showed the film on Tuesday.　　2

　　　　c.　He served the soup to the guests first.　　3

　　　　d.　He served the soup first.　　2

　　　　e.　He served the guests first.　　2

　　　　f.　She wrote a letter.　　2

　　　　g.　She wrote him a letter.　　3

讨论这类例句时，语言学家非正式地称之为可选择性论元，尽管严格来讲，论元按照定义在句子中是必不可少的。不可缺少是之所以成为论元的关键所在。

另一种处理方法就是承认所有论元确实是必要的，上面的每组句子都包含了不同的动词。例如，a 句中的 *show* 是带有三个论元的动词，与 b 句中带有两个论元的动词 *show* 不一样。在传统句法理论中，这些动词变体表现在他们在词库层面具有不同的论元数目。本书采用这种方法，a、b 两句的 show 分别表示如下：

（40） a. SHOW（they，the film，the censor）

　　　 b. SHOW（they，the film）

严格来讲，我们应该用不同的符号表示两个谓词 SHOW1 和 SHOW2，但是为了方便起见，我们继续用该词的常规拼写形式。

现在我们再回到 *buy* 和 *sell*（所谓的交换类动词）看看它们是否是四元谓词。

（41） a. Marcia sold the car to Clive for ＄200.

　　　 b. Marcia sold the car for ＄200.

　　　 c. Marcia sold the car to Clive.

　　　 d. Marcia sold the car.

（42） a. Clive bought the car from Marcia for ＄200.

　　　 b. Clive bought the car for ＄200.

　　　 c. Clive bought the car from Marcia.

　　　 d. Clive bought the car.

在这里，语义和句法表达形式相分离。从语义上来讲，没有买卖双方、买卖的事物以及付款方式，该事件就不能称之为买卖。所以从语义上来看，似乎交换类谓词是四元谓词。但是从句法层面来讲，动词 *buy* 和 *sell* 在上面的 d 句中只需要两个论元。注意这些句子不是省略句。例如，"玛西娅卖了车"在不知道她卖给谁、卖了多少钱的语境下仍可以理解为完整的命题。这与省略句"玛西娅到晚了"不同，该句在不知道玛西娅到了哪里的语境下难以完全理解——从语义上来讲，后者需要一个目的地论元。

这些问题表明论元和非论元的区别并不总是那么显而易见。尤其是有些像论元一样的表达在句法结构中并非强制出现。所谓论元的选择性问题在句法研究中是个复杂而有争议的问题。就目前而言，我们姑且假设语义上必要的成分（照我们的最佳语感）就是论元。不过有些情形也并不十分明朗。

另一方面，有几种表达容易被当作非论元，或采用句法术语叫附加语（adjuncts），包括各种表达时间、方式、地点以及原因和目的的副词短语：

(43) Seymour will slice the salami　　carefully　　in the kitchen
　　　　　　　　　　　　　　　　　　（方式）　　　　（地点）

　　　　　　　　　　tomorrow　　　　to make the canapés
　　　　　　　　　（时间）　　　　　　　（目的）

because he thinks Sally cuts it too thick.
（原因）

为做开胃菜，*Seymour* 明天会在厨房仔细切腊肠，因为他觉得 *Sally* 切腊肠切得太厚了。

这里的原子命题——也就是主要的谓词和论元——是 *Seymour sliced the salami*：

(44) SLICE（s，the salami）

这里我们省略了时态标记 *will*，方式副词 *carefully*，方位状语 *in the kitchen*，时间副词 *tomorrow*，目的状语从句 *to make the canapés* 以及原因状语从句 *because he thinks Sally cuts it too thick*。我们将在第 9 章讨论时态，第 11 章讨论状语。论元的特征也将

在第 10 章进一步研究。

2.3.2 句子作论元

迄今为止，我们所讨论的所有论元都是由名词短语表达的，但是论元也可以由句子本身表达。如下例：

(45) a. Clive said something.

SAY (c, something)

b. Clive said [that he gave the car to Marcia].

SAT (c, GIVE (c, the car, m))

c. Clive thinks [the earth is flat].

THINK (c, FLAT (the earth))

在 b、c 两句中，嵌入句所表达的命题就是主要动词的第二个论元——这个命题就是所说的或者所相信的。（关于思想类和相信类的句子会在第 7 章进一步讨论。）

句子作论元最清楚的例子就是和动词的搭配，但其他词类也可以有句子论元。

(46) a. Shirley was proud [of the new car].

b. Shirley was proud [that she graduated].

c. Shirley was proud [to be Miss Lada 1933].

在 a 句中，似乎 *the new car*，Shirley 自豪的缘由是 *proud* 的第二个论元。在 b、c 两句中，嵌入句也表达了自豪的缘由，是 *proud* 的第二个论元，所以上述命题可以分别表述如下：

(47) a. PROUD (s, the new car)

b. PROUD（s, GRADUATE（s））

c. PROUD（s, MISS LADA 1993（s））

句子论元也可能是句中主要谓词的唯一论元，例如：

(48) a. [That Clive drove the car] is obvious.

b. It is obvious [that Clive drove the car].

c. OBVIOUS（DRIVE（c, the car））

2.3.3　路径论元

通常像 *in*，*on*，*beside* 等介词表达关系，分析为二元谓词。
如例（49）：

(49) a. Abel is in the garage.　　IN（a, the garage）

b. The book is about turtles.　ABOUT（the book, turtles）

然而，这种分析扩展到描述沿某路径运动的句子则有些困
难，在这类句子中，介词短语表示路径。

(50) a. Jonah slithered *down the whale's throat*. （沿着鲸鱼
的喉咙往下滑）

b. Eberhart dashed *into the shed*. （冲进了小屋）

c. Corey ambled *towards the beach*. （朝着沙滩缓行）

先前提到［参见例（25）-（27）的讨论］，逻辑表达式通
常省略一些句法要求的成分，如省略比较级形容词之后的 *than*，
或者 *He gave the house to the nation* 中的介词 *to*。但这种方法在这

里不适用，因为 *down*，*into*，以及 *towards* 不仅仅是句法要求的必不可少的成分，它们对原子命题都有语义贡献。

事实上，整个介词短语就像一个论元。一个位移（translocation）事件［指移动到另外一个地方，而不像 *shiver*（发抖）或者 *shimmy*（抖动）那样在原地摆动］要求物体移动后的路径，该路径也是句法要求的。一般而言，位移动词选择路径短语，如果没有路径短语，那一定是被省略了，而省略的内容由语境提供。

(51) a. #Jonah slithered.
     b. #Eberhart dashed.
     c. #Corey ambled.

我们需要一种表达路径论元的方式。这表明介词内部有所不同。有些介词是二元谓词，如例（49），而有些介词则是路径短语的一部分，不表达二元关系。在此，我们不分析路径短语的内部结构，而把路径短语看成是动词的一个论元：

(52) a. SLITHER（j, down the whale's throat）
     b. DASH（e, into the shed）
     c. AMBLE（c, towards the beach）

如果介词并非总是二元谓词，那么我们也可以把下例中的整个介词短语当作动词 *put* 的方位论元：

(53) Jones put the photos in the drawer.
     PUT（j, the photos, in the drawer）

练　习

逻辑连接词

（1）★

假设 p 为真，q 为假，r 为真，计算下面公式的真值。

举例如下：

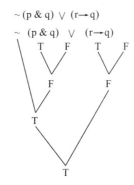

a. （p&q）→ q

b. （p ∨（q ∨ r））→（p &（q ∨ r））

c. （p&r）↔（ ～ r ∨ ～ q）

d. （p→q）&（p&r）

e. q →（（r ∨ p）↔（r&p））

f. （（p↔q）↔（r↔q）∨ ～ r

g. r →（（ ～q&p）∨（（q→r）∨ ～（r↔p）））

h. （（r ∨ q）↔（q ↔（（q&r）∨ p））））→ ～ r

i. （（r & ～q）→（p ∨ ～r））↔（（r ∨ ～r）&（p↔ ～q））

k. （（ ～r→p）&（p→ ～q））&（（q↔ ～p）&（r→q））

真值表

（2）★★

构建出 ~p∨q，~（p∨~q）和 ~q→~p 的真值表。

这些公式的真值表说明什么？

（3）★

计算（~p∨q）↔（p→q）的真值。它是哪种命题？

（4）★

下面的句子表现了自然语言条件句和实质蕴含句之间的不协调。这种不一致的本质是什么？

a. If Baltimore is in Singapore then Elvis is dead.

b. If Baltimore is in Singapore then Elvis is alive.

连接词和语用学

and，*or* 和 *if* 除了表示逻辑意义（正如真值表所定义的一样）以外，常被增添由语用推理所得到的含义（参见1.4节）。

（5）★

思考下面这组句子。它们都有 *and* 的语用增添含义——是什么？你怎样看待这种语用隐涵？你的回答应当解释每组两个句子的不同。

a.

（i）He got on his horse and rode into the sunset.

（ii）He rode into the sunset and got on his horse.

b.

（i）Jake stepped on a ball bearing and nearly fell.

（ii）Jake nearly fell and stepped on a ball bearing.

（6）★★

为下面的句子构建真值表。实质蕴含分析似乎给其中一个句子错误的真值——指出是哪一个。为什么？

a. If Ireland is surrounded by sea then it is an island.

b. If Ireland is connected to Wales then it is an island.

（7） ★★★

我们在 2.2.5 节看到 *if* 的双条件式解释可能来自实质蕴含的语用解读。单词 *or* 也有两种真值功能解释：可兼析取和排他析取。逻辑析取是可兼的。你能不能从 *or* 的可兼析取通过语用方法得出它的排他析取？它有哪种隐涵义？（参见 1.4 节的隐涵）

（8） ★★★ （先做上面的练习 2 - 4）

下面的 (a) 组的句子都是真的，诠释了 p→~q 和 ~q→~p 之间的全等关系。(b) 组的句子表面上看起来全等，但是 (ii) 不合乎语法。你能解释为什么 (b) 组句子与 (a) 组句子不同吗？

a.

（i） If Cain killed Abel then Abel is dead.

（ii） If Abel isn't dead then Cain didn't kill him.

b.

（i） If humans walk upright then they can use their hands to carry things.

（ii） If humans can't use their hands to carry things then they don't walk upright.

谓词和论元

（9） ★

给出下列句子的逻辑形式。

a. John gave ten dollars to Mary.

b. Mary was given ten dollars by John.

c. Toby was under the table.

d. Clive showed Maddy the photos.

e. China is east of Europe.

f. Sheila is a surgeon.

g. Bill was painting the kitchen.

h. Bill was painting in the kitchen.

i. Mary finally bought the painting yesterday.

谓词，论元和并列

（10） ★ ★

给出下列句子的逻辑形式，对比句子找出关于怎样分析 BROTHER 的线索。

a. Jerry is Ben's brother.

b. Paul is the brother of Shelia.

c. Jerry and Ben are brothers.

现在应该很容易分析（d）：

d. Clive and Marcia embraced.

然后说出为什么（e）很奇怪。

e. The drunk and the lamppost embraced.

最后，给出（f）的表达式：

f. Max, Clyde and Damien partnered Latoya, Gina and Britt respectively.

复杂命题的谓词和论元

（11） ★

给出下列句子的逻辑形式。

a. Either Sydney or Canberra is the capital of Australia.

b. Alice didn't laugh and Bill didn't either.

c. Frank is not both rich and generous.

d. Gina will marry Leo or Fred.

e. Alice didn't laugh and nor did Bill.

f. If Adam trusts Eve he's stupid.

g. Neither Bill nor Alice laughed.

h. Sue will be rich if Lenny dies.

（12）★★

下面的句子有歧义，每个句子给出两种逻辑表达式来表明这两种意义。

a. Audrey went to Motueka and visited Rangi orinterviewed Cameron.

b. If David is Audrey's brother then Fanny's his aunt or Bob's his uncle.

c. Claire will hire Burt and Ethel will resign if Lenny leaves Taiwan.

复合谓词

一些动词性谓词很复杂，它们不仅仅包括动词，如 *put up with* 指"宽容"。对于这些谓词，我们将用整个动词短语来表示复杂谓词。例如：

Judy won't put up with Dean's jazz records.

~ PUT-UP-WITH（j, Dean's jazz records）

（13）★

给出下列句子的逻辑表达式（注意介词）。

a. Jean rang the hospital up.

b. Jules ran up the ramp.

c. Jules pushed the cart up the ramp.

d. Oliver looked after the departing train.

e. Oliver looked after the baby.

f. Giles wound the rope around the bollard.

g. Giles wound the clock up.

（14）★ ★ ★

下列句子有歧义，每个句子给出两种逻辑表达式来表明两种不同的意义。

a. Giles ran down the new running track.

b. Imogen decided on the train.

论元和非论元

我曾经说过［参见本章例子（43）－（44）］，时间、方式和方位短语一般不做论元。这显然有一些例外。

（15）★

下面有些时间、方式和方位短语是动词论元。哪些是动词论元？

a. They dwelled in marble halls.

b. The theremin echoes marvelously in marble halls.

c. Jones behaved impeccably.

d. Harriet carelessly lost the car keys.

e. Simon carefully planned the weekend that night.

f. Simon carefully planned that night.

g. The meetings lasted all day.

h. The elephants were upset and nervous all day.

（16）★

思考下例方括号中内容的作用。它们是否是动词的论元？

a. Jackson arrived［to clean the pool］.

b. Jackson intended［to clean the pool］.

c. Edith paid Lucas［for felling the tree］.

d. Edith criticized Lucas［for felling the tree］.

（17）★★★（建议讨论）

思考下列句子，每组句子中都有一个不合常规。首先，找出异常句。你可以通过论元和非论元之间的区别概括解释为什么它们不合常规吗？

（i）a. John sat on the bed.

b. John sat on the hillside.

（ii）a. The bed had been sat on.

b. The hillside had been sat on.

（iii）a. All I did to the bed was sit on it.

b. All I did to the hillside was sit on it.

延伸阅读

Allwood，Anderson 和 Dahl 的《语言学中的逻辑》（1977）对一阶逻辑的介绍不错，在此特别推荐（也适用于第 3 章的逻辑量词部分）。

Levin 和 Rappaport Hovav（2005）是近期关于论元结构中句法问题的综述。需要一定的句法理论相关背景，但行文清楚，并非高不可攀。

3 逻辑量词

3.1 全称量词

到目前为止，我们已讨论过的原子命题都带有个体论元（individual arguments），用名字或名词短语（如 *the dog*）指称，逻辑表达如下：

（1）a. John saw Mary. SEE(j,m)

b. Fido was barking. BARK(f)

c. The dog was barking. BARK(the dog)

但带有量化论元，而非个体论元的命题（也就是量化的命题）必须区别对待。例如，

（2）God made everything.

这里的 *God* 和 *everything* 意义完全不同。*God* 指称个体，但 *everything* 不指称任何个体，而是对每个个体指称事物的概括。假如我们能一个一个地指着每个存在的事物说"上帝创造了这个事物"，那么例（2）会使我们所说的每一句都为真，因此，例（2）可看成是关于不同个体的所有命题的某种概括。

　　名字的所指是常指（constant reference）。与名字不同，像代词 *that*，*this*，*it* 这样的指称性表达取决于它们所处的语境原则上却可指称任何个体——它们的所指是变指（variable reference）。名字的逻辑术语叫个体常量（individual constants）。但要分析量化命题，我们则需要类似代词那样的个体变量（individual variables）。个体变量传统上记作 *x*，*y*，*z*，必要时可由 *u*，*v*，*w* 补充。像 *this* 和 *that*，个体变量原则上可根据语境指称任何个体。

　　使用个体变量，*God made that* 这句话的逻辑形式可表示如下：

（3）MAKE（g, x）

　　但例（3）中没有限制 x 的指称，所以不能表达一个完整的命题，不能判断真假。全称量词，记作"∀"，决定如何解释变量。例（2）的逻辑形式可改写如下：

（4）∀x（MAKE（g, x））

　　全称量词标出它所限制的目标变量，括号部分则是该量词所辖的范围（量词辖域）。例（4）具有例（5）中的任意一种释义：

（5）For any value of x, God made x.
　　　For all values of x, God made x.
　　　Whatever x may be, God made x.

　　全称量词逐一设置变量 x 的值。全称量词约束（bind）x，因此，在 ∀x（MAKE（g, x））中，变量 x 是约束变量（bound variable）。不被量词约束的变量叫自由变量（free variable），如逻辑式 MAKE（g，x）中的变量 x 就是自由的。带有自由变量的命题，如 MAKE（g，x），是开放命题（open proposition）。一个开放命题本身是不完整的，不会有真值。没有自由变量的命题是封闭命题（closed proposition），封闭命题完整且有真值。例（4）没有自由变量，因此是个封闭命题。

但用名词短语表达的全称量化通常要比上面用 *everything* 表达的全称量化更复杂些。例如：

(6) a. Now is the time for *all good men* to come to the aid of the party.

b. *Every cloud* has a silver lining.

c. *Every dog* is barking.

以 c 句为例。假设"每只狗都在叫"这句话为真。现在如果你一个一个地指着每样东西说"那个在叫"，那么这句话在你指很多东西的时候都为假，只有在指着狗的时候，这句话才为真。换句话说，如果你指着的东西是狗，那么"那个在叫"才为真。因此，对于"每只狗都在叫"这句话的指示练习要伴随"如果那是狗，那么它在叫"进行。因此，c 句的逻辑形式可表达如下，运用了蕴含连接词：

(7) $\forall x\,(DOG\,(x) \rightarrow BARK\,(x))$

对于任何一个 x，如果 x 是狗，那么 x 在叫。

全称量词不具有存在承诺（existential commitment）——在逻辑分析中，"每只狗都在叫"可以为真即使狗根本就不存在。在逻辑分析中，如果狗不存在，先行词 DOG（x）在 x 取任意值时都为假，根据真值表中第三和第四行，"每只狗都在叫"可以为真。在逻辑分析中，"每只狗都在叫"等同于"没有不叫的狗"。

（8） DOG（x）│ BARK（X）DOG（X）→BARK（X）

1	T	T	T
2	T	F	F
3	F	T	T
4	F	F	T

处于宾语位置或句中其他位置的全称量化名词短语也可以做同样的分析。例如：

（9） a. Bill hates all reporters.

$\forall x \left[\text{REPORTER}（x）\rightarrow \text{HATE}（b, x）\right]$

对于所有的 x，如果 x 是记者，那么比尔恨 x。

b. Clive gave a bone to every dog.

$\forall x \left[\text{DOG}（x）\rightarrow \text{GIVE}（c, a \text{ bone}, x）\right]$

对于所有的 x，如果 x 是狗，那么克莱夫给了 x 一根骨头。

c. The book was signed by every guest.

$\forall x \left[\text{GUEST}（x）\rightarrow \text{SIGN}（x, the \text{ book}）\right]$

对于所有的 x，如果 x 是顾客，那么 x 在书上签了名。

在此，名词短语 *a bone* 和 *the book* 没有做进一步的分析。对 *a bone* 的分析将在下一小节中阐述，对 *the book* 的分析将留待第 6 章进行。

3.2　存在量词

另一个标准的逻辑量词是存在量词，记作"∃"。存在量词用来表示带有 *a / an* 或 *some* 的名词短语或 *there is* 句。∃x 读作"有一个 x"或者"至少有一个 x"。与全称量词不同，存在量词明确表达了对存在的承诺。一个存在句表达至少有一个具体事物的存在。例如：

（10）a.　A dog barked.

　　　　　至少有一个 x，x 是狗，x 叫了。

　　　　　∃x［DOG（x）& BARK（x）］

　　　b.　There is an antidote to Huntsman venom.

　　　　　∃x［ANTIDOTE（x，h）］

　　　c.　Some birds were singing.

　　　　　∃x［BIRD（x）& SING（x）］

　　　d.　A black limousine awaited Marla.

　　　　　∃x［LIMOUSINE（x）& BLACK（x）& AWAIT（x，m）］

　　　e.　Louise bought some trashy paperbacks.

　　　　　∃x［TRASHY（x）& PAPERBACK（x）& BUY（l，x）］

正如上面的例子所示，存在量词不区分单数和复数（注意全称量词∀跟→使用，存在量词∃跟&使用）。

限定词 *no* 用存在量词和否定进行分析，如例（11）所示：

（11）a.　There is no antidote to cyanide.

$$\sim\exists x \left[\text{ANTIDOTE} \left(x, c \right) \right]$$

并非存在某 x，x 是氰化物的解药。

或者

不存在某 x，x 是氰化物的解药。

    b. Clive ate nothing.

$$\sim\exists x \left[\text{EAT} \left(c, x \right) \right]$$

不存在某 x，克莱夫吃了 x。

    在例（11）句中，否定取消了存在量词对所描述事物存在性的肯定。要得到对存在量词这样的解释，否定必须出现在存在量词之前。如果颠倒存在量词和否定的顺序，该句意义就会发生变化，如例（12）所示。这一点将在本章 3.5 节进一步探讨。

    (12) $\exists x \left[\sim\text{EAT} \left(c, x \right) \right]$

           有至少一个 x，克莱夫没吃。

3.3 交集性和非交集性形容词

    例（10）中有一点需要进一步说明，即对所谓的限定性形容词（attributive adjectives）或叫修饰性形容词的分析。在一个名词短语中，限定性形容词出现在其修饰的名词前，如例（10）中 d 句 a *black* limousine 中的 *black* 和 e 句中 some *trashy* paperbacks 中的 *trashy*。相比而言，出现在句子谓语部分的形容词（而不是出现在名词短语中），如 The limousine was *black* 中的 *black* 叫谓词性形容词（predicative adjectives）。我们把对例（10）中限定性形容词的分析重复如下：

（13） a. A black limousine awaited Marla.

∃x〔LIMOUSINE（x）& BLACK（x）& AWAIT（x, m）〕

对于某 x，x 是一辆豪华轿车，x 是黑色的，x 等着玛拉。

b. Louise bought some trashy paperbacks.

∃x〔TRASHY（x）& PAPERBACK（x）& BUY（l, x）〕

对于某 x，x 很烂，x 是平装书，路易斯买了 x。

需要注意的是，这里的 a 句蕴涵"x 是豪华轿车"和"x 是黑色的"。同样，b 句也蕴含"x 很烂"和"x 是平装书"。这样的分析是可行的，因为一辆黑色的豪华轿车指某件东西既是黑色的又是豪华轿车，一本很烂的平装书也是如此。这类形容词叫做**交集性形容词**（intersective adjectives），这一术语取自集合论。如例（14）所示：

（14）

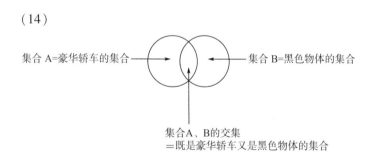

然而，很多形容词不是交集性的，不能用此方法来分析。例如，下例中的 a 句如果分析成 b，我们会得到一个不正确的蕴涵：假红宝石是红宝石。实际上，非交集性的形容词 *fake* 和 *ruby* 一起指称的不是真正的红宝石，而是刻意模仿的红宝石赝品。为

简单起见，我们可以用一个复杂谓词 FAKE RUBY 来表示，如 c
所示，这样就不蕴涵 x 是红宝石了。

（15） a. The statue held a fake ruby.

b. #∃x（RUBY（x）& FAKE（x）& HOLD（the statue,
x））

c. ∃x（FAKE RUBY（x）& HOLD（the statue, x））

其他类似 *fake ruby* 的词组还有 *alleged assailant*（可疑的凶
犯），*false hair*（假发），*imitation leather*（仿皮），*faux fur*（人造
毛）等。

3.4 逻辑量词是可相互定义的

通过以上论述［见例（7）和例（8）的分析］我们知道，
"每只狗都在叫"这句话在没有狗的情况下也为真。对于全称量
词∀意义的另一种思考方法是把全称性看成是没有例外。"所有
的乌鸦都是黑的"意味着"对于乌鸦来说，黑是没有例外的"，
或者说"没有不黑的乌鸦"。显然，如果乌鸦根本不存在，也就
不存在不黑的乌鸦。因此，例（16）的 a 和 b 是等同的——它
们有着相同的真值条件。

（16） a. ∀x（RAVEN（x）→ BLACK（x））
所有的乌鸦都是黑的，或者对于乌鸦来说，黑是
毫无例外的或者没有不黑的乌鸦。

b. ~∃x（RAVEN（x）& ~BLACK（x））
没有不黑的乌鸦。

现在来看一个错误的全称陈述，"所有的天竺葵都是红色的"，它的否定句"并非所有的天竺葵都是红色的"是成立的。事实上，有很多天竺葵不是红色的，但为使"并非所有的天竺葵都是红色的"这一命题成立，我们只需有至少一棵天竺葵是其他颜色的——实际的数量则无关紧要。换句话说，我们只需要确定非红色的天竺葵被实例化。因此，下例中的 a 和 b 是等同的。﹝存在量词∃表示实例化说明了为什么这个量词与单复数的区别没有关系，正如上述例（10）所示。﹞

（17） a. It is not the case that all geraniums are red.

　　　　　～∀x（GERANIUM(x)→ RED(x)）

　　　　　并非所有的天竺葵都是红色的。

　　　 b. ∃x（GERANIUM(x)& ～RED(x)）

　　　　　至少有一棵非红色的天竺葵。或者非红色的天竺葵被实例化了。

这一基本模式是逻辑量词与否定相互定义（inter-definable with negation）。

（18） a. ∃x（F(x)）　　　　　等同于　～∀x（～(F(x)）

　　　 b. ～∃x（F(x)）　　　　等同于　∀x（～(F(x)）

　　　 c. ∀x（F(x)）→G(x)）等同于　～∃x（F(x)& ～G(x)）

　　　 d. ～∀x（F(x)）→G(x)）等同于　∃x（F(x)& ～G(x)）

3.5　辖域与辖域歧义

3.5.1　辖域与树形图

例（11）、（12）表明 ∃和∼的顺序至关重要，重复如下：

(19) a.　∼∃x（EAT（c, x））

　　　　没什么东西克莱夫吃了。

　　　　克莱夫什么都没吃。

　　 b.　∃x∼（EAT（c, x））

　　　　至少有一样东西克莱夫没吃。

　　在这些例子中，∃和∼无论哪个在前都会影响对另一个的解释。这一现象涉及辖域（scope）。我们说 a 句的存在量词是在否定辖域之内，而 b 句的存在量词是在否定辖域之外。值得注意的是，该例中的辖域正好遵循了从左到右的顺序，但辖域其实并不是由顺序决定的，这一点，我们马上就会看到。

　　并非所有类型的表达都有辖域，那些有辖域的表达叫辖域表达（scope expressions）。我们在后面的章节会碰到相当多的辖域表达，这里只介绍一些常见的辖域表达。

　　首先，在一个包含一个谓词和多个论元的简单原子命题里不存在辖域关系，如下例所示：

(20) Jones admires Knievel.　　　ADMIRE（j, k）

　　我们把否定或者量词添加到一个命题作为一个整体。这时命题就构成了量词或否定的辖域，换句话说，量词或者否定标示出对命题的量化或否定范围。

（21）Jones admires all bikers.

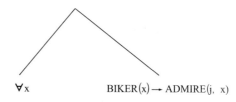

在一个命题前添加辖域表达式，一次只能添加一个。例（21）的否定是例（22），其意是"琼斯欣赏所有的车手并非事实"或者说"琼斯并不是欣赏所有的车手"：

（22）

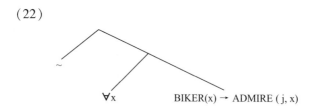

例（21）和例（22）的这类图表称作树形图。它有助于澄清在一个公式里到底是什么和什么相结合，并显示辖域。树形图用关系术语构建如下，如例（23）所示：

（23）

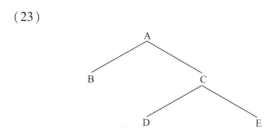

A，B，C，D 和 E 是节点。

A 是 B 和 C 的母节点。

C 是 D 和 E 的母节点。

B 和 C 是姐妹节点，D 和 E 是姐妹节点。

"辖域"可定义如下：一个节点的辖域涵盖了它的姐妹节点和它的姐妹节点的所有子节点。[对句法有一定知识背景的读者可意识到辖域是基于成分统治（c-command）这一概念定义的。]

添加节点名称到例（23）的树形图中，我们得到了例（24）。根据定义可知，例（24）中的节点 b 的否定辖域涵盖了其姐妹节点 c 和 c 所有的子节点——也就是节点 d 和节点 e。d 节点的全称量词的辖域涵盖了其姐妹节点 e，也即 BIKER（x）→ADMIRE（j，x）。

（24）

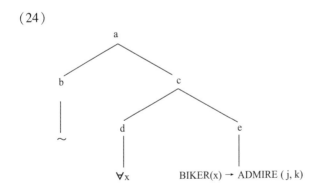

树形图也有助于澄清复杂命题的结构，如例（25）所示。例（25c）的树形图说明节点 c 的析取连接词的辖域涵括了节点 f 和 i 的两个合取连接词，反之则不然。

（25）a. Either Gina died and Jones inherited the house, or

Gina sold the house and Jones rented it.

b. (DIE(g)& INHERIT(j, the house))∨ (SELL(g, the house)& RENT (j, the house))

c.

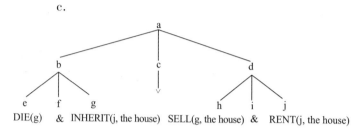

DIE(g) & INHERIT(j, the house) SELL(g, the house) & RENT(j, the house)

树形图也清晰地显示，从左至右的顺序不需要与相关辖域对应。例（26）中全称量词和存在量词各有其独立的辖域，哪个量词的辖域都不涵括另一量词的辖域。例（26）中的两个并列句顺序如何（无论是在句子中，还是在逻辑公式里）并不影响量词的辖域。

（26） a. Jones ate everything on his plate and Harris ate a bun.

b. Harris ate a bun and Jones ate everything on his plate.

c. ∀x (ON(x, Jones' plate) → EAT(j, x))& ∃y(BUN (y)& EAT(h, y))

d. ∃y(BUN(y)& EAT(h, y))& ∀x (ON(x, Jones's plate) → EAT(j, x))

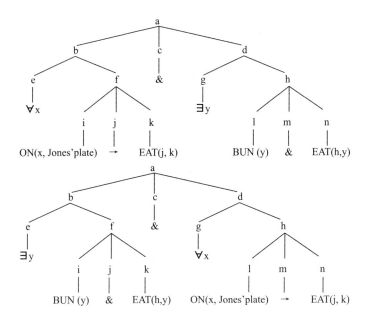

3.5.2 辖域歧义

到目前为止，包含一个以上辖域表达的例子（如 *Clive didn't eat anything*）有着清晰的含义，表明如何将辖域分配给各辖域表达。但情况并非总是如此：含有两个辖域表达的句子会产生歧义，不同的辖域分配产生对句子的不同解释。（虽然在话语中不同的声调可能强调不同的意义。）这就叫作辖域歧义，如（27）所示，例（27a）中的句子可以被解释成（27b）或是（27c）。

(27) a. Every quiz was won by some Belgian.

　　 b. 某个比利时人赢了所有的测试。

　　 c. 每个测试都有一个比利时人获胜或者所有的测试获胜者都是比利时人。

　　首先看下例（27b）：有一个特定的比利时人，他（她）赢得了每一场测试。这个句子的树形图如例（28）所示：

（28）

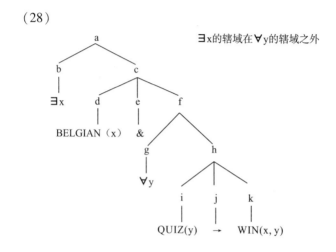

　　对例（27c）的解释以例（29）图表的形式表现出来了。

（29）

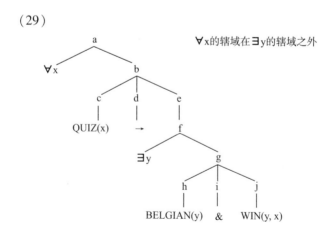

　　在例（28）和例（29）中，位置较低的量词放在其最小的

辖域前。这对应于例（30）和（31）中看似最有序的信息解压：

（30） a. $\exists x(\underset{1}{\underline{\text{BELGIAN}(x)}} \& \underset{3}{\underline{\forall y}}(\underset{4}{\underline{\text{QUIZ}(y) \to \text{WIN}(x,y)}}))$
$\qquad\quad\ \ \underset{1}{\underline{}}\ \underset{2}{\underline{}}$

b. 1　存在某个 x

2　x 是个比利时人，并且

3　对于任何一个 y

4　如果 y 是一场测试，那么 x 赢得了 y。

（31） a. $\forall x(\underset{2}{\underline{\text{QUIZ}(x)}} \to \underset{3}{\underline{\exists y}}(\underset{4}{\underline{\text{BELGIAN}(y) \& \text{WIN}(y,x)}}))$
$\qquad\quad\ \ \underset{1}{\underline{}}\ \underset{2}{\underline{}}$

b. 1　对于任何一个 x

2　如果 x 是一场测试，那么

3　存在一个 y

4　y 是个比利时人，并且赢得了 x。

上述公式也可以表示如下：把结构中位置较低的量词提到较高的位置，如（32）所示，尽管这样往往不容易看懂。

（32） a. $\exists x \forall y(\text{BELGIAN}(x) \& (\text{QUIZ}(y) \to \text{WIN}(x,y)))$
对于某个 x 和所有的 y 来说，x 是个比利时人，并且如果 y 是一场测试，那么 x 赢得了 y。

b. $\forall x \exists y(\text{QUIZ}(x) \to (\text{BELGIAN}(y) \& \text{WIN}(y,x)))$
对于所有的 x 来说，存在一个 y，如果 x 是一场测试，那么 y 是一个比利时人且 y 赢得了 x。

练 习

（1） ★

写出下列句子的逻辑形式，在恰当的地方使用全称量词∀和存在量词∃。

a. Every possum was brown.

b. John ate a sandwich.

c. A young woman was speaking.

d. Kerry filled all the gaps.

e. Every guest thanked Jones.

（2） ★★

写出下列句子的逻辑形式，在恰当的地方使用全称量词∀和存在量词∃。

a. There was a black hat on the bed.

b. All roads lead to Rome.

c. Utopia welcomes all travelers from Spain.

d. Clive got murdered.

e. Jones read every book in the library.

f. Ada saw something nasty in the woodshed.

g. Every cloud has a silver lining. （Give the formula for the normal reading of the proverb.）

（3） ★★★

写出下列句子的逻辑形式，在恰当的地方使用全称量词∀和存在量词∃。

a. Jones cleaned and framed every painting that Brice found in the cellar.

b. Chairman Miaou is heavier and meaner than any spaniel.

c. Grammar A generates all and only well-formed formula. （把 *Grammar A* 当专名处理）

d. Clive gave every child either a biscuit or a Batman comic.

e. Zoe read all the death notices but nothing else.

f. There's no business like show business. （把 *show business* 当专名处理）

g. If someone leaves the room then the room will be empty.

h. If someone leaves the cab then Jones will put the luggage in the cab. （It doesn't matter who leaves to make more space.）

（4）★★★

写出下列句子的形式表达（参见本章3.3节）。

a. The small goat was bigger than the big spider.

b. There were counterfeit doubloons in the drawer.

c. Jack's cold tea was warmer than Harry's warm beer.

提示：用POSS表示所有，如下例：

Jude painted Guy's boat ∃x（BOAT（x）& POSS（g, x）& PAINT（j, x））

否定

（5）★

用全称量词∀和存在量词∃写出以下句子的逻辑表达。

a. Not everyone likes Bob.

b. Bob doesn't like anyone.

（6）★★

下面的句子让很多人觉得模棱两可，这取决于语调。你能根据句子的强调方式的不同识别和表示特定的句子意义吗？

a. Bob doesn't like everyone.

b. Everyone doesn't like Bob.

辖域歧义

(7) ★★

下列句子都是辖域歧义句。给每个句子一个清晰明确的释义，并将其与其公式和树形图匹配起来。

a. Every prize was won by some high school kid.

b. Someone had scribbled on every wall in the kitchen.

c. Every cheerleader had shared a milkshake with Jones. （把 *share* 当作三元动词 'x shares y with z'）

延伸阅读

关于前面章节的谓词和论元，特别推荐 Allwood，Andenon 和 Dahl（1977）。

4 形式组合

在第 1 章中我们曾提到，意义具有组合性，也就是说一个句子的意义是由其各部分的意义组合起来的：句中词汇的意义及其组成短语的方式。语义组合理论认为句法与语义同构，即对于每一个句法规则，都有一个与之相对应的语义规则。前者把两个语言成分组成短语，后者把构成成份的语义组成新构成部分的语义。

至此，我们还未提及如何将意义片段组合成命题，但我们已经知道如何用逻辑表达式表达自然语言。有了一定的基础之后，这一章我们将学习形式化的组合方法，即如何为词语及其组合赋予意义并形成命题的方法。

本章分为两个部分，分别介绍两种重要的方法。第一是类型划分法，即根据词语指谓及组合方式划分词语类型的方法。第二是兰姆达演算法，该方法为语义片段的组合提供了一个统一的分析方法。

4.1 类型

语言表达根据其指谓可分为不同的语义类型。其中两个最基本的语义类型为类型 e（type e），代表个体；和类型 t（type t），代表真值。一个名称（它的所指）的语义类型是 e。句子的指谓或者说外延义就是它的真值，因此，句子的语义类型是 t。其他的类型都是建构在这两个基本类型之上的，都是函数（functions）。

4.2　函数

我们在第 2 章提到，谓词是句中去除个体后的"剩余部分"。如（1）：

（1）　Moscow is east of Paris.

　　　去除个体 ⟹ 　_　is east of _

　　　去除一些句法小词，保留该关系中的主要部分：EAST
　　　即为谓词。

这种方法要求我们能够直观判断出个体，而去除个体剩余的部分就是谓词。反过来，我们也感到像 *east* 这样的词语，如果缺乏论元，语义就不完整。换句话说，一个谓词，它的意义就是确定它对论元的"需要"。哲学家戈特洛布·弗雷格（Gottelob Frege）将谓词的这种性质描述为非饱和的（unsaturated）。与之相比，语义完整的表达，如名称和陈述，则为饱和的（saturated）。弗雷格写道：

陈述句通常……可被分为两部分：一部分自身是完整的，另一部分则需要其他成分的填充，或者"不饱和"。因此，我们将句子"Caesar conquered Gaul"（凯撒征服了高卢）分为"Caesar"和"conquered Gaul"两个部分。第二部分是"不饱和的"——它包含了一个空位，只有在空位上填上一个专有名词或者一个可以代替专有名词的词语，它才具有完整的语义。这里，我也将"不饱和"部分称为"函数"。"Caesar"就是这个函数的论元。

(1891/1980：31)

　　从另一个角度来看函数（和谓词），可以说函数约束其论元而形成句子。根据这一见解，弗雷格提出，所有语义组合都是函数运用（all semantic composition is functional application）。函数运用就是函数与论元的结合。函数与论元的结合就如同"胶水"将复杂的语义粘在一起。这里的语义组合方式就是将两个表达式 A 和 B 组合在一起，其中 A 为函数，B 为论元。这种组合的另一个要点是，组合是二元的（binary），即每个运算只包含两个表达。用句法术语来描述，这就意味着树形图上的每个节点最多有两个分节点。

　　（2）这样：

而不是这样：

4.3　函数的类型

　　不同的函数类型是根据其不同的组合特征来定义的。（3）给出了定义函数的基本方法：

　　（3）一个函数 F 与一个类型 B 论元结合形成一个类型 C 表达，那么 F 的类型就为 〈B，C〉

根据这种方法，我们可以用函数来定义谓词的意义。简单的一元谓词，无论其词类范畴，如名词 *dog*，形容词 *red*，不及物动词 *grin* 或 *walk* 等，都是与一个个体结合生成句子的函数。前面提过，句子的指谓是类型 t。所以，一个一元谓词与一个类型 e 论元结合就得到一个类型 t 的句子。一元谓词的类型为〈e，t〉，如图（4）所示。

（4）

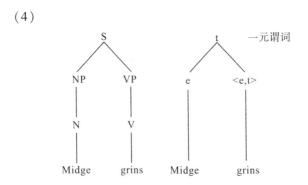

二元谓词与一个个体论元结合形成一元谓词。根据（3）的基本方法，一个二元谓词的类型为〈e，〈e，t〉〉：它与 e 类结合形成〈e，t〉类函数。常用的二元谓词有介词（*beside*，*under*，*in*，*on*）、及物动词（*like*，*pat*，*see*）、普通名词（*friend*，*brother*，*colleague*）和形容词（*higher*，*hostile*）。

（5）

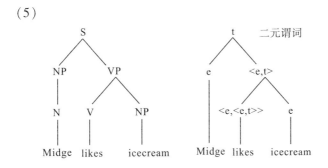

用同样的方法分析三元谓词，我们看到，这里所采用的树形图与句法入门教材中的树形图不同。在句法入门教材中，句子如 *Fred sent the parcel to Louie* 的树形图通常如例（6），其中动词短语 VP 节点下包含三个子节点，而不是两个。

（6）Fred sent the parcel to Louie.

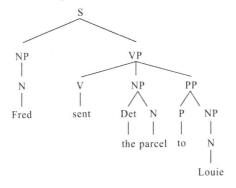

与这种分析方法不同，函数运算是二元的，它要求每个节点最多有两个子节点。而这在高级的句法理论框架中不是问题，因为这些理论也采用句法组合的二元论假设，因此，在这些句法理论框架下，动词短语结构 VP 可以重新分析为二分，而使其与语

义理论要求一致。例（7）是 *Fred sent the parcel to Louie* 的简化的深层结构。该树形图的语序 *Fred the parcel sent to Louie* 并不是句子的最终语序。该句的最终语序 *Fred sent the parcel to Louie* 是通过动词移位实现的，即将动词 *sent* 移到高一级的句法位置上。但对我们而言，例（7）中的简化结构就足以作为该句的语义结构。

（7）

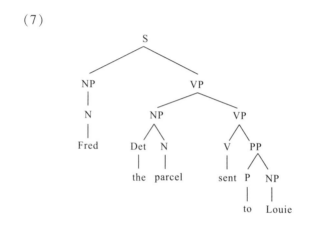

　　如例（7）所示，一个三元谓词是与 e 类论元结合形成一个二元谓词的函数。这里 *sent* 与（*to*）*Louie* 结合形成一个二元谓词 *sent to Louie*，然后再与 *the parcel* 结合形成一个一元谓词 *the parcel sent to Louie*。去掉所有不必要的细节，例（7）可以简化为例（8）。

（8）

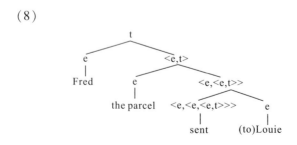

我们可以给单数名词短语如 *the dog* 中的限定词 *the* 定义一个简单的类型。其他主要量化限定词如 *every*，*most*，*few* 等组成的名词短语如 *every pacific island*，*most dentists*，*few mice* 等都不指某个特定个体。但是，*the* 通常（但不总是）构成指称性名词短语，如图（9）所示。这里，限定词 *the* 与一个名词（类型〈e, t〉）结合所形成的表达应该是 e 类表达，因为它指称个体。因此，这里的 *the* 可以分析为〈〈e, t〉, e〉类，方便起见，我们把 *the* 的这种用法叫作"e 型 *the*"（e-forming *the*）。

（9）*The dog* was asleep by the fire.

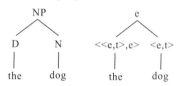

最后要考虑的函数类型是修饰语的类型。到目前为止，我们讨论的所有类型都是与不同类型的论元结合而形成新的不同类型的表达式。而修饰语的特点是函数运算不改变其论元的类型，因此所有的修饰语类型均为〈A, A〉（这种做法有些简化，但足以应付眼前所需）。

（10）Bacchus is happy. *happy* 的类型为〈e, t〉
　　　Bacchus is very happy. *very happy* 的类型为〈e, t〉
　　　very 的类型为〈〈e, t〉,〈e, t〉〉

（11）Mercury runs. *runs* 的类型为〈e, t〉
　　　Mercury runs fast. *runs fast* 的类型为〈e, t〉
　　　fast 的类型为〈〈e, t〉,〈e, t〉〉

4.4　兰姆达抽象

我们一直按照惯例用大写字母来表示谓词，如把 *Harriet gave the parcel to Tom* 中的谓词 *give* 表示为 GIVE。但是这种表达无法表示出该谓词的论元结构，即该谓词所能携带的论元数目，因此就不足以表示出该谓词的类型。谓词的论元结构决定谓词的类型。我们可以通过加入变量的方式来表示论元结构，如（12）所示：

（12）GIVE（x，y，z）

但是这种改进仍不理想。（12）中的表达式实际上是一个开放命题，与谓词并不相同。（12）中的变量可以被看成如 *She gave it to him* 中的指称代词，由语境决定其所指。借助于语境，*She gave it to him* 就表达一个具有真值的闭合命题，即为类型 t。但我们想知道的不是如何表达命题，而是如何表达像 *give* 这样的谓词函数。为此，我们引入λ算子（λ-operator，λ是希腊字母 lambda）将命题转变为函数。要了解λ是如何使用的，最好的方法就是以实例来说明。

选一命题，然后选取该命题中的一个论元。

（13）Harriet gave the parcel to Donald.
　　　GIVE（h，the parcel，d）

用变量代替所选论元的位置，并用λ算子约束该变量。为了方便阅读，通常把λ的辖域放在方括号内。（14）中的新公式表示该谓词"具有 Harriet 给 Donald 的那个物体的属性"。这种将命题转变为函数的方法就叫作兰姆达抽象（lambda abstraction）〔或者叫λ抽象（λ-abstraction）〕。

（14）λx〔Harriet gave x to Donald〕
　　　λx〔GIVE（h，x，d）〕

其他论元位置也可以兰姆达抽象为不同的谓词：

（15）λx〔GIVE（x，the parcel，d）〕
　　　具有将包裹送给 Donald 的个体的属性。
（16）λx〔GIVE（h，the parcel，x）〕
　　　具有 Harriet 将这个包裹送予的个体的属性。

在所有（14）-（16）的例子中，兰姆达函数都是一元谓词，因为兰姆达抽象只作用于一个位置上的论元。函数与论元结合，通常的写法是把括号里的论元放在函数的后面：

（17）λx〔GIVE（h，x，d）〕（the parcel）
（18）λx〔GIVE（x，the parcel，d）〕（h）
（19）λx〔GIVE（h，the parcel，x）〕（d）

上述公式可以通过兰姆达简化（lambda reduction）或者兰姆达还原（lambda conversion）予以简化，其做法是将括号里的论元代入受兰姆达约束的位置，然后删除兰姆达算子：

（20）　λx[GIVE(h,x,d)] (the parcel)　⟹　GIVE(h,the parcel,d)

（21）　λx[GIVE(x,the parcel,d)] (h)　⟹　GIVE(h,the parcel,d)

（22）

$$\lambda x[GIVE(h,the\ parcel,x)]\ (d) \implies GIVE(h,the\ parcel,d)$$

需要指出的是，兰姆达还原简化了原有的公式，但是并没有改变对原句的释义，因此，简化版和未简化版表达的意义相同。例如：

（23）$\lambda x\big[\,GIVE(x,the\ parcel,d)\,\big]$（h）等同于
$\qquad$ $GIVE(h,the\ parcel,d)$

利用兰姆达抽象，我们可以根据类型来定义词库中谓词。从简单一元谓词开始。先用谓词形成一个开放命题，然后对命题进行兰姆达抽象：

（24）$DOG \rightarrow DOG(x) \rightarrow \lambda x\big[\,DOG(x)\,\big]$

（25）把一元谓词进一步定义为〈e, t〉类一元函数。注意，用双竖线 ‖…‖ 表示该表达的指谓。例如，‖grin‖代表"*grin*的指谓"。

（25）$\|\,grin\,\| = \lambda x\big[\,GRIN(x)\,\big]$
$\qquad$ $\|\,dog\,\| = \lambda x\big[\,DOG(x)\,\big]$
$\qquad$ $\|\,red\,\| = \lambda x\big[\,RED(x)\,\big]$

现在我们来看一下类型为〈e,〈e, t〉〉的二元谓词。在二元谓词中，兰姆达抽象的目标是两个论元位置，一次抽象一个论元。以 *Midge likes ice-cream* 为例：

（26）

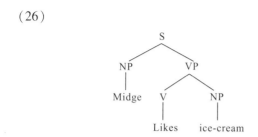

如图所示，谓词 *likes* 所表达的函数首先与直接宾语论元 *ice-cream*结合，因此最外层的兰姆达算子约束该宾语论元。主语论元最后与其他成分结合，因此里层的兰姆达算子约束主语论元。

（27）

为了表示λ还原前的整个命题，我们将 *icecream* 和 *Midge* 这两个论元列在函数后面的括号内。论元左右的顺序对应着论元与谓词组合的先后顺序。

（28）　Midge likes icecream. λy[λx[LIKE(x, y)]](i) (m)

下面是与此对应的（简化的）句法和语义结构图：

（29）

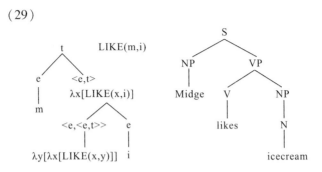

沿此思路，类型为 〈e，〈e，〈e，t〉〉〉 的三元谓词分析为 （30），这里使用了前文例（7）所引进的句法结构。

（30）Barry introduced Kerry to Murray.

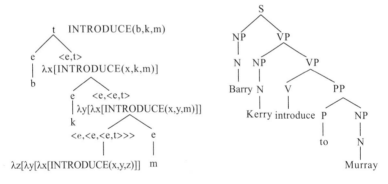

与兰姆达抽象非常接近的句法现象是限定性定语从句。限定性定语从句也是将命题形式转换成谓词。以上述例（13）-（22）中的句子 *Harriet gave the parcel to Donald* 为例，每个通过λ抽象得到的一元谓词都对应一个定语从句。类似下面的这些定语从句都是类型为 〈e，t〉 的一元谓词。

（31）相对/抽象 *Harriet* 的位置：（the person）*who gave the*

parcel to Donald：

‖*who gave the parcel to Donald* ‖ = λx［GIVE（x, the parcel, d）］

（32）相对/抽象 *the parcel* 的位置：（the thing）*that Harriet gave to Donald*：

‖*that Harriet gave to Donald* ‖= λx［GIVE（h, x, d）］

（33）相对/抽象 *Donald* 的位置：（the person）*to whom Harriet gave the parcel*：

‖*to whom Harriet gave the parcel* ‖ = λx［GIVE（h, the parcel, x）］

兰姆达抽象还可以帮助我们解决第 2 章中提到的严格组合性的问题。自然语言的句法中允许合取简化和析取简化，但是标准逻辑则不允许此类简化。

动词短语

（34）a. Fred danced and sang.

b. DANCE（f）& SING（f）

c. *DANCE & SING（f）

上述（34c）的问题是逻辑连接符只能连接命题表达式，不能连接谓词表达，所以我们似乎不能用合取逻辑连接词来表达像 *danced and sang* 之类的动词短语。但是，λ抽象可以解决这一问题，如例（35）所示，DANCE（x）和 SING（x）这两个公式都具有合取连接词所要求的命题形式。

（35）a. ‖*dance and sing* ‖= λx［DANCE（x）&　SING（x）］

b. Fred danced and sang：

$$\lambda x \left[\text{DANCE}(x) \& \text{SING}(x) \right] (f) = \left[\text{DANCE}(f) \& \text{SING}(f) \right]$$

4.5 语义组合基本原则

伴随句法的组合，句子的语义组合也同步进行。为了解语义是怎样一步步结合起来的，我们需要弄清楚一些规则，弄清树形图中不同节点的语义是怎样结合在一起的。

末端节点：末端节点在树形图分支的最底部，通常与句法中的词相对应。

末端节点规则：末端节点就是其词汇意义。

（36） $\parallel \text{dog} \parallel = \lambda x \left[\text{DOG}(x) \right]$

$$\begin{array}{c} \text{N} \\ | \\ \lambda x \left[\text{DOG}(x) \right] \end{array}$$

非分支节点：单节点就是只有一个子节点。
非分支节点规则：指谓与其子节点的指谓相同。

（37）

$$\begin{array}{c} \text{VP} \\ | \\ \text{V} \\ | \\ \lambda x \left[\text{WALK}(x) \right] \end{array} \qquad \parallel \text{VP} \parallel = \lambda x \left[\text{WALK}(x) \right]$$

$$\begin{array}{c} \text{NP} \\ | \\ \text{N} \\ | \\ \lambda x \left[\text{RUM BABA}(x) \right] \end{array} \qquad \parallel \text{NP} \parallel = \lambda x \left[\text{RUM BABA}(x) \right]$$

分支节点：分支节点含有两个子节点。这两个子节点有两种类型：（i）函数和论元。（ii）两个函数，其中一个函数修饰另一个函数。

分支节点：函数＋论元型

函数与其论元的组合没有单独的规则，通过函数运算进行（然后是兰姆达还原）。

(38)

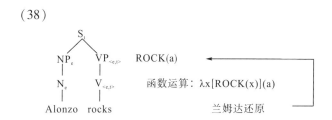

分支节点：函数＋函数型，一个函数修饰另一个

修饰语复杂多变，不易分析。因此，这里我们仅讨论交集性修饰语（intersective modifiers），这一概念适用于第 3 章中提到的例子，排除像 *very* 这类的修饰语。例如，在第 3 章，我们将句子 *A blue umbrella was on the table* 译为 ∃x（BLUE（x）&UMBRELLA（x）&ON（x, the table））。这里对 *blue umbrella* 的分析就是将 *blue* 处理为交集性修饰语，修饰语 *blue* 和被修饰谓词 *umbrella* 用合取连接词连接起来。这一分析意味着 *x is blue* 和 *x is an umbrella* 这两个分句都必须各自为真。但有大量修饰语是非交集性修饰语（non-intersective modifiers）如 *fake*：假宝石不是宝石，因此 *There was a fake diamond* 不能分析为 ∃x（FAKE（x）& DIAMOND（x）），因为这样一来，该表达式将错误地蕴含 x 是宝石。

注意，不是所有的修饰语都是交集性的，我们可将交集性修饰语定义为合取。目前为止我们所接触到的修饰语都属于〈e,

t〉类型，这类修饰语的规则如例（39）所示。（这里是简单处理方法，在本节末，这一规则将修改为函数运算。）

(39) 交集性修饰语规则：$\| A_{\langle e,t \rangle} + B_{\langle e,t \rangle} \| = \lambda x [A(x) \& B(x)]$

    a. $\| blue\ umbrella \| = \lambda x [BLUE(x) \& UMBRELLA(x)]$

    b. $\| man\ that\ Cain\ killed \| = \lambda x [MAN(x) \& KILL(c, x)]$

        $\| man \| = \lambda x [MAN(x)]$

        $\| that\ Cain\ killed \| = \lambda x [KILL(c, x)]$

我们也可以使用简化的规则来分析上述例（31）-（33）的定语从句。

(40) 简单定语从句规则：λ抽象相关论元

    (the person) *who gave the parcel to Donald*

    $= \lambda x [GIVE(x,\ the\ parcel,\ d)]$

    (the thing) *that Harriet gave to Donald*

    $= \lambda x [GIVE(h,\ x,\ d)]$

    (the person) *to whom Harriet gave the parcel*

    $= \lambda x [GIVE(h,\ the\ parcel,\ x)]$

最后，我们可以对如例（9）*The dog was asleep by the fire* 的中的 $\langle \langle e, t \rangle, e \rangle$ 类"e-型 the"采用一个简单的规则。这里的名词短语 *the dog* 指的是唯一的确定的一条狗，也就是说，只有一条狗，且 *the dog* 就指那条狗。唯一性通常取决于具体的语境，比如 *the dog* 可以理解为"那家养的那条狗""现在屋子里的这条狗""我正在谈论的这条狗"等。如果我们将上述这些语境的具体内容视为语用信息，我们就可以用"唯一的一个"来定义单数 *the* 的语义（更多 *the* 的语义内容见第 6 章）。我们用ι算子（iota operator）来表示"唯一"，它与谓词结合形成一个 e 类表达。如下例（41）所示，（42）为ι算子的定义：

(41) ιx(DOG(x)) = a iff ∃ y(DOG(y)＆∀ z(DOG(z) ↔ z = y)＆y = a)

ιx(DOG(x)) = a iff

"这只狗是个体 a，当且仅当……"

∃x(DOG(x)＆∀ y(DOG(y) ↔ y = x)

"x 是一只狗，如果任何 y 也是狗，那么 y 与 x 相同"（即"x 是唯一的那条狗"），……

＆ x = a

"x 和 a 是相同的个体"

(42) ι 运算符的定义：

ιx(P(x)) = a iff ∃x(P(x)＆∀y(P(y) ↔ y = x)＆x = a)

利用 iota 算子，e-型 *the* 的简单规则可以定义如下：

(43) e-型 *the* 的简单规则：

‖ the P ‖= ιx(P(x))　　ιx(P(x))的类型为 e

最后，既然 e 类表达指谓个体，那么我们就可以用逻辑常量来表示该个体，进一步简化 e 类名词短语的形式化表达：

(44) 赋予 e 类名词短语一个逻辑常量：ι x (P(x)) = a

现在，我们可以根据这些定义和组合原则，一步一步地得到句子的真值条件。例如：

（45）Barry introduced Kerry to Murray.

将 to 当作可以删除的纯句法表达。

词汇层面：$\|\text{Barry}\| = b$

$\|\text{Kerry}\| = k$

$\|\text{Murray}\| = m$

$\|\text{introduce}\| = \lambda z [\lambda y [\lambda x [\text{INTRODUCE}(x, y, z)]]]$

末端节点规则：$\|N_1\| = \|\text{Barry}\| = b$

$\|N_2\| = \|\text{Kerry}\| = k$

$\|N_3\| = \|\text{Murray}\| = m$

$\|V\| = \|\text{introduce}\| = \lambda z [\lambda y [\lambda x [\text{INTRODUCE}(x, y, z)]]]$

非分支节点规则：$\|NP_1\| = \|N_1\| = \|\text{Barry}\| = b$

$\|NP_2\| = \|N_2\| = \|\text{Kerry}\| = k$

$\|NP_3\| = \|N_3\| = \|\text{Murray}\| = m$

$\|S\| = \text{INRODUCE}(b,k,m)$

函数运算：VP1(NP1)

$\lambda x[\text{INTRODUCE}(x,k,m)](b)$

兰姆达还原

$\|VP1\| = \lambda x[\text{INTRODUCE}(x,k,m)]$

函数运算：VP2(NP2)

$\lambda y[\lambda x[\text{INTRODUCE}(x,y,m)]](k)$

兰姆达还原

$\|VP2\| = \lambda y[\lambda x[\text{INTRODUCE}(x,y,m)]]$

函数运算V(NP3)：

$\lambda z[\lambda y[\lambda x[\text{INTRODUCE}(x, y, z)]]](m)$

兰姆达还原

接着我们分析一下更复杂一些的名词短语。为了方便起见，下面例子中我重复了一些组合原则的内容，但这不是必须的。

（46）The car that Jones liked was red.

词汇层面：$\|\,car\,\| = \lambda x[\,CAR(x)\,]$

$\|\,like\,\| = \lambda y[\,\lambda x[\,LIKE(x,\,y)\,]\,]$

$\|\,red\,\| = \lambda x[\,RED(x)\,]$

末端节点规则：$\|\,N\,\| = \|\,car\,\| = \lambda x[\,CAR(x)\,]$

$\|\,A\,\| = \|\,red\,\| = \lambda x[\,RED(x)\,]$

非分支节点规则：$\|\,AP\,\| = \|\,A\,\| = \|\,red\,\| = \lambda x[\,RED(x)\,]$

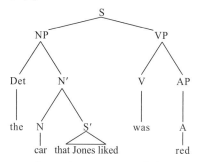

· 简化的定语从句规则：兰姆达抽象相关论元

$\|\,S'\,\| = \|\,that\ Jones\ liked\,\| = \lambda x[\,LIKE(j,\,x)\,]$

· 交集性修饰语规则：$\|\,A_{\langle e,t\rangle} + B_{\langle e,t\rangle}\,\| = \lambda x[\,A(x)\,\&B(x)\,]$

$\|\,N'\,\| = \lambda x[\,CAR(x) + LIKE(j,\,x)\,] = \lambda x[\,CAR(x)\,\&LIKE(j,\,x)\,]$

· 简单 e 类 *the* 规则：$\|\,the\ P\,\| = \iota x(P(x))$

注意这里的 P 代表整个谓词，指谓

$\|\,N'\,\| = \lambda x[\,CAR(x)\,\&\ LIKE(j,\,x)\,]$

与 e 类 *the* 结合得到：

$$\| \text{NP} \| = \iota x \, (\text{CAR} \, (x) \, \& \, \text{LIKE} \, (j, x))$$

· 赋予 e 类名词短语一个常量：$\iota x (P(x)) = a$

给琼斯喜欢的车命名为 Bertha，得到：

$$\| \text{NP} \| = \iota x \, (\text{CAR} \, (x) \, \& \, \text{LIKE} \, (j, x)) = b$$

· 非分支节点规则：假设系动词 *is* 是句法要求，没有语义贡献，动词短语 VP 为非分支节点，$\| \text{VP} \| = \| \text{AP} \| = \lambda x \, [\text{RED} \, (x)]$

· 函数运算 VP（NP）

$$\| \text{S} \| = \lambda x \, [\text{RED} \, (x)] \, (b) = \text{RED} \, (b)$$

上述即为语义组合原则运用的过程。现在你可以做练习（1）-（6）和练习（9）了。

4.6 谓词变量

在 4.3 节中，我们利用两个基本类型 e 和 t 定义了许多语义类型，但还没把所有类型都用兰姆达函数来分析。组成兰姆达函数需要兰姆达运算符和受该运算符制约的变量。目前我们分析的动词都是带 e 类论元，这些论元我们用个体变量 *x*，*y*，*z* 等代表。在这一节，我们引入谓词变量来构建兰姆达函数，来分析剩下的语义类型——e 类 *the*，交集性修饰语，作谓词的名词短语中的限定词 *a/an* 等。

我们从 e 类 *the* 开始，用更清楚的分析来取代例（43）中简单 e 类 *the* 规则。之前我们已经用 ι 算子给 e 型 *the* 做了如下定义：

（47）　‖ the dog ‖ = ι x (DOG (x))

现在，要用函数运算的方法来组合像 *the dog* 之类的名词短语的意义，我们则需要一个能得到（48）中这些翻译的函数：

（48）　the dog ⟹ ιx(DOG(x))

the mushroom ⟹ ιx(MUSHROOM(x))

the rumbaba ⟹ ιx(RUM BABA(x))

the predicate ⟹ ιx(PREDICATE(x))

这里，我们需要一个表示谓词的变量（a variable to represent predicates），不是个体变量。按惯例，谓词变量用大写字母 *P*，*Q*，和 *R* 表示。有了表示谓词的变量（即函数），我们就可以把单数 *the* 分析为（49）：

（49）　‖ the ‖ = λP (ι x(P(x)))

（49）说明 *the* 是一个需要谓词作论元的函数。（50）是 *the* 与名词短语的组合过程：

（50）　**名词短语 *the dog*：**

· 词汇层面：‖ *dog* ‖ = λy[DOG(y)]

　　　　　　　‖ *the* ‖ = λP[ιx(P(x))]

· 函数运算：*the* (*dog*)λP[ιx(P(x))](λy[DOG(y)])

· 兰姆达还原：将论元 = λy [DOG (y)] 代入公式中的 P，删除λP 和外层括号⟹ι x (λy [DOG (y)] (x))

· 对 ι 辖域内进行兰姆达还原：

$$\iota x \boxed{(\lambda y[DOG(y)](x))} \quad \Rightarrow \quad \iota x (DOG(x))$$

在前面的小节中，交集性修饰语规则不是通过函数运算来定义的，使用谓词变量，可以帮助我们弄清楚这一点。在前面的分析中，*blue umbrella* 中的 *blue* 和 *umbrella* 都被看作 〈e，t〉类表达，其函数组合为 λx [BLUE（x）] 和 λx [UMBRELLA（x）]。实际上，由此得到的组合是不合法的，因为这两个函数是同一类型，一个不可能成为另一个的论元。另外，这一分析也没能区分修饰语和被修饰语的语义。

利用谓词变量，我们可以定义交集性修饰语，包括修饰性形容词，更准确地说，我们可以取代（39）中的规则。

像 *The car Jones liked was red* 中的 *red* 叫谓词性形容词（predicative adjective），通常出现在句子的谓词部分。谓词性形容词的类型为 〈e，t〉（*red*，*flat*，*tasty*）或者类型 〈e，〈e，t〉〉（*proud*，*fond*，*afraid*）。而修饰性形容词指 the red hat，his last thought，any old iron 中划线部分的形容词，其中 *red* 修饰谓词 *hat*，*last* 修饰谓词 *thought*，*old* 修饰谓词 *iron*。修饰性形容词将其修饰的谓词作为其论元，形成一个与谓词相同的类型。形容词的不同类型如例（51）所示，修饰性形容词 *blue* 的类型为 〈〈e，t〉，〈e，t〉〉：

（51）a. 谓词性形容词：*The umbrella is blue.*

‖*blue*‖ = λx[BLUE（x）]

b. 修饰性形容词：*a blue umbrella.*

‖*blue*‖ = λP[λx[BLUE（x）&P（x）]]

在短语 *blue umbrella* 中，修饰语 *blue* 是函数，将 *umbrella* 作其论元：

（52） $\lambda P[\lambda x[BLUE(x)\&P(x)]](\lambda y[UMBRELLA(y)])$

兰姆达还原$\Rightarrow \lambda x[BLUE(x)\&\lambda y[UMBRELLA(y)](x)]$

$\Rightarrow \lambda x[BLUE(x)\&UMBRELLA(x)]$

例（53）是对含有修饰语的名词性谓词的分析。需注意的是，修饰语 *spotted* 在树形图中处于名词短语内一个高于名词节点 N 但低于名词短语节点 NP 的节点上。这个节点是 N ′节点，读作"N－拔"。

（53） Cruella stole the spotted dog.

词汇层：

词汇层： $\| Cruella \| = c$

$\| steal \| = \lambda y[\lambda x[STEAL(x, y)]]$

$\| the \| = \lambda P[\iota x(P(x))]$

$\| spotted_{mod} \| = \lambda P[\lambda x[SPOTTED(x)\& P(x)]]$

$\| dog \| = \lambda x[DOG(x)]$

末端节点规则：

末端节点规则： $\| N_1 \| = \| Cruella \| = c$

$\| V \| = \| steal \| = \lambda y[\lambda x[STEAL(x, y)]]$

$\| Det \| = \| the \| = \lambda P[\iota x(P(x))]$

$\| A \| = \| spotted_{mod} \| = \lambda P[\lambda x[SPOTTED(x)\& P(x)]]$

$\| N_2 \| = \| dog \| = \lambda x[DOG(x)]$

非分支节点规则：

非分支节点规则： $\| NP_1 \| = \| N_1 \| = \| Cruella \| = c$

$\| AP \| = \| A \| = \| spotted_{mod} \| = \lambda P[\lambda x[SPOTTED(x)\& P(x)]]$

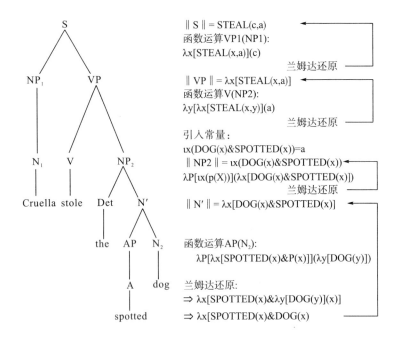

利用谓词变量，我们还可以定义做谓词的名词短语中的限定词 *a/an*。（注意：*a/an* 有许多意义，我们这里的定义仅适用于做谓词的名词短语中的 *a/an*。）名词性谓词以及谓词中 *a/an* 的定义如（54）：

（54） Alison is a dentist.　‖a/an_{pred}‖ = λP［P］

函数λP（P）将名词所表示的谓词作为它的论元。

（55）　‖ *a dentist* ‖ = λP［P］(λx［DENTIST（x）］)

　　兰姆达还原：λP[P] (λx[DENTIST(x)]) ⇒ λx[DENTIST(x)]

　　根据兰姆达还原得出的新表达式与该名词表示的谓词表达式相同。这与我们之前不考虑 *a/an* 所得到的结果一样。例（56）是含有限定词 *a/an* 的句子的意义组合过程。［与例（46）相同，我们暂且将系动词 *be* 作为不需要语义解释句法单位。关于系动词 *be* 的其他表示方法，参见练习（10）。］

（56）Alison is a dentist.

词汇层：

词汇层：$\| Alison \|$ = a

$\| dentist \|$ = $\lambda x[\,\mathrm{DENTIST}(x)\,]$

$\| a/an_{pred} \|$ = $\lambda P[\,P\,]$

末端节点规则：

末端节点规则：$\| N_1 \|$ = $\| Alison \|$ = a

$\| N_2 \|$ = $\| dentist \|$ = $\lambda x[\,\mathrm{DENTIST}(x)\,]$

$\| Det \|$ = $\| a/an_{pred} \|$ = $\lambda P[\,P\,]$

非分支节点规则： 非分支节点规则：假设系动词 be 为不用语义解释的句法单位，动词短语则为单节点，

即 $\| VP \|$ = $\| NP_2 \|$

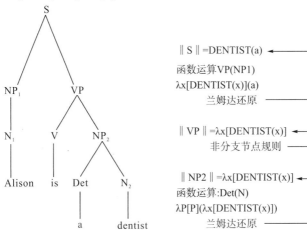

规则和定义的总结

基本类型：个体变量的类型

类型

个体 e

命题 t

一元谓词 $\langle e, t \rangle$

二元谓词 $\langle e, \langle e, t \rangle \rangle$

三元谓词 $\langle e, \langle e, \langle e, t \rangle \rangle \rangle$

一元谓词的修饰语 $\langle \langle e, t \rangle, \langle e, t \rangle \rangle$

函数

一元　　cough　　$\lambda x [COUGH(x)]$

二元　　like　　$\lambda y \lambda x [LIKE(x,y)]$

三元　　give　　$\lambda z \lambda y \lambda x [GIVE(x,y,z)]$

末端节点规则：末端节点的表达式取自词汇。

非分支节点规则：非分支节点的指谓与其子节点的指谓相同。

分支节点规则：分支节点的表达式就是函数应用过程。

交集性修饰语规则：$\| A_{\langle e,t \rangle} + B_{\langle e,t \rangle} \| = \lambda x [A(x) \& B(x)]$

简化的定语关系从句规则：兰姆达还原相关论元。

(the person) who gave the parcel to Donald $= \lambda x [GIVE(x, \text{the parcel}, d)]$

(the thing) that Harriet gave to Donald $= \lambda x [GIVE(h, x, d)]$

(the person) to whom Harriet gave the parcel $= \lambda x [GIVE(h, \text{the parcel}, x)]$

简单 e 型 *the* 规则：$\| \text{the P} \| = \iota x(P(x))$

赋予 e 类名词短语常量（简化表达）：$\iota x(P(x)) = a$

包含谓词变量的类型

e 型 *the*：$\| \text{the}_{e-form} \| = \lambda P[\iota x(P(x))]$

谓词性形容词：$\lambda x[P(x)]$

The umbrella is blue. $\|\text{blue}\| = \lambda x[\text{BLUE}(x)]$

修饰性形容词：$\lambda P[P(x)\&\text{ADJ}(x)]$

A blue umbrella. $\| \text{blue} \| = \lambda P[\lambda x[\text{BLUE}(x)\&P(x)]]$

谓词性名词短语中的 *a/an*：$\| \text{a/an}_{\text{pred}} \| = \lambda P[P]$

练　习

类型

（1）★

如句 a 所示，确定句中划线部分的类型。

a. <u>Adela</u> saw Peter.　　e

b. Adela <u>saw</u> Peter.

c. Rupert <u>wore</u> checked trousers.

d. The wall was <u>very</u> high.

e. Harry <u>allowed</u> the hamsters three nuts each.

f. <u>This</u> guy came up to me.

（2）★★

以下几句中划线部分的类型未在本章中介绍，仿照练习
（1），通过计算确定其类型。

（求表达式 x 的类型，设与 x 结合的表达式 y 的类型为 a；x，
y 结合形成的表达式的类型为 b，则 x 的类型为 <a，b>。）

a. Snails <u>don't</u> like mustard.

b. The men worked <u>slowly</u>.

c. Snails don't like those <u>yellow</u> flowers.

d. Snails <u>might</u> like brown mustard, but it seems unlikely.

e. The cache was <u>in</u> the cellar.

f. Calpurnia <u>interleaved</u> the roses with laurel leaves.

g. Calpurnia <u>carefully</u> wove the wreath.

类型与兰姆达函数

(3) ★

参照本章例 (29) 和 (30) 左图，画出下列句子的语义树形图。

a. Fred coughed.

b. Peter saw Katrina.

c. Gertie assigned Quentin to Maud.

(4) ★

本题要求见练习 (3)。

a. Gertie read the black book.

b. Millie described the strange mushroom that she found.
(Assume that *she* refers to Millie.)

c. The man who killed Abel was notorious.

d. The stag patrolled the deep valley.

真值条件组合

(5) ★

参照 4.5 节的例 (45) – (46)，用语义组合原则，分析下列句子。

a. Katya met James.

b. Cain killed Abel.

c. Lucy bequeathed Methuselah to Quentin.

d. Jones fed the cat.

e. The white cat bit Kerry.

f. The dog died.

g. The brown dog loves Leo.

h. Matt wore the black hat.

连接词

（6）★★★

思考句中划线部分。

a. Jones left <u>and</u> Stedman locked the door.

b. Lucy made muffins <u>or</u> James made tiramisu.

（i）确定划线部分的类型。

（ii）句法树形图有助于确定表达式的类型。请画出（a），（b）的句法树形图（提示：树形图必须是二分的。虽然有时被认为不妥，但是 *and* 和 *or* 可以出现在句子的一端但不能出现在另一端）。

（iii）写出每个表达式的兰姆达函数。

（7）★★（包括谓词变量，涉及4.6节的内容）

参照本章例（45），（46），（53）和（56），利用4.5节介绍的语义组合原则，4.6节介绍的 the，谓词 a/an，和修饰性形容词规则，分析下列句子（用"＝"表示相等）。

a. Jones is a beachcomber.

b. The red balloon was magic.

c. The black dog is Jet.

d. Brian sent Jones the old photograph.

e. Gary groomed the grey pony.

(8) ★★ （包括谓词变量，涉及4.6节的内容）

本题要求见练习（7）。

a. Anne devoured the delicious rumbaba.

b. Chris made the wooden bowl.

c. Jet is a black dog.

d. Jonah gave the valuable painting to Drusilla.

e. The steep cliff contained the hidden entrance.

(9) ★★★ （包括谓词变量，涉及4.6节的内容）

本题要求见练习（7）。

a. The man who fed Midge knows Kevin.

b. Bertha lent the book Charlie liked to Michael.

c. The woodcutter was a talkative old man.

d. The man that Ann met is Herbert.

e. Jones is the man that Lucinda married.

f. The black hat which was on the bed alarmed Matt.

g. The sheep that Brian sheared is a merino.

系动词 be

(10) ★★ （包括谓词变量，涉及4.6节的内容）

对于系动词 be，我们一直视其为一个满足结构需求的句法成分，无需语义解释。其实，系动词 be 还可以表示为：

$$\| be_{cop} \| = \lambda P[\lambda x[P(x)]]$$

参照练习（5），（6），正确使用上述定义，画出下列句子的语义树形图。

a. Bruce is a friendly sheepdog.

b. Ramon is the man who married Judith.

c. Wilbur is a talking pig.

延伸阅读

Chierchia 和 McConnell-Ginet（1990）以及 Cann（1993）对形式语义学进行了更深入，更详细的介绍。

想了解更多与转换语法对接的形式语义理论，特别是句法方面的，特别推荐 Heim 和 Kratzer（1998）。

Portner（2005）有大量关于形式语义的基本思想和分析工具的介绍，其中包括"建立基于集合和函数的属性模型"（54－59），语言通俗易懂。

句法学的动词短语二分法参见 Larson（1998），这是一篇深入介绍句法理论的论文，但比较易懂。Carnie（2007）第 13 章介绍了一些结构更复杂的动词短语。不过要读懂这本句法书需要读者对转换语法有一定的了解。

使用语义组合确定语义类型时，需要相应的句法学知识。语义组合原则所使用的树形图大致与句法树形图相同，但是在语义树形图中我们给每个节点标注精细的语义类型。例如，动词可分为三类，分别是类型为 $<e, t>$ 的不及物动词（IV），类型为 $<e, <e, t>>$ 的及物动词（TV）和类型为 $<e, <e, <e, t>>>$ 的双宾语动词（DV）。名词可至少分普通名词（CN）和专名（N）两类。关于这些类型参见 Heim 和 Kratzer（1998）。

5 情态与可能世界

在这一章，我们会了解到怎样用第 3 章介绍的逻辑量词和第 1 章介绍的可能世界来分析情态。在 5.3 节，我们也会看到如何利用可能世界来区分第 2 章里介绍的某种条件句与实质蕴含之间的关系。

5.1 情态种类

情态表达必然性（necessity）和可能性（possibility）。一个情态命题包含其基本命题必然为真或可能为真的信息。必然为真的命题即在任何情况下都为真，不可能为假的命题。可能为真的命题就是可能为真或者为假，但不是必然为假的命题。情态影响整个命题的解释，因此其作用范围是整个命题。情态由位于命题之前的符号表示：

(1) 必然算子符号□："必然 p" 写成□p
    可能算子符号◇："可能 p" 写成◇p

在英语中，情态一般用情态动词 *shall*，*should*，*can*，*could*，*may*，*might*，*would* 和 *must* 表示，但有时也用 *will* 和副词，如 *possibly*，*maybe*，*perhaps* 和 *necessarily*。下面我们对这些表达进行介绍。

5.1.1　逻辑情态

逻辑情态研究一个命题在逻辑上为真的所有可能性。

逻辑必然性见例（2）。（2a-d）是对一个情态命题的释义，该句在（2e）中分成两部分：情态算子和被它修饰的非情态命题。

（2）a. Necessarily, the diameter of a circle passes through the center of the circle.

一个圆的直径必然经过它的圆心。

b. It is necessarily the case that the diameter...

很显然，一个圆的直径经过它的圆心。

c. It must be the case that the diameter...

很肯定，一个圆的直径经过它的圆心。

d. The diameter of a circle must pass through the center of the circle.

一个圆的直径一定经过它的圆心。

e. □（The diameter of a circle passes through the center of the circle）

在（2a-d）中的每句都表示非情态命题"The diameter of a circle passes through the center of the circle"必然为真，即该命题在任何情况下都不可能为假。而命题"The diameter of a circle passes through the center of the circle"也确实必然为真，所以命题（2）为真。因为命题"The diameter of a circle passes through the center of the circle"必然为真，很显然，该命题事实上也为真——任何永真命题事实上都是真的，因为它不可能为假。

逻辑可能性见例（3）和例（4）。沿用上面的方法，例

（3c）和（4c）中的命题可分为两部分：可能情态算子"◊"和被它修饰的非情态命题。

（3）a. Napoleon might have won at Waterloo.

　　　　拿破仑可能赢得滑铁卢之战。

　　　b. For Napoleon to have won at Waterloo was possible.

　　　　拿破仑赢得滑铁卢之战是可能的。

　　　c. ◊(Napoleon won at Waterloo)

（4）a. It is possible for there to be a man who is older than his own uncle.

　　　　可能有人比自己的叔叔还大。

　　　b. There can be a man who is older than his own uncle.

　　　c. ◊(There is a man who is older than his uncle)

　　逻辑可能性命题指的是被情态算子修饰的这个命题，其真值需符合逻辑的要求，因此未必为假，逻辑允许该命题为真。至于事实上该命题是否为真，则会有所不同。例如，（3）中的情态句为真，因为拿破仑可能在滑铁卢战役中胜利。但事实上，拿破仑输掉了滑铁卢战役，所以"拿破仑赢得了滑铁卢战役"为假。但如果事实按照不同的方向发展，他有可能赢。例（4）中的情态句也同样为真，因为完全有可能"有人比他叔叔的年龄还大"为真。这里被修饰的那部分命题事实上也为真，因为在许多大家庭里，这种情况是很常见的。

5.1.2　认识情态

　　认识情态之所以称为认识情态，是因为它与我们的已有知识有关。Epistemic 这个词源自希腊语 episteme，意为"知识"。认识论是哲学的分支，探索知识的本质。认识情态表达的是在已有知识下一个命题事实上为真的必然性或可能性。换句话说，认识情态命题是根据已知现实中的各种可能性所做出的结论。

认识必然性如例（5）所示：

（5）a. The dinosaurs must have died out suddenly.
恐龙肯定是突然灭绝的。

b. □ₑₚᵢₛₜₑₘᵢ꜀（The dinosaurs died out suddenly）

例（5）可以释义如下："根据我的已有知识，恐龙一定是突然灭绝的。"或者说："已有证据必定使我们得出恐龙是突然灭绝的这样的结论。"认识必然性是根据未必完整的已有知识作出推论。因此，认识必然性，与逻辑必然性不同，并不保证它所修饰的命题事实上为真。即便我们认为例（5）为真，我们也不能理所当然地认为恐龙突然灭绝了。

认识可能性如例（6）所示：

（6）a. There might/could be intelligent life in deep space.
深层空间可能存在智慧生物。

b. It is possible that there is intelligent life in deep space.

c. There is possibly intelligent life in deep space.

d. ◇ₑₚᵢₛₜₑₘᵢ꜀（There is intelligent life in deep space）

例（6）所表达的命题是：根据我们已有的知识，"深层空间存在有智慧生物"为真。例（6）是对真实宇宙事实上可能的情况的一种猜测，而不是对与事实不符的情况的一种猜测。我们假定例（6）为真，那么我们对这个星球的生物进化知识与宇宙其他星球已展现的类似生物进化形式相符，尽管我们并不知道这个事件是否真的发生过。从已知证据到推出"深层空间存在智

慧生物"可能为真的结论，这一推理过程必须遵循逻辑，因此
"深层空间存在智慧生物"在逻辑上也可能为真。认识可能包含
逻辑可能。

情态形式 *might have*（*done*）可以用于逻辑情态或认识情态，
但直到现在，*may have*（*done*）只用于认识情态中。两者的比较
如下：

(7) **逻辑可能性**

    a. She might have fallen down the cliff—thank goodness
       the safety harness held.

       幸亏安全带套住她，她差点儿摔下悬崖了。

    b. #She may have fallen down the cliff—thank goodness
       the safety harness held.

   认识可能性

    c. She may have fallen down the cliff—we're still waiting
       for the rescue team's report.

       她可能摔下悬崖了，我们仍在等救援队的消息。

    d. She might have fallen down the cliff—we're still waiting
       for the rescue team's report.

       她可能摔下悬崖了，我们仍在等救援队的消息。

然而，两者的区别好像正在消失。如新闻标题"Pilot may
have averted crash"是有歧义的。认识可能的释义为：证据显示
飞机虽然没有坠毁，但可能陷入过险境，而被飞行员纠正。新兴
的逻辑可能的解释为：飞机坠毁了，但要是飞行员采取措施，本
该可以避免飞机坠毁的。这种语义变化也反映在下面这个有些奇
怪的新闻标题上：GP Criticized over Death: Baby may have lived-
Coroner.（全科医师因死亡而招致批评：孩子本可以活的）

5.1.3　道义情态

情态动词也可以表示道义情态（deontic modality），它表示遵从或顺从某种行为规范或规则。相关行为规范或规则与语境有关，由语用决定。道义必然性（deontic necessity）表达的是一种要求或者说是一种义务，或是由语境决定的一系列人们必须遵守的规则。而道义可能性（deontic possibility）表达的则是规则所允许或允诺的，如例（8）和例（9）所示：

（8）**道义必然性**

　　a. You must be home by midnight.

　　　你必须在午夜 12 点之前回家。

　　　$\Box_{\text{deontic}}$（You will be home by midnight）

　　　规则：你妈妈说的。

　　b. Buildings erected after September of this year are required to comply with the Revised Building Code.

　　　今年 9 月之后所建的大厦都要符合修订建筑准则。

　　　$\Box_{\text{deontic}}$（Buildings erected after September of this year will comply with the Revised Building Code）

　　　规则：当地机构的规则条款。

（9）**道义可能性**

　　a. Visitors may use the downstairs sitting room after 6 p.m.

　　　游客们在下午 6 点后可使用楼下的休息室。

　　　$\Diamond_{\text{deontic}}$（Visitors use the downstairs sitting room after 6 p.m.）

　　　规则：学生旅社的规则条款。

　　b. Harry is allowed to drive the tractor.

哈利可以驾驶这辆卡车。

$\Diamond_{\text{deontic}}$ (Harry drives the tractor)

规则：这位农民所言。

5.2　情态和可能世界

符号"□"和"◇"，如同否定和其他连接词一样，自身不构成定义，而需要被定义。连接词和否定是通过真值表定义的，而情态则是通过可能世界来定义的。

之前提过，一个逻辑必然性命题在任何环境下都为真。所谓环境就是现实世界可能呈现出的不同状态。比如，不管现实会如何，一个圆的直径都经过圆心。对于一个在逻辑上可能为真的命题，就存在它可能为真的环境，即便该命题事实上为假。例如，给出至少一种不同的事件发展环境，拿破仑就可能赢得滑铁卢战役。正如1.3.2 - 1.3.3节所概括的，这些与现实情况不同的环境即为可能世界。

第1章中可能世界的讨论暗含了只存在一个可能世界的集合，包含了无限多的成员，语义学在这个集合内进行。"可能世界"仅告诉我们在这个集合内可能的世界。事实上自然语言中不同种类的的情态需要对可能世界更加详细的了解，这些情态并不都需要用到集合内所有的可能世界。

5.2.1　逻辑情态和可能世界

逻辑情态作用于集合内的所有世界。一个逻辑必然性命题在任何可能的条件下都为真，意味着在所有可能世界里为真。一个逻辑可能性命题至少在某个可能的环境下为真，尽管事实上为假。据此，逻辑必然性和逻辑可能性分析如例（10）和例（11）

所示。其中的 w 变量是限制变量，其取值范围是世界。

（10）**逻辑必然性的一般规律：□p↔∀w(p is true in w)**

Necessarily the diameter of a circle passes through its center.

□（The diameter of a circle passes through its center）↔ ∀w（"The diameter of a circle passes through its center" is true in w）

读作："圆的直径必经过其圆心"为真，当且仅当在每个可能世界 w 中，"圆的直径经过其圆心"为真。

（11）**逻辑可能性的一般规律：◇p↔∃w（p is true in w）**

Napoleon might have won at Waterloo.

◇（Napoleon won at Waterloo）↔∃w（"Napoleon won at Waterloo" is true in w）

读作："拿破仑可能赢得滑铁卢之战"为真，当且仅当在至少一个可能世界 w 中，"拿破仑赢得了滑铁卢之战"在那个世界 w 里为真。

5.2.2 认识情态和可能世界

认识情态是根据认识上的可能世界来定义的。认识上的可能世界与我们所了解的现实世界一样，即我们不区分现实世界与认识上的世界的差异（即便存在着差异）。我们认为，任何一个认知上的可能世界就是现实世界。下面定义中的变量 w_e 涵盖认识的可能世界。

（12）**认识必然性一般规则：□$_{epistemic}$p↔∀w_e（p is true in w_e）**

The gods must be crazy.

$\square_{epistemic}$（The gods are crazy）$\leftrightarrow \forall w_e$（"The gods are crazy" is true in w_e）

读作："上帝一定疯了"为真，当且仅当在每个认知可能世界 w_e，"上帝疯了"在那个世界 w_e 里为真。

Must 作为认识情态表达的是我们对某一真实情况的所有证据使我们不可避免地得到某结论。但这比逻辑必然性要弱很多。"上帝一定疯了"在认知情态解释下可能为真，但即便如此，在无数逻辑可能世界里，上帝是心智健全且明智的，因此"上帝一定疯了"，在逻辑必然性解释下为假。

认识可能性如例（13）所示：

（13）**认知可能性一般规则**：$\lozenge_{epistemic}p \leftrightarrow \exists w_e$（p is true in w_e）

She may have fallen down the cliff.

$\lozenge_{epistemic}$（She fell down the cliff）$\leftrightarrow \exists w_e$（"She fell down the cliff" is true in w_e）

读作："她可能从悬崖上摔下去了"为真，当且仅当至少存在一个认知的可能世界 w_e，"她从悬崖上摔下去了"在那个可能世界 w_e 为真。

据例（13）的定义，我们对真实情况的了解跟她从悬崖上摔下去了是一致的，因此可以判断她是真摔了还是没摔。

5.2.3 道义情态和可能世界

道义情态也可以用可能世界来解释，但我们此时考虑的可能世界是人们严格遵守相关行为规则的世界（如十诫、儒家规范或妈妈的话）。道义必然性的行动或者事件进程是在所有的所谓"完全服从"（perfect obedience）的世界里发生的。道义可能的行动或者事件的进程是在至少一个这样的世界里发生的，也就是说，完全服从与所允许一致，但不要求后者。例（14）和（15）中，变量 w_{po} 代表完全服从的世界：

（14）**道义必然性一般规则**：$\Box_{deontic}p \leftrightarrow \forall w_{po}(p \text{ is true in } w_{po})$

Children must be seen and not heard.

$\Box_{deontic}$（Children are seen and not heard）$\leftrightarrow \forall w_{po}$（"Children are seen and not heard" is true in w_{po}）

读作："孩子必须被见到而不被听到"为真，当且仅当在每个完全服从的世界里，"孩子被见到而不被听到"在 w_{po} 为真。

（15）**道义可能性规则**：$\Diamond_{deontic}p \leftrightarrow \exists w_{po}(p \text{ is true in } w_{po})$

A cat may look at a king.

$\Diamond_{deontic}$（A cat looks at a king）$\leftrightarrow \exists w_{po}$（"A cat looks at a king" is true in w_{po}）

读作："小人物也该有权利"为真，当且仅当在至少一个完全服从的世界里，"小人物也该有权利"在那个世界里为真。

（14）和（15）是一个概括的说法，似乎可以通过对相关行为规则的完全服从的世界来定义，相关规则由语用来认定。然而，如果道义必然命题中包含了某个具体的个体，如"Jones must leave town within 24 hours"（琼斯必须24小时内离城），我们显然需要更多的语用知识来确定相关的可能世界。具体来说，这些相关世界是包括命题中的特定个体的完全守规的世界。比如："Jones must leave town within 24 hours"为真当且仅当在所有包含 John 和相关情况的完全守规的世界中"Jones must leave town within 24 hours"为真，并包括24小时的时间。

需要确定具体的服从世界的道义情态命题与不需要确定具体的服从世界的道义情态命题没有大的差别。对语用的额外需要可通过例（16）的规则解决。

(16) 道义必然性－修正版

$\Box_{deontic}\, p \leftrightarrow \forall w_{po}\,(\, w_{po}$ is relevantly similar to the actual world $\rightarrow p$ is true in $w_{po})$

一个与现实世界相对相似（relevantly similar）的可能世界，涵盖了现实世界里所有的由语用决定的完全服从世界所需要的特点。在上例中，它会包含 Jones 和让 Jones 必须离开的特定因素。（在 5.3 节中我们还将讨论相对相似性。）

到目前为止，我们所介绍的可能世界的分析方法抓住了情态句两个主要特征：①可能世界的运用抓住了情态句是关乎假设的事件状态，而不仅是对现实世界的描述这一事实。②存在量词和全称量词的使用很好地用可能性和否定定义了必然性，用必要性和否定定义了可能性。在接下来的部分将介绍这个观点。

5.2.4　与否定的交叉定义

必要性和可能性是一组相对的概念，可以通过否定的使用定义彼此。如例（17）所示：

(17) a. $\Box p$　　　　It is necessarily the case that p

　　　$\sim \Diamond \sim p$　　It is not possibly the case that not p

　　b. $\Diamond p$　　　　It is possibly the case that p

　　　$\sim \Box \sim p$　　It is not necessarily the case that not p

　　c. $\Box \sim p$　　　It is necessarily the case that not p

　　　$\sim \Diamond p$　　It is not possibly the case that p

    d. ◇～p   It is possibly the case that not p

       ～□p   It is not necessarily the case that p

（18）-（20）的句子说明了上述各种关系的转换。这些句子听起来不是同样自然，而且并不总是可以添加 *not* 来否定一个句子。

（18）**逻辑情态**

    □p   A circle's diameter must pass through its center.

           圆的直径一定经过它的圆心。

    ～◇～p The diameter of a circle can't not pass through the circle's center.

           圆的直径不可能不经过它的圆心。

           It is not possible for the diameter of a circle to not pass through the center of the circle.

           （同上）

    ◇p   Terry might have hit the bullseye.

           特瑞有可能击中靶心。

    ～□～p Terry need not have missed（not hit）the bullseye.

           特瑞不一定没击中靶心。

           It wasn't inevitable for Terry to not hit the bullseye.

           特瑞不一定没击中靶心。

    □～p   Necessarily parallel lines do not meet.

两条平行线一定不会相交。

~◊p　　Parallel lines cannot meet.

It is not possible for parallel lines to meet.

两条平行线不可能相交。

◊~p　　The dinosaurs might not have died out.

恐龙可能并没有灭绝。

It might have turned out that the dinosaurs didn't die out.

可能恐龙并没有灭绝。

~□p　　It wasn't inevitable for the dinosaurs to die out.

恐龙灭绝不是不可避免的。

(19) **认识情态**

□p　　The dinosaurs must have died out suddenly.

恐龙一定是突然灭绝的。

~◊~p　　It can't be that the dinosaurs didn't die out suddenly.

恐龙不可能不是突然灭绝的。

The dinosaurs can't have not died out suddenly.

恐龙不可能不是突然灭绝的。

It is not possible that the dinosaurs did not die out suddenly.

恐龙不可能不是突然灭绝的。

◊p　　There could be intelligent life in deep space.

深层空间可能存在着智慧的生物。

~□~p　　It need not be the case that there is no

intelligent life in deep space.

深层空间里未必不存在智慧的生物。

It is not necessarily the case that there is no
intelligent life in deep space.

深层空间里未必不存在智慧的生物。

□~p He must have not seen the note.

他肯定没有看见留言。

It must be the case that he didn't see the
note.

他肯定没有看见留言。

~◊p He can't have seen the note.

It is not possible that he saw the note.

(Perhaps he was in a hurry…)

他不可能看见了留言。（也许他很匆忙。）

◊~p He might have not read the note.

他可能没有读便签。

It is possible that he didn't read the note.

他可能没有读便签。

~□p He needn't have read the note.

It needn't be so that he read the note.

It isn't necessarily the case that he read the note.

他未必读了便签。

（20）**道义情态**

假设 p = He leaves town

他离开小镇。

~ p = He does not leave town/He stays in town.

他没有离开小镇。/他待在小镇上。

□p He must leave town

他必须离开小镇。

He is obliged to leave town.

他必须离开小镇。

~◇~p He may not stay in town.

他不能还待在小镇。

He may not not leave town.

他不能不离开小镇。

He is not permitted to stay in town.

他不允许待在小镇上。

He is not permitted to not leave town.

他不允许不离开小镇。

◇p He may leave town.

他可以离开小镇。

~□~p He need not not leave town.

他不必不离开小镇。

He need not stay in town.

他无需待在小镇。

He is not obliged to not leave town.

他不必不离开小镇。

□~p He must not leave town.

他不能离开小镇。

What he must do is not leave town.

他必须不离开小镇。

He must stay in town.

他必须待在小镇上。

He is obliged to not leave town.

他必须不离开小镇。

~◇p　　He may not leave town.

他不可以离开小镇。

He is not permitted to leave town.

他不许离开小镇。

◇~p　　He may stay in town.

他可以呆在小镇上。

He may not leave town.

他可以不离开小镇。

What he may do is not leave town.

他可以不离开小镇。

~□p　　He need not leave town.

他不必离开小镇。

He is not obliged to leave town.

他不必离开小镇。

正如第 3 章中所看到的，存在量词和全称量词的关系也是如此。任何一个全称命题都对应一个否定的存在命题，反之亦然。相关例句重复如下，（21a）和（21b）相同，（22a）和（22b）相同。

（21）　a.　∀x(DOG(x)→BARK(x))

对每一个 x. 如果 x 是狗，那么 x 在叫。

　　　b.　~∃x(DOG(x)& ~BARK(x))

不存在一个 x，x 是一条狗，x 不在叫。

(22) a. $\exists x(DOG(x) \& BARK(x))$

有一个 x，x 是狗，并且 x 在叫。

b. $\sim \forall x(DOG(x) \rightarrow \sim BARK(x))$

并非所有 x，x 是狗，x 不在叫。

下面的形式说明，运用可能世界对情态研究中必然性和可能性的相互定义与全称量词和存在量词的相互定义完全一致。

(23) a. □p It is necessarily the case that p

$\forall w$ (p is true in w)

$\sim \Diamond \sim p$ It is not possible the case that not p

$\sim \exists w$ ($\sim p$ is true in w)

b. ◇p It is possibly the case that p

$\exists w$ (p is true in w)

$\sim \Box \sim p$ It is not necessarily the case that not p

$\sim \forall w$ ($\sim p$ is true in w)

c. □$\sim p$ It is necessarily the case that not p

$\forall w$ ($\sim p$ is true in w)

$\sim \exists w$ (p is true in w)

d. ◇$\sim p$ It is possibly the case that not p

$\exists w$ ($\sim p$ is true in w)

$\sim \Box p$ It is not necessarily the case that p

$\sim \forall w$ (p is true in w)

5.3 违实条件句

我们第 2 章中看到实质蕴含"→"适用于英文连接词"if...

then…"的某些用法，但不完全适用。其中最突出的两点差别
是：（1）英文中的连接词"if…then…"通常表示因果关系，但
逻辑连接词仅仅表明真值的组合情况；（2）根据真值表对符号
"→"的定义，当前件为假时，整个语句的蕴含为真，不管后件
如何。基于第二点，真值表的前两行才与我们对 *if* 句的理解
一致。

（24）	p	q	p→q
1	T	T	T
2	T	F	F
3	F	T	T
4	F	F	T

上述 3、4 行中的反常情况在违实条件句中得到清晰体现。
如例（25）所示，这类条件句的先行句为假［此例来自 Lewis
（1973）］。

（25） a. If kangaroo had no tails they would topple over.

b. If kangaroo had no tails they would not topple over.

袋鼠本身有尾巴，所以（25a）和（25b）中的先行句都为
假。根据真值表（25）a 和 b 两句均为真。但它们是互相矛盾
的。似乎可以认为（25a）为真，（25b）为假。

现在假定先行句为假，剩下的就是根据事实来判定该句子的
真假。这就像用"But they do have tails"（它们的确有尾巴）来
回应这两个句子而拒绝深入思考这个问题。这种回应是错误的，
因为违实条件句是对假设情况的陈述而不是对实际情况的陈述。

在此，我们需要说明两点。首先，对这种条件句的解释必须

考虑其假设的特点。其次，如果（25a）为真，那么（25b）就为假，似乎是正确的，二者的前件相同，其差异一定取决于后件。如果是基于真值表的前两行来解释，那么这两点就可以纳入考虑范围。

按照真值表前两行使前件为真，就意味着进入那些袋鼠没有尾巴的可能世界，所以想象一下那些无尾袋鼠跳跃的可能世界。如果在可能世界中，袋鼠没摔倒，那么上述命题"If kangaroos had no tails they would topple over"就为假。但如果所有无尾袋鼠在所有可能世界里都会摔倒，那么命题"If kangaroos had no tails they would topple over"就为真。因此，在适当的世界里，真值表的前两行就能给出正确的结果。

在考虑无尾袋鼠时，如果你从现实世界出发认为它们会摔倒，你就通过考虑具有相关特征的可能世界遵守了这一假设。但无尾袋鼠世界的范围还包括以下这些世界：

(26) w1　袋鼠没有尾巴。且地球引力小于月球引力，袋鼠在地面上跳跃就不会摔倒。

　　　w2　袋鼠的进化导致尾巴的消失，它们学会双脚交替行走。因此不会摔倒。

　　　w3　袋鼠的进化导致尾巴的消失，前腿变得更加强壮。它们学会了四腿行走，所以不会摔倒。

　　　w4　袋鼠没有尾巴。它们断奶后，袋鼠们就被赋予了喷气式助推器来帮助它们，助推器与定位传感器和一个小电脑相连。当袋鼠跳离地面太远时，喷气式助推器就开启并帮助它站立，袋鼠不会摔倒。

这些世界使条件句为假，因为前件为真，后件为假，因此，

"If kangaroos had no tails they would topple over" 为假——但只有把这些世界包括在分析中。但这显然不可理喻。如果要给这种条件句一个适当的解释，必须排除这些不相关的世界。背景世界必须只包括与真实世界相似的那些世界。该例至少包括引力、袋鼠依靠跳跃行走、袋鼠的前肢很短小等相关事实。

要想确定正确的相似的世界相当复杂，我们将在下面进一步讨论。现在我们分析的重点是例（27）的真值条件：常量 $w_@$ 代表真实世界。

（27）违实条件句的规则：

"If p then q" is true↔∀w（（p is true in w & w is otherwise relevantly similar to $w_@$）→q is true in w）

"If kangaroos had no tails they would topple over" is true if and only if ∀w（（"Kangaroos have no tails" is true in w & w is otherwise relevantly similar to $w_@$）→"kangaroos topple over" is true in w）

读作：命题"如果袋鼠没有尾巴就会摔倒"为真，当且仅当每个可能世界 w 里"袋鼠没有尾巴"在 w 为真，并且 w 与现实世界相对相似，那么"袋鼠会摔倒"在 w 世界里就为真。

一旦相对相似世界确定，其他的世界被排除后，整个条件句的真值则取决于使后件必然为真的那些世界。条件句为真，当且仅当在所有确定的世界里，条件句的后件为真。

可能世界的分析方法有许多优点。它反应了违实条件句的假设本质，即可能世界是假设范围，所以排除了关于条件的真值表中后两行的困扰。

另一方面，这种分析是根据与现实世界的相对相似来确定正确的世界的集合。我们只有知道如何定义相对相似，才能对违实条件句有一个统一的分析，但这是相当复杂的。

一种可能排除如低重力世界或有袋鼠喷气助推器的世界的方法是：规定我们所考虑的世界是除去前件中特指的情况以外在各方面都与现实世界相同的世界。但这一条件太苛刻了，因为袋鼠没有尾巴可能会引发其他不可避免的改变——如没有尾巴袋鼠可能会留下不同的踪迹，将不会有袋鼠尾巴汤等。所以我们不得不考虑由袋鼠没有尾巴而带来的所有差异。

我们要选择的世界尽管在细节上与现实世界不尽相同，但却在更普遍的意义上与现实世界相同。一方面，违实条件反映了袋鼠移动和平衡机制的假设。从功能上看，该动物有两条腿——前腿几乎不支撑身体的重量，其他因素使它跳跃时保持身体的平衡，包括其细长后腿的巨大着陆面，强有力的后腿和能保持平衡的尾巴。这一假设是如果没有尾巴来平衡，其他的平衡因素都是不够的。我们理想的可能世界必须遵循制约上述事实的普遍原则——也许我们可以确定地说，这个条件句的相似性标准包括自然规律。

不幸的是，要测试这一假设所需的袋鼠属于非自然的兽类。它们拥有着极其快速的步伐，像两条腿的猎豹，却不能很好地保持平衡。这一假设必须预设非比寻常的物种进化模式。根据生物进化法则，没有尾巴的袋鼠经过进化会发展某种不致摔倒的技能，如走路，而不是跳跃、四肢行走，或获得其他技能。这个假设中的袋鼠是个怪物。有些自然法而不是另一些用来确定我们需要的假设世界与现实世界的相似性。

总之，我们确定需要什么相似性是建立在对假设的本质的理解上的。如例（28）中，我们把一些无尾袋鼠可能有的特征例举如下：

（28）1. 袋鼠的行径不包含其尾巴的行径。

2. 不存在袋鼠尾巴汤。

3. 袋鼠的基因码与现实世界的袋鼠基因码有差异。

4. 袋鼠会摔倒。

5. 袋鼠靠双腿而非跳跃行走。

6. 袋鼠其实拥有着更加强健的前腿。

如上例所示，要判定命题"If kangaroos had no tails they would topple over"的真假，我们用 1 - 4 的特征，而忽略了 5 - 6 的特征，因为"袋鼠无尾"的假设与这两个因素无关。但是对"If kangaroos had no tails there would be no kangaroo soup"或"If kangaroos had no tails they would have a genetic code different from the actual code"而言，我们所选择的世界必定包含 1 - 6 的所有特征。从另一方面来说，"If kangaroos had no tails they would walk instead of leaping"反映了适应论的假设，因此评价这一条件句我们需用到具有特征 1、2、3、5 可能还有 6 的世界，但我们该排除特征 4，因为这不符合正常进化的进程。

这些例子表明，相关世界的确定依赖于我们对假设的实质的了解，而这需要把前件与后件结合起来考虑。要确定某一条件句的正确的相似性，重点是前件与后件的因果联系，这几乎也总是我们理解 if 条件句，特别是违实条件句的方式。例如，袋鼠无尾造成摔倒，一定是伴随着造成袋鼠摔倒的动态法规的存在但对无尾进行补偿的正常进行模式则不存在。

综上所述，上述逻辑分析表明蕴含关系能够解释违实条件句。在该分析中，除了逻辑分析，语用也扮演了相当重要的角色。我们用常识来思考人们的话语含义，并调整相似性，选择最恰当的世界来检验说话者的假设。

练　习

情态句的真值

（1）★

写出下面句子的真值条件（使用可能世界）。如果你不能判断某个句子属于哪一种情态，请给出不同情态解读的定义。［参见本章例（10）-（16）和（27）。］

 a. Necessarily, a bachelor is unmarried.

 b. A child could have invented the mousetrap.

 c. If wishes were horses beggars would ride.

 d. The lake is sure to freeze tonight.

 e. Villagers' goats may graze on the green.

 f. Right-turning traffic must give way.

情态动词

（2）★★（建议讨论）

在下面的句子中，*would* 和 *could* 分别表达两种不同的解读。一种解读涉及情态，意味着句子的基本形式要放到可能世界语境中去评价。

（i）另一种解读是什么，下面哪个句子有这种解读？

（ii）下面有两个句子的真值条件可以用 5.3 节的方式写出。请写出这些定义。

（iii）看看你能否概括其他两个句子的真值条件。（虽然这一部分还没有介绍但不难找出。提示：如果一个句子的非 would 或非 could 版本在特定的语境中为真，那么全句为真。那个语境是什么？）

 a. If the weather had been better the truck would have arrived on time.

b. We knew the truck would arrive on time.

c. If she'd been taller she could have seen in the window.

d. I remember Stan could bench 450 pounds.

另一种情态?

（3）★★（建议讨论）

我们知道必要性分析为全称量化（∀"all"），可能性分析为存在量化（∃"at least one"）。认识和道义形式还有另外一种类似情态的解读，这种解读也与量词表达相关（但不是逻辑量词），下面是情态动词 *should* 的一种常用方法。

（i）辨认每句的情态用法。

（ii）能否用对可能世界的量化来构建句子的真值条件？（使用英文单词来表示这个量词——不是∀或∃。）

a. The traffic is light and he left in good time, so Jones should be home by now.

b. His wife needs help with the children so Jones should be home by now.

违实条件句

（4）★★（建议讨论）

首先，选出你更同意（a）句还是（b）句。本章对违实条件句的分析是否支撑你的观点？违实条件句的分析会预测什么？

a. If squares were circles then cubes would be spheres.

b. If squares were circles then cubes would be cylinders.

（5）★★★（建议讨论）

假设 Gain 杀了 Abel。那么下面两句都属于违实条件句，但它们的意思却不同。［例（a）是陈述条件句，而（b）是虚拟条件句。]

（i）两句很重要的不同点在于"与真实世界相关相似"的世界意味着什么。你能找出这一差异吗？（提示：当前件为真时，还有其他什么从现实世界带到相关世界?)

（ii）根据对（i）的回答，概括出（a）和（b）两句的真值条件。

    a. If Cain didn't kill Abel then someone else did.

    b. If Cain hadn't kill Abel then someone else would have.

延伸阅读

关于情态和可能世界，可以参见 Martin（1987）第 15 章和 Bach（1989）。想要更深入的了解情态方面的知识，可以参考 McCawley（1993）第 11 章。

关于条件句更多的介绍，可以参见 Sanford（1989），McCawley（1993）第 15 章和 Nute（1984）的第 1 - 6 部分。

Kratzer（1991）是对情态的综述文章。

6 广义量词

6.1 超越一阶逻辑的量词

所谓量化限定词就如（1）中下划线所示的单词或短语（注意，数词如 *four* 有时最好分析为限定词，但也可以为形容词）。

(1) several post offices, at least three hostages, few flakes of paint, most vineyards in this area, every star in the sky, four notebooks, …
（几个邮局，至少三个人质，几片油漆，本地大部分葡萄园，天空中每颗星星，四个记事本……）

我们已经了解到一阶逻辑将 *every*，*each*，*all* 分析为全称量词 ∀，将 *some*，*a/ an* 分析为存在量词 ∃。然而，并非所有自然语言中的量词都能用一阶逻辑来分析。

正如在第 2 章所见，一阶逻辑中，量化的命题有一个普遍的表征形式：

(2) All men are mortal.
A dog barked.

$$\forall_x \quad (\mathrm{MAN}(x)) \qquad \rightarrow \qquad \mathrm{MORTAL}(x))$$

$$\exists_x \qquad (DOG(x)) \qquad \& \qquad BARK(x))$$

量词　名词短语谓词　　连接词　　动词短语谓词

[因为合取与顺序无关，所以 BARK（x）和 DOG（x）的顺序可以对调。]此处重点是名词短语 NP（即 MAN 或者 DOG）和动词短语 VP 分别构成了原子命题，并由连接词连接而形成一个单一命题。

如果我们用同样的形式来表达 *most*，就有以下四种可能性：

（3）Most dogs are domestic.

    a. $Most_x(DOG(x) \& DOMESTIC(x))$

    b. $Most_x(DOG(x) \vee DOMESTIC(x))$

    c. $Most_x(DOG(x) \rightarrow DOMESTIC(x))$

    d. $Most_x(DOG(x) \leftrightarrow DOMESTIC(x))$

根据合取式的真值表来解释（3a），我们得到：

（4）

	DOG(x)	DOMESTIC(x)	DOG(x)& DOMESTIC(x).
第一行	真	真	真
第二行	真	假	假
第三行	假	真	假
第四行	假	假	假

只有当第一行为真时，（3a）才为真。这意味着（3a）为真，当且仅当大多数的 x，"x 是狗"为真，"x 是驯养的"也为真，即 x 为驯养的狗。而"大多数的东西为驯养的狗"并不是 *most dogs are domestic* 所表达的意思。

（3b）为析取式。

（5）DOG(x)　　DOMESTIC (x)　　DOG(x)∨DOMESTIC (x)

第一行 真　　　　　真　　　　　　　　真
第二行 真　　　　　假　　　　　　　　真
第三行 假　　　　　真　　　　　　　　真
第四行 假　　　　　假　　　　　　　　假

当第一行、第二行或第三行为真时，（3b）都为真。这就是说（3b）为真，当且仅当对于多数的 x 来说，x 是驯养狗（第一行），或者 x 是野狗（第二行），或者 x 是驯养的但不是狗（第三行）。假如世上一半的东西为野狗，四分之一的东西为驯养的牛，而没有驯养狗，那么，（3b）为真，但是"大多数的狗是驯养的"为假。

（3c）为蕴涵式。

（6）DOG(x)　　DOMESTIC (x)　　DOG(x)→DOMESTIC (x)

第一行 真　　　　　真　　　　　　　　真
第二行 真　　　　　假　　　　　　　　假
第三行 假　　　　　真　　　　　　　　真
第四行 假　　　　　假　　　　　　　　真

根据真值表的第一行、第三行和第四行，（3c）为真当且仅当对于多数的 x 来说，x 是驯养的狗（第一行）或者 x 是驯养的但不是狗（第三行）或者 x 是野的且不是狗（第四行）。假如世上 85% 的东西为驯养的牛而且剩下的为野狗，那么第三行为真，即使所有的狗都是野狗。假如世上只有三只狗（都是野狗），并且有大量的野海鸥，那么根据第四行，（3c）为真。在这种情况下，同样也根本不存在驯养的狗，因而"大多数的狗是驯养的"

为假。

最后一种可能性（3d）为双条件蕴含。

（7） DOG(x)　　 DOMESTIC (x)　　 DOG(x) ↔ DOMESTIC (x)

第一行 真	真	真
第二行 真	假	假
第三行 假	真	假
第四行 假	假	真

（3d）为真，当且仅当对于多数的 x，x 是驯养的狗（第一行）或者 x 是野的但不是狗（第四行）。假设世上只有三只野狗和大量的野海鸥，这个式子同样为真，但"大多数的狗是驯养的"为假。

综上，上述几种表达式都不能给出 *Most dogs are domestic* 正确的真值条件，因此 *most* 不能用分析全称量词和存在量词的方法来分析。

分析量词的另一种方法，包括全称量词和存在量词，是**广义量词理论**（Generalized Quantifier Theory）（简称为 GQ）。我们将会看到，广义量词理论需要运用谓词变量或者集合，所以称为二阶逻辑（谓词和集合已在第 4 章中介绍，但本章会重温必要的背景知识）。

6.2　广义量词理论

广义量词理论的核心思想是**量词表达集合间的一种关系**（a quantifier expresses a relation between sets）。例如，*All ravens are black* 表达了如（8）中的一种关系。乌鸦的集合完全包含于黑色事物的集合中，或者说，乌鸦的集合是黑色事物的集合的一个子集。

（8）

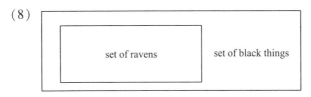

All ravens are black.（所有的乌鸦都是黑色的。）

为了定义量化限定词为广义量词，我们需要以下来自集合论的观点和符号（A 和 B 代表集合）。

集合论术语

A = B：　　　A 和 B 相等：A 和 B 有完全相同的元素。

A ⊂ B：　　　A 是 B 的真子集：A 中所有的元素也是 B 中的元素，并且 B 中至少有一个元素不是 A 中的元素。

A ⊆ B：　　　A 是 B 的子集：A 是 B 的真子集或者 A 等于 B。

| A |：　　　集合 A 的基数：集合 A 中元素的个数。

| A | = 9：　　集合 A 的基数是 9：集合 A 有 9 个元素。

| A | > | B |：　集合 A 的基数大于集合 B 的基数：集合 A 的元素个数大于集合 B。

| A | ≥ | B |：　集合 A 的基数大于或者等于集合 B 的基数：集合 A 的元素个数至少和集合 B 的元素的个数相等。

| A | ≥ 6：　　集合 A 的基数大于或者等于 6：集合 A 至少有 6 个元素。

> A∩B： 集合 A 和集合 B 的交集：既属于集合 A 又属于集合
>   B 的元素组成的集合。
>
> A–B：   属于集合 A 但不属于集合 B 的元素组成的集合
>   （"集合 A 减集合 B"）。

量化限定词的基本表达形式是 Det Fs are G 或者 Det F is G。变量 F 和 G 代表由一阶谓词定义的集合。由一阶谓词定义的集合是使该谓词为真的所有元素的集合。例如，谓词 DOG 指狗的集合。变量 F 定义最高层的 N′ 指谓的集合（N′ 读作 N 拔，是与限定词结合的节点），变量 G 代表 VP 指谓的集合，如（9）所示。

（9）

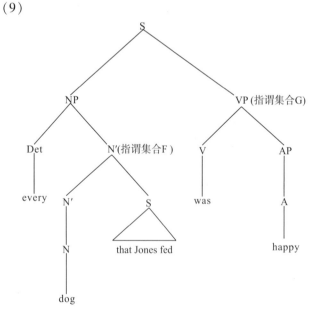

F = Jones 喂养的狗的集合

G = 高兴的个体的集合

量词的定义：第一组

All Fs are G   **F $\subseteq$ G**

"集合 Fs 是集合 G 的子集"

Most Fs are G   **| F $\cap$ G | > | F – G |**

"集合 F 和集合 G 交集的基数大于集合 F 减去集合 G 的集合的基数。"

"属于集合 F 和 G 的东西的个数比属于集合 F 但不属于集合 G 的东西的个数多。"

Few Fs are G   **| F – G | > | F $\cap$ G |**

"属于集合 F 但不属于集合 G 的元素的基数大于既是集合 F 又是集合 G 中元素的基数。"

"属于集合 F 但不属于集合 G 的东西的个数比既属于集合 F 又属于集合 G 的东西的个数多。"

量词的定义：第二组

No F is G   **| F $\cap$ G | = 0**

"既属于集合 F 又属于集合 G 的元素的集合的基数是 0。"

"没有既是 F 又是 G 的东西。"

An F is G   **| F $\cap$ G | $\geq$ 1**

"既属于集合 F 又属于集合 G 的元素的集合的基数大于等于 1。"

"至少有一个东西既属于集合 F 又属于集合 G"

Some Fs are G |F∩G| ≥2

"既属于集合 F 又属于集合 G 的元素的集合的基数大于等于 2。"

"至少有两个东西既属于集合 F 又属于集合 G"。

Four Fs are G |F∩G| =4

"既是集合 F 又是集合 G 的元素的集合的基数是 4。"

"有 4 个既是集合 F 又是集合 G 的东西。"

Many Fs are G |F∩G| = many

"既是集合 F 又是集合 G 的元素的集合的基数是 many。"

"有 many 既是集合 F 又是集合 G 的东西。"

Several Fs are G |F∩G| = several

"既是集合 F 又是集合 G 的元素的集合的基数是 several。"

"有 several 既是集合 F 又是集合 G 的元素。"

Few Fs are G |F∩G| = few

"既是集合 F 又是集合 G 的元素的集合的基数是 few。"

"有 few 既是集合 F 又是集合 G 的东西。"

A few Fs are G |F∩G| = a few

"既是集合 F 又是集合 G 的元素的集合的基数为 a few。"

"有 a few 既是集合 F 又是集合 G 的元素。"

通过这些定义，量词可以分析为集合间的关系，换言之，量词是把集合作为论元的二元谓词。*few* 和 *many* 在第一组和第二组中都出现了。两组的不同将会在下一部分讨论，而 *few* 和 *many* 会在 6.3.2 中讨论。

6.3 量化限定词的分类

6.3.1 第一组和第二组限定词

第一组中的限定词表达非对称关系，在这种关系中，论元的顺序至关重要，而且各个集合在这一关系中扮演着不同角色。例如：

(10) "所有的 Fs 是 G" 不等于 "所有的 Gs 是 Fs"。

"$F \subseteq G$" 不等于 "$G \subseteq F$"。

"所有的（F，G）" 不等于 "所有的（G，F）"。

"All dogs bark" 不等于 "All barkers are dogs"。

(11) "大多数的 Fs 是 G" 不等于 "大多数 Gs 是 F"。

"$|F \cap G| > |F - G|$" 不等于 "$|G \cap F| > |G - F|$"。

"大多数（F，G）" 不等于 "大多数（G，F）"。

"Most leaves are green" 不等于 "Most green things are leaves"。

第二组限定词给出的是 F 和 G 的交集的集合的基数，因为交集是对称的，所以 F 和 G 在这种关系中所体现的角色从原则上说没有什么不同。例如：

(12) "No F is G" 等于 "No G is F"。

$|F \cap G| = |G \cap F| = 0$

"No rose is black" 等于 "No black thing is rose"。

(13) "An F is G" 等于 "A G is F"。

$|F \cap G| = |G \cap F| \geq 1$

"A spy is present" 等于 "Someone present is a spy"。

（14）"Some Fs are G"

$|F \cap G| = |G \cap F| \geqslant 2$

"Some plants are meat eaters" 等于 "Some meat eaters are plants"。

（15）"Four Fs are G" 等于 "Four Gs are F"。

$|F \cap G| = |G \cap F| = 4$

"Four clocks are in the hall" 等于 "Four things in the hall are clocks"。

上述的不同主要源于第一组量词中谓词 F 的特殊身份：这组量词表达了 F 集合所占的比例，因此，有时称为**比例量词**（proportional quantifiers）。

要知道多少 Fs 才算 all Fs，most Fs 或者 few Fs，必须知道整个 F 的大小。例如，假设有 8 只狗接种了狂犬病疫苗。如果总共有 30 只狗，那么 few dogs 接种了疫苗就为真；如果总共有 11 只狗，那么 most dogs 接种了疫苗就为真；如果总共有 8 只狗，那么 all dogs 接种了疫苗就为真。

形成比例量词的限定词称作**强限定词**（strong determiners）。由强限定词构成的名词短语通常叫作**强名词短语**（strong NPs）。

第二组量词表达的数量不涉及比例。例如，*Several dogs were vaccinated* 和 *Eight dogs were vaccinated* 两句的真值只取决于有多少只狗接种了疫苗而与狗的总量无关。这类量词涉及 F 和 G 交集的基数，称作**基数量词**（cardinal quantifiers）。形成基数量词的限定词叫作**弱限定词**（weak determiners）。与弱限定词组成的名词词组通常叫作**弱名词短语**（weak NPs）。

6.3.2 *few* 和 *many* 的歧义

few 与 *many* 常有强弱解读的歧义。在作弱限定词解读时，*few* 与 *many* 分别指数量少或数量大。

在强限定词解读时，*few* 通常与部分结构的解读类似，*few fleas* 在强指的解读中通常与 *few of fleas* 意思一致。这种解读表达了这群跳蚤所占的比例，而要知道 *few* 指多少，我们需要知道跳蚤的总数为多少。假设使用苍蝇、跳蚤和蟑螂来测试一种新的灭虫剂，经过第一次测试后记录幸存者。

(16) No flies and few fleas survived.

此处 *few fleas* 具有强解读，表达很小的比例，远远少于一半的被测跳蚤的数量。假设这次测验有 1000 只跳蚤，其中有 89 只存活，那么 *Few fleas survived* 为真，但如果这次测验有 160 只跳蚤，其中有 89 只存活，那么 *Few fleas survived* 为假。

few 在弱解读中并不表达比例关系。如（17）：

(17) The house seemed clean and Lee found (very) few fleas.

这个句子仅仅表达了 Lee 发现的跳蚤数量很少，而不表达他发现的跳蚤在某一特定的跳蚤集合中所占的某一比例。

对于 *many* 来说，强弱解读的对比则没有那么清楚，人们更多的的分歧在于 *many* 到底有没有涉及比例关系的解读。对于那些认为 *many* 有比例关系解释的人来说，*many* 就像 *most*，只是比其弱些：*many* 指大于一半的比例，*most* 指远远大于已知集合一半的比例（详见练习 15 中 *most* 的含义）。例如，假设一个班有 300 个学生对评估方法进行投票。

（18）Many students preferred assignments to tests.

对于认为 *many* 有比例关系解释的人来说，只有超过150个学生更喜欢布置作业（而非测试）的方式，该句才为真。然而，对于另外一些人来说（包括作者），100个学生足以构成 *many*，即使这一数量仅是学生总数的1/3。因此，如果100个学生更喜欢作业的方式，该句为真。

已知集合的大小会对上述判断产生较大的影响。假设一个班有24个学生，其中8个喜欢布置作业的方式。在这种情况下，我不确信 many 学生喜欢布置作业的方式，因为8个学生并不是很大的数量，尽管它表达的比例与上面的100比300一致。24个学生的班级作为已知集合，很可能大于一半才等同于 many，因此无法区分基数和比例。

假设这个班有6个学生，其中5个喜欢布置作业的评估方式，那么，喜欢布置作业的评估方式的学生数量超过了班级人数的一半，因此，大多数学生喜欢布置作业的测验方式为真，但是5个学生绝对是较小的数量，似乎用 *Many students prefer assignments* 描述这种情况并不合适，有些误导。因为并没有涉及较大的数量，*many* 在此处无法使用。简言之，*many* 可能在所有的用法中只表达基数并且仅指较大的数量。

large 是一个必须与比较标准联系在一起进行解读的谓词：也就是说，某个事物是否能称为 *large* 取决于它是什么事物。最普通的例子就是小象也比大蝴蝶大很多。*large* 和 *small* 并没有绝对值。当我们谈及小象和大蝴蝶时，我们可以通过对比象和蝴蝶的基本大小确定其或大或小的数值范围，这一数值范围接近某确定范围的中间值。对于象的大小来说有最大值和最小值（尽管分界点很模糊）。一头象如果比典型的或者平均大小的象都大，那么称其为大象，如果比典型的或者平均大小的象都小，那么称

其为小象。

数值的大小没有相关语境是不容易判断的，因为一般来说数值是没有上限的，因此没有固定的范围来确定典型的或者平均数值。（日常谈及数量时，不用负数，所以 0 是相关数量范围的下限。）语境决定数量的大小。上述例子中，班级总人数（300、24、8）提供了比较标准，该比较标准确定了判断数字大小的整体范围。在 1～300 的比较范围中，*large* 应从低于比较上限一半的 80 或者 90 开始。在 1～24 的比较范围中，*large* 应大于这一范围的平均值：那么 *many* 和 *most* 就表示相同的数量。但是如果整个数值范围很小，那么在这一数值范围中可能没有一个数值可以称得上 *many*，即使这一范围内最大的数值可以算得上是 *most*。似乎只有当 *many* 在一个"中等大小"的已知集合中挑出大量元素时，*many* 才表达比例关系。背景集合为判断什么是 *large* 提供了数值范围，而算得上 *large* 的数值与大于背景集合一半的数值重合。

6.3.3　*few* 和 *a few*

few 和 *a few* 都表达数量很少，但不能互换。二者的不同反映上下文所需要的数量类型。如（19）所示：

（19）a. Spring was late in coming, and few flowers were blooming.

　　　b. ? Spring was late in coming, and a few flowers were blooming.

　　　c. ? Winter was ending at last, and few flowers were blooming.

　　　d. Winter was ending at last, and a few flowers were blooming.

在（19a，b）中第一个从句 *Spring was late in coming*（春天来迟了）表明或者引入一种预期：或许没有盛开的花或者盛开的花的数量小于人们的预期。换言之，只有很少的或者最多有很少数量的花盛开。由于"最多，只有（可能没有）"的预期，*few* 在（19a）中较合适，*a few* 在（19b）中则不合适。

另一方面，在（19c, d）中，*Winter was ending at last*（冬天终于快结束了）引入一种花要开始盛开的预期。有少量的花要盛开至少与人们预期的一样多，或者至少有较少的数量。这里 *a few* 在（19d）中较合适，*few* 在（19c）中则不恰当。

Spring was late 和 *Winter was ending* 形成的"只有 n 朵花"或者"至多 n 朵花"的预期在（20）中也可体现：

(20) a. Spring was late in coming, and only five tulips were blooming.

春天来得晚，只有五朵郁金香在盛开。

b. ? Winter was ending at last, and only five tulips were blooming.

冬天即将结束，只有五朵郁金香在盛开。

如果（19）用 *but*，情况就截然相反，两个从句就产生了预期冲突。

(21) a. ? Spring was late in coming, but few flowers were blooming.

春天来得晚，但是很少的花要开了。

b. Spring was late in coming, but a few flowers were blooming.

春天来得晚，但是有几朵花要开了。

c. Winter was ending at last, but few flowers were blooming.

冬天即将结束，但是很少的花要开了。

d. ? Winter was ending at last, but a few flowers were blooming.

冬天即将结束，但是有几朵花要开了。

few 和 *a few* 的含义在练习 9 中深入探讨。

6.3.4 *some* 和 *several*

some 和 *several* 都是基数限定词，表达模糊的复数（vague plurality）概念，没有确定的大或小。*some* 这里定义为存在量词，单数或者复数标记在 N′ 上。如（22）所示。

(22) Some dog is barking. ｜D ∩ B｜≥1 "至少一只"
Some dogs are barking. ｜D ∩ B｜≥2 "至少两只"

与 *some* 不同，*several* 要求比 2 稍大一点的数值作为下限。具体来说，如果两只狗在叫，那么 *Some dogs are barking* 为真，但 *Several dogs are barking* 为假。

6.4 限定性量词表达

我们在 6.1 中看到，关于 *most* 的一阶逻辑分析没有一个是恰当的，重复如下。

(23) Most dogs are domestic.
a. Most x(DOG(x) & DOMESTIC (x))

b. Most x(DOG(x) ∨ DOMESTIC (x))

c. Most x(DOG(x) → DOMESTIC (x))

d. Most x(DOG(x) ↔ DOMESTIC (x))

　　广义量词理论提供了一个令人满意的语义分析，但仍存在一个表征的问题——如何表征类似 *Most dogs are domestic* 这样的句子呢？

　　理想的语义表达方式应反映限定词通常与 N′ 组合形成名词短语这一事实。也就是说，自然语言的量化通常是 *all conjurors* 或者 *several motoring enthusiasts* 的形式，其中名词短语剩余部分说明可充当变量的值，而不是像 *everything*, *something* 或 *nothing* 这样的一般形式。这一问题的另一种看法是将自然语言中量词变量当做**限定变量**（restricted variables）。如前文所见，不同的限定可以用变量的形式来表达：用 *x*、*y*、*z* 代表实体；*p*、*q*、*r* 代表命题；较特殊的是用 *w* 代表可能世界和即将看到的用 *t* 代表时间，*e* 代表事件。简言之，名词短语 NP 的 N′ 部分限定这个变量。因此，名词短语表达的量词是限定量词。如（24）所示，限定量词对应整个名词短语。

（24）Most dogs are domestic.

[MOST x：DOG(x)]DOMESTIC(x)

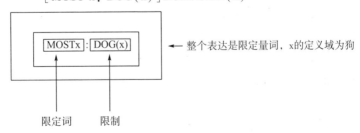

出于表征的一致性，所有的量词限定词（包括 all/every 和 a/some）都用同样的方式表达。例如：

(25) All men are mortal.　[All x：MAN(x)]MORTAL(x)

　　　Three leaves fell.　　[Three x：LEAF(x)]FALL(x)

　　　John ate a peanut.　[A x：PEANUT(x)]EAT(j,x)

否定限定词 *no* 也作同样的表征。

(26) No dogs barked.　　[No x：DOG(x)]BARK(x)

更多例子如下：

(27) a. Several cars crashed.

　　　　[Several x：CAR(x)] CRASH(x)

　　　b. Mary read many books.

　　　　[Many x：BOOK(x)]READ(m,x)

　　　c. Marcia liked most plays written by Osborne.

　　　　[Most x：PLAY(x)&WRITE(o,x)]LIKE(m,x)

　　　d. Few books John owned were expensive.

　　　　[Few x：BOOK(x)& OWN(j,x)] EXPENSIVE(x)

　　　e. Many books John didn't own were expensive.

　　　　[Many x：BOOK(x)& ~ OWN(j,x)]EXPENSIVE(x)

　　　f. Many books John owned weren't expensive.

　　　　[Many x：BOOK(x)& OWN(j,x)] ~ EXPENSIVE(x)

例（26）说明作为限定词的否定形式不分析为否定算子。*not many* 最好分析为复杂限定词。如（28）所示。

(28) Not many books John owned were expensive.

[Not many x：BOOK(x)& OWN(j,x)]EXPENSIVE(x)

如果以名词短语的分析为指导，那么 *the* 似乎也像其他量词一样是量化限定词。

(29) The dog Janes bathed was howling.

[The x：DOG(x)&BATH(j,x)]HOWL(x)

现在我们会采用这种表达，*the* 作为量词的语义会在 6.8 节做进一步的讨论。

6.5　辖域歧义

在第 2 章我们看到，当一个句子有两个或更多量词时就会出现辖域歧义的情况。在逻辑表达中宽域和窄域的解读体现在量词的顺序上。例如，歧义句 *Some man loves every woman* 有（30）中的两种解读。

(30) *Some man loves every woman.*
 a. $\exists x(MAN(x)\& \forall y(WOMAN(y)\rightarrow LOVE(x,y))))$
    有一个男人，他爱所有的女人。
 b. $\forall x(WOMAN(x)\rightarrow \exists y(MAN(y)\& LOVE(y,x)))$
    对于每一个女人来说，至少有一个男人爱她。

表达式中量词的顺序策略也同样用于限定量词的表达。（30）的两种解读表达如下：

（31） a. ［Some x：MAN(x)］［Every y：WOMAN(y)］LOVE
　　　（x,y)

　　　有一个男人他爱所有的女人。

　　b. ［Every y：WOMAN(y)］［Some x：MAN(x)］LOVE
　　　（x,y)

　　　对于每一个女人来说至少有一个男人爱她。

　　确定不同的表达式如何与不同的辖域解读联系起来并不容易，所以下面一步步地分解来检查哪个表达式具有何种解读。举一个新例子：

（32） a. Every rose emits a distinctive perfume.

　　　每朵玫瑰都散发出独特的芬芳。

　　b. ［Every (x)：ROSE (x)］［A y：DISTINCTIVE
　　　PERFUME(y)］EMIT(x,y)

　　c. ［A y：DISTINCTIVE PERFUME(y)］［Every (x)：
　　　ROSE(x)］EMIT(x,y)

　　解读表达式的关键就是严格地从左到右，一部分一部分来分析。首先，从（32b）开始，第一部分［Every (x)：ROSE
(x)］是量词。它告诉我们把表达式剩余部分应用于 x 的值——本例指所有 x 的值（详见 3.1 中关于∀的讨论）。所以选择一些
x 的值（x_1, x_2, x_3…），并逐一加以考虑。表达式的剩余部分对这些变量逐一进行推断。

（33） x_1［A y：DISTINCTIVE PERFUME(y)］EMIT(x_1,y)

　　　x_1（一朵玫瑰）散发着独特的芬芳。

　　　x_2［A y：DISTINCTIVE PERFUME(y)］EMIT(x_2,y)

x_2（一朵玫瑰）散发着独特的芬芳。

$x_3[A y: DISTINCTIVE\ PERFUME(y)] EMIT(x_3,y)$

x_3（一朵玫瑰）散发着独特的芬芳。

如（33）所示，当广义量词取宽域时，就可以解读为所有的玫瑰都拥有不同的芬芳。

现在我们来考虑（32）的另一个表达式（32c）。这里，存在量词取宽域：

（34）$[A y: DISTINCTIVE\ PERFUME(y)][Every(x):ROSE(x)]EMIT(x,y)$

首先考虑第一个量词——（至少）出现一个 y 且 y 是独特的芬芳。表达式剩下的部分使 y 成立，即 y 是一种独特的芬芳，每朵玫瑰都散发出这种芬芳。

（35）$y = 独特的芬芳 [Every(x):ROSE(x)]EMIT(x,y)$

x_1散发 y；x_2散发 y；x_3散发 y，……

按照这种解释，所有的玫瑰都散发着相同的味道。

6.6 比例量词和篇章熟悉性

强限定词的比例特征影响强名词短语 NPs 在语篇中的作用。我们知道，强限定词表示整个集合的比例，该集合由限定谓词提供，而且这一比例是否算作 *all*、*few* 或者 *most* 取决于整个集合的大小。

对于一般概括性的陈述，整个集合就是相关事物的全部。在

（36）中，相关比例是所有的人、大多数人和少数的轿车：

（36）a. All men are mortal.

　　　　所有的人都会死。

　　b. Most people are protective of children.

　　　　大多数人都会保护孩子。

　　c. Few cars can exceed 180 m. p. h.

　　　　很少有车能超过时速 180 英里。

但是我们日常使用的量词陈述如（37）所示，通常没有那么概括，因此是相对于较小集合的比例。

（37）a. All men must report before taking leave.

　　　　所有的人离开前必须报告。

　　b. Most people voted for Continuance.

　　　　大多数人支持诉讼延期。

　　c. Few cars are expected to finish the trial.

　　　　很少有车会完成挑战。

与第一组相比较，这些句子似乎都出自一定的语境，需要语境来提供关于哪些人或者哪些车的相关信息：如某军事基地的某些人，有特殊公民投票权的某些人或者在特殊挑战赛中的某些车。像（37）这样的例子表明了说话者或者作者的假设或者预设，即听众可以通过常识或者上下文推出背景集合。如果背景集合可由上下文得到那么就具有**篇章熟悉性**（discourse familiarity）。

但是假设背景集合之前并未提及也并非观众共有的知识，那么背景集合必须由 N′ 所含信息提供。如下面括号内的名词短语

NPs 所示。

> （38） a. ［All enlisted men now serving on this base］ must report before taking leave.
>
> ［所有应征入伍在这个基地服役的人］ 离开前必须报告。
>
> b. ［Most people who voted in the October temperance referendum］ voted for Continuance.
>
> ［大多数在 10 月份参加戒酒公投的人］ 支持诉讼延期。
>
> c. ［Few cars now competing in the Sunfuels trial］ are expected to finish the trial.
>
> ［很少参加节能挑战赛的车］ 有望完成挑战。

如果 N′ 包含足够的的信息来确定之前不太熟悉的背景集合，那么（37）中信息不完整的感觉就会消失。

基数量词不表达比例关系，不需要给定的背景集合。因此，弱名词短语可以在语篇中引入新的个体而不会引起信息不完整。上例的弱量词 *few*，在 *The house seemed clean and Lee found every few fleas* 中首次提到跳蚤，*very few fleas* 是语篇新信息（discouse novelty）。相反，在 *No flies and few fleas survived* 中，*few* 是强量词，此处的跳蚤是已知灭虫实验中的跳蚤集合的一部分。

尽管弱名词短语无需指熟悉的个体，但其所指也可从上下文得到。如（39）所示：

> （39） As I waited, a large school party entered the museum. Several children went to the Egyptian display and looked at the mummy.

大量的学生如期走进了博物馆。几个孩子进入埃及展
厅观看木乃伊。

此处名词短语 *several children* 指上文提到的学生，但这一效
果是语篇连贯机制产生的而不是由于 *several* 的语义。

6.7　强弱限定词与存在句

6.7.1　有定效果

名词短语分为强或者弱是由 Milsark（1974，1977）首先提出
的。他指出在存在句 there BE 之后的名词短语，如 *There is a fly
in my soup* 必须由弱名词短语来填充。这个位置如果用强名词短
语句子就显得异常。如（40e，f）中的异常通常称为**有定效果**
（definiteness effect）。

（40）a.　There was a dog in the garden.
　　　　花园里有一只狗。

　　　b.　There were several dogs in the garden.
　　　　花园里有几只狗。

　　　c.　There were many dogs in the garden.
　　　　花园里有许多狗。

　　　d.　There were four dogs in the garden.
　　　　花园里有四只狗。

　　　e.　#There was every dog in the garden.
　　　　花园里有每只狗。

　　　f.　#There were most guests in the garden.
　　　　花园里有大多数客人。

名词短语 NPs 的强/弱分类包括指称性名词短语，例如名字、指示词和代词是强名词短语。

(41) a. #There was Terry in the garden.
花园里有特里。

b. #There was that dog in the garden.
花园里有那只狗。

c. #There were they/them in the garden.
花园里有他们。

对存在结构以及其他语言中相似结构的研究已经对其排斥强名词短语提供了一系列的解释，总结如下：存在句断言名词短语的所指存在。这一存在断言与强名词短语语义相冲突，因为强名词短语预设了所指的存在（对指称性名词短语来说）或者预设了背景集合的存在（对量词性名词短语来说）。

用存在句对强弱区分的检测有些令人困惑，因为似乎有至少四种存在句型：

（i）基本存在型 there BE。

（ii）表述型 there BE，给篇章引入新的实体或情境。

（iii）任务型 there BE，采用 there BE NP to VP 形式。

（iv）列举型 there BE。

这几种类型会在下面讨论，只有前两种不允许强名词短语。

6.7.2 存在句的类型

最主要、最易辨识的存在句是基本存在句。如（42）所示：

(42) a. There is a solution to this problem.
这个问题有一个解决办法。

b. There are no ghosts.

没有鬼。

c. There is no antidote to cyanide.

没有氰化物的解药。

d. There is a *roman à clef* about them but I forget the title.

有一本关于他们的纪实小说但是我忘记题目了。

这些句子仅仅断言名词短语所指的事物是否存在。这些句子中的名词短语必须是弱名词短语。

（43）As for spontanesous combustion...

关于自燃……

a. There are several books on the subject.

关于这一题目有好几本书。

b. There are many books on the subject.

关于这一题目有许多书。

c. There are four books on the subject.

关于这一题目有四本书。

d. There are a few books on the subject.

关于这一题目有几本书。

e. There are few books on the subject.

关于这一题目有很少的书。

f. There are some books on the subject.

关于这一题目有一些书。

g. # There are the books on the subject.

关于这一题目有这些书。

h. # There are all the books on the subject.

关于这一题目有所有的书。

i. # There are most books on the subject.

关于这一题目有大多数的书。

j. # There is every book on the subject.

关于这一题目有每本书。

存在型 there BE 中 there 没有重音，所以（43j）读起来像 "Th'z every book…"。这与（44）中重读表方位的 *there* 不同。

（44）Here is the reading list, and there are all the books on the subject.（pointing）

这是书单，那儿是有关这个题目的所有书籍（指着说）。

表方位的 there 与 be 可以与任何类型的名词短语组合，包括像例（45）的强名词短语。

（45）There are most of the team now, over by the gate.

假设在 there BE 结构中的 BE 是表示"存在"的 BE。那么（43i）就可分析为（46）。

（46）There are most books on the subject.

$$|F \cap G| > |F - G|$$

F = 所有的 x，且 x 是关于这个话题的书的集合。

G = 所有的 x，且 x 存在的集合。

根据这个定义，关于这个话题存在的书的数量超过了关于这个话题不存在的书的数量。可问题在于 *most* 要求背景集合为关于这个话题的所有的书的集合，而这就假设所有的这些书都存在（无论语篇设立何种存在模式）。如果背景集合中所有关于这一话题的书都存在，那么断言这一集合中较大的一部分存在会意味着什么？这种断言最多是一种冗余，因此这类句子显得奇怪。

表述型 there BE，给篇章引入新的实体或者引入实体与情境的结合。如（47）所示：

(47) a. In the corner between the bus shelter and the school wall there were ［a number of cigarette butts］and ［a couple of muddy heel-prints］.

在公交站和学校围墙间的角落有 ［一些烟头］ 和 ［几对高跟鞋的泥印］。

b. There was ［a small brown cat］sitting on top of the door.

有 ［一只棕色小猫］ 坐在门上。

c. They can't sneak in without a warrant – there are ［some tenants in the house］.

没有许可证他们不能偷偷地进入，房间里有 ［一些租户］。

d. There are ［only three rooms］available.

只有 ［三间空房］。

e. There are ［five residents］sick.

有 ［五位居民］ 病了。

h. There's ［someone］knocking on the back door.

［某人］ 在敲后门。

g. There's ［a weta］in your curry.

咖喱饭里有 ［一只沙螽］。

这些句子不仅仅描述实体的存在（比较：*There are four kinds of camelid*），也给出了相关实体的事态。这点在（47d, e）最清楚，因为房间的空置和居民的生病是表达的主要信息。像这样的句子必须由弱名词短语表达。如果使用强名词短语，则如（48）所示：

(48) a. #There are most fans screaming on the jetty.
       码头上有大多数粉丝在尖叫。

   b. #There were most of the fans screaming on the jetty.
      码头上有粉丝中的大多数在尖叫。

   c. #There was every customer demanding a refund.
      有每个顾客要求赔偿。

   d. #There were all the children playing in the garden.
      花园里有所有的孩子在玩耍。

不同于基本存在句，像（47）那样的表述型存在句可用没有 there BE 的结构改述，如（49）所示：

(49) a. A number of cigarette butts and a couple of muddy heel prints were in the corner between the bus shelter and the school wall.
       一些烟头和几对高跟鞋的泥印在公交站和学校围墙之间的角落。

   b. A small brown cat was sitting on top of the door.
      一只棕色小猫蹲坐在门上。

   c. Some tenants are in the house.
      一些租户在房间里。

   d. Only three rooms are available.

只有三件房是空的。

e. Five residents are sick.

五位居民病了。

h. Someone is knocking on the back door.

某人在敲后门。

g. A weta is in your curry.

一只沙螽在咖喱里。

另外两种 there BE 句型允许强名词短语。

任务型 there BE，用 there BE NP to VP 形式，如（50）所示。任务型 there BE 使用强名词短语或弱名词短语。

（50）a. There are most of the fruit trees still to prune and spray.

多数的果树需要剪枝和喷药。

b. There are Maria, Lee and Casey to notify.

玛利亚、李和凯西需要通知。

c. ? If they try to block the road they'll find there's us to contend with.

如果他们试着封路，那么他们会发现有我们与之斗争。

d. ? The meeting could be delayed—there's that to consider.

会议可能延迟——有那个需要考虑的问题。

这一结构表达了摆在某人面前的一项任务或者行动：某人必须给果树剪枝和喷药，必须通知玛利亚、李和凯西等等。虽然含有代词的（50c, d）有些奇怪，但它们比在基本存在句（51a,

b) 或者表述型存在句如 (51c, d) 中更自然一些:

（51） a.　#There is she/her.

　　　　　 有她。

　　　　 b.　#Forget Ayesha—there is no she/her.

　　　　　 忘记艾依莎——没有她。

　　　　 c.　#There's he/him needing a new muffler.

　　　　　 有他需要消音器。

　　　　 d.　#There are they/them still expecting a reply.

　　　　　 有他们仍在期待答复。

任务型存在句类似含有 HAVE 的非人称变体结构，这一结构也包含了谁的任务的信息。

（52） a.　The apprentices have most of the fruit trees to prune and spray.

　　　　　 学徒们有大多数的果树需要剪枝和喷药。

　　　　 b.　I have Maria, Lee and Casey to notify.

　　　　　 我有玛利亚、李和凯西要通知。

　　　　 c.　They'll have us to contend with.

　　　　　 他们有我们与之斗争。

　　　　 d.　We have that to consider.

　　　　　 我们需考虑那件事情。

最后一种 there BE 结构含有列举的含义，之所以称之为列举型 there BE 是因为它引入一系列名词短语，读起来具有"列举含义"的语调。所列举的名词短语指称有某共性的实体，可从某个问题中确定。列举就是对这个问题的回答。例如：

（53） a. —Who might have seen Lenny leaving the bar?

—Well there's the barman of course, Miss Radlett and her friend, everyone who was waiting to use the phone, …

——谁有可能看到 Lenny 离开酒吧呢？

——有酒吧招待员、Radlett 小姐和她的朋友以及每个等着用电话的人……

b. —Who's free to work on Saturday?

—There's me for a start, Paula, Larry and Henry…is four enough?

——谁周六可以工作？

——首先是我，还有保拉、拉里和亨利……四个够吗？

c. —What do you have under ＄100.00？

—There's this one, this one and that one over there. (pointing)

—There's everything in this case here.

—There's most of the Ragzic range-they're very popular.

——你有什么低于 100 美元的吗？

——这个，这个以及那边的那个。(指着说)

——这儿的这个盒子里所有的东西。

——这儿有 Ragzic 区域大多数的东西，都很流行。

就像任务型存在句一样，列举型存在句也可以自由地选择强名词短语。

总而言之，强名词短语与基本存在句和表述型存在句相冲突，因此这两种结构是对名词短语强弱很好的验证。但是列举型存在句和任务型存在句除外。这两种存在句都允许使用强名词短语。

6.8　限定词 *the* 和有定摹状词

在 6.4 节我们说过将含有 *the* 的名词短语看做广义量词，所以 *the dog Jones bathed* 就可以表达为〔The x：DOG（x）& BATH（j，x）〕。然而单称有定摹状词具有多种解读可能性，因此使这种处理不像处理带有限定词 *every* 或 *several* 的名词短语那么直截了当。在这一部分我们回顾将 *the* 视为广义量词的证据。

传统意义上，有定名词短语指听者可选择出确定的或者特定的事物。有定名词短语包括专名、所属关系短语如 *John's jacket*、指示短语如 *that boulder* 或者 *those tablets*，以及指称代词。但是总的来说，关于有定摹状词的讨论主要集中在定冠词 *the* 开头的名词短语，如下面的例子所示：

（54）**单数**

the earth，*the moon*，*the president of Venezuela*，*the director of* Eraserhead，*the pie Clive had for breakfast*

地球、月球、委内瑞拉总统、电影《橡皮头》的导演、克拉夫早饭吃的派

复数

the days of our lives，*the books on that shelf*，*the leaders of fashion*

我们的寿命、书架上的书、潮流领导者们

单数有定摹状词似乎是量化名词短语和专名间的桥梁。一方面，像 *the director of* "Eraserhead" 的结构就像量化 NP，包括限定词以及描述性内容的 N′，与 *some fans of Rosemary Clooney* 或者

every yacht in the marina 相似。另一方面，这个名词短语指特定的个体，就像用 *David Lyneh* 这个名字指代他一样。单数有定摹状词的双重性引发了大量对 *the* 的语义的讨论。

下一部分是关于 *the* 的讨论，我们将从罗素（Bertrand Russell）的经典分析开始。

6.8.1 Russell 的摹状词理论

Russell 认为"合乎逻辑的专名"（我们翻译成逻辑常量）其指称简单而直接。一个专名的语义值即它所指称的物体，因此，由包含专名的句子所表达的命题就包含专名的所指：这种命题因此称为物体依赖。例如，由 *Mt Cook is high* 这个句子表达的命题就包含了把山本身作其构成成分。因此，一个包含专名却无所指的句子不能表达任何命题。

在这点上，名字和单数摹状词不同。二者的不同可在下面的例子中体现出来：

（55） a. Brogdasa is becoming larger.

Brogdasa 正在变大。

b. The volcano near Paris is becoming larger.

巴黎附近的那个火山正在变大。

假设 Brogdasa 不指称任何东西，那么（55a）就不能表达命题。如果名字指代事物，那么我们就应该能区分在什么条件下这个命题为真。取决于 Brogdasa 是什么（如果这个名字有指称的话），该句表达的可能是不断生长的生物，飓风的加剧，也或许是不断扩建的城镇。实际上，没有意义的空名字使我们不知所措。相反，尽管实际上巴黎附近没有火山，但（55b）句仍具有意义，而且我们也很清楚这个句子在什么条件下为真：巴黎附近有个火山而且这个火山在逐渐变大。因此，Russell 提出含有非指称摹状词的句子是有意义的——它的确表达命题，且这个命题为假。

一般来说，如 Russell 所观察的，摹状词指称个体的正确用法需具备两个条件：摹状词所准确描述的个体必须存在且必须是唯一的。这两个要求，通常称为**存在承诺**（existential commitment）（该事物是存在的）和**唯一性要求**（uniqueness requirement）（只有一个该事物），构成 Russell（1905）对 *the* 的语义分析。如下所示。

(56) The King of France is bald.

法国国王是秃子。

$\exists x($ KING OF FRANCE $(x) \& \forall y($ KING OF FRANCE $(y) \to y = x) \&$ BALD $(x))$

有一个 x 且 x 是法国国王，任何 y，如果 y 是法国国王，那么 y 等同于 x，x 是秃子。

a. 存在一个法国国王（存在承诺）。

b. 除了 x 之外没有法国国王或者法国只有一个国王（唯一性要求）。

c. 他是秃子。

这里，*The King of France is bald* 包括三个合取的命题，如上面的（56a－c）所示。如果任何一个命题为假，那么整个命题就为假。假设法国为共和制，*The King of France* 就没有任何所指，*The King of France is bald* 就表达假命题，因为（56a），即第一部分为假。（你可能记得 1.6 节 Strawson 批判了 Russell 关于 *The King of France is bald* 的分析，Strawson 认为所指的存在是预设而不是命题的一部分。正如我们要看到的，有定摹状词的预设特征与强量词的预设特征是一致的。)

Russell 理论最经得住考验的是把 *the* 分析为量词（对 Russell 来说，是存在量词且具有唯一性）。如果这一观点正确，有定摹状词应该具备本章所述的量词特征。

6.8.2 *the* 作为广义量词

Russell 的主要关注点是专名和单数有定摹状词的不同指称特征。基于单数有定摹状词 Russell 给 *the* 赋予了唯一性的要求。这意味着在复数表达中定冠词必须分析成不同的词，因为复数表达如 *the books on that shelf* 明显与只有唯一一本书的说法不相符。但 *the book on that shelf* 和 *the books on that shelf* 中 *the* 肯定是相同的，因此应该区分唯一性使它只应用于单数名词短语。理想的做法是找到 *the* 在单数名词短语和复数名词短语中共有的一些稳定的意义。在复数名词短语中 *the* 会具有怎样的量化含义呢？请看下面划线的名词短语。

(57) Bob bought some livestock, sheep and cows, at the sale. Jenny vaccinated <u>the cows</u> the following week, and Bob dipped <u>the sheep</u>.

在减价时，鲍勃买了一些牲畜——牛和羊。珍妮在接下来的一周给<u>牛</u>注射了疫苗，鲍勃给<u>羊</u>洗了澡。

此处，珍妮给鲍勃买的所有的牛注射了疫苗而非其中的一部分，鲍勃则给他买的所有的羊洗了澡而非其中的一部分，所以复数的 *the* 似乎是全称量词，意为 "all"。

单数和复数名词短语的不同只标识在名词上，正如含有 *some* 的名词短语。

（58）Some dog ripped open the rubbish.

　　　某只狗撕开了垃圾。

　　　Some dogs ripped open the rubbish.

　　　某些狗撕开了垃圾。

some 在数方面的差异可区分如下：

（59）Some Fs are G.　　　　　$|F \cap G| \geqslant 2$

　　　至少有两个元素同时属于 F 和 G

　　　Some F is G.　　　　　　$|F \cap G| \geqslant 1$

　　　至少有一个元素既属于 F 也属于 G

　　这两个 *some* 的定义都表示两个集合交集的基数。附加信息"至少两个"或者"至少一个"则取决于名词的形式。

　　同样的策略可用于 *the*。假设 *the* 是全称量词，它的定义包括了 *all* 和 *every* 的定义内容。

（60）All Fs are G　　　$F \subseteq G$

现在加入来自名词形式的单复数信息：

（61）The Fs are G　　　　$F \subseteq G \ \& \ |F| \geqslant 2$

　　　所有的 Fs 都是 G 且至少有两个 Fs

　　　The F is G　　　　$F \subseteq G \ \& \ |F| = 1$

　　　所有的 Fs 都是 G 且只有一个 F

　　存在承诺体现在两个基数表达中"$|F| \geqslant 2$"和"$|F| = 1$"，因为这两个表达确保了至少有一个该元素存在。唯一性

体现在"｜F｜＝1"且只适用于单数表达。

6.8.3　有定摹状词作为强名词短语

把 *the* 分析成全称量化限定词意味着把有定摹状词作为强名词短语，这样我们就该看到 6.6 节讨论的篇章熟悉性和 6.7 节讨论的 there BE 的效果。事实的确如此，这两种现象就是因为有定摹状词而被发现，并且传统上一直被视为有定摹状词的特征。而强名词短语具备这些特征是后来才发现的。

语篇熟悉性

在 Russell 逻辑分析之前的传统语法里，*the* 的分析主要是基于两个冠词 *the* 和 *a/an* 的对比，如下所示。

（62）*An old man* came down the road leading *a donkey. The donkey* carried *a load of produce for market*, and now and then *the old man* adjusted the load more securely.

　　　一位老人牵着一头驴沿街走过。这头驴驮着一袋去集市卖的农产品，这位老人时不时地调整这个口袋以确保其安全。

这里，*a* 用于首次提及的事物，如 *an old man* 和 *a donkey*。*the* 指熟悉的指称，所以 *the donkey* 肯定指由 *a donkey* 所引入的这头驴。

以前，这种现象并不被认为是量化现象——*the* 和 *a/an* 的不同在于它们在篇章语境中的使用，因此被视为语用现象而非语义现象。后来，Irene Heim（1982）对此进行了形式化分析，提出了有定表达的熟悉性理论，Hans Kamp（1981）也提出了类似的理论。

实际上，对 the 的量化分析预测了熟悉性。我们知道强量词表达集合中所占的比例。为明白含有强量词的命题，听者必须能够确认背景集合。例如，*Most people voted for Continuance* 中量词把在某一公投中参加投票的人作为背景集合，而听者必须明白这点才能理解该命题。一般来说，听者所知的相关集合是由上文提到的，因此具有篇章熟悉性。

根据上面的定义，（62）中的名词短语 *the donkey* 表达了以驴为背景集合但只有一个元素的全称量化。在确认这个集合时，听者也确认相关个体是该集合唯一的元素。由于是单数，单数有定表达不仅提供了已知集合，而且更准确地说，提供了已知个体，从这点来说，单数有定表达不同于其他量化名词短语。对个体的熟悉度远超过对背景集合的熟悉度，这就是为什么熟悉性首先被确认为 the 的特征。

在 6.6 节我们看到如果强名词短语本身有对背景集合的充分描述，那就无需带背景集合。（63）重复了不完整描述（incomplete descriptions）的例子。

（63） a.　［All men］must report before taking leave.
　　　　　　［所有的人］离开前必须报告。

　　　 b.　［Most people］voted for Continuance.
　　　　　　［大多数人］支持诉讼延期。

　　　 c.　［Few cars］are expected to finish the trial.
　　　　　　［很少有车］能完成挑战。

这些句子独立出现时，就像在此处一样，它们似乎缺乏上下文——此处的名词短语信息不够完整，因为我们并不知道被提及的是哪些人、哪些车。在适当的上下文中，这些名词短语应该体现熟悉性。相关的人群、车队应该已被听众所熟知，而这些通常在上文中被提及。

例（64）包括更多的描述信息，所以作为背景集合的人群和车队就无需熟知，因为已经通过名词短语得到确认。

(64) a. ［All enlisted men now serving on this base］ must report before taking leave.
［所有应征在这个基地服役的人］离开前必须报告。

b. ［Most people who voted in the October temperance referendum］voted for Continuance.
［大多数在10月份参加戒酒公投的人］支持诉讼延期。

c. ［Few cars now competing in the sun fuels trial］are expected to finish the trial.
［很少参加节能挑战赛的车］有望完成挑战。

严格来讲，（64）中的名词短语仍然不够完整，因为我们依然需要语境确认时间 *now* 指什么，*this base* 指哪个基地以及 *Octorber temperance referendum* 是什么，*Sunfuels trial* 又是什么。所以例（64）仍需上下文提供上述信息。为使（64）中的名词短语表达完整，我们需要提供相关语境的所有信息。例如，（64a）的语境可能为（65）。

(65) ［All enlisted men serving on the RNZAF base at Wigram on 24ᵗʰ December 1969］must report before taking leave.
［所有1069年12月24日在威格拉姆RNZAF基地服役的人］离开前必须报告。

（65）括号里面的描述为完整描述，因为它可以独立于任何特定语境而得到完整的解读。不完整描述如（63）和（64）括号中的名词短语，是部分依赖特定语境的描述。在这些例子中，所需的补充信息是通过加强会话含义来补充的（见 1.4 节）。

有定摹状词中也有同样的差异。虽然不完整表达在日常对话中更常用，但是早期关于摹状词的讨论都集中在像（66）这样的完整表达。

（66）a. The author of Waverley
韦弗利小说的作者

b. The King of France in 1770
1770 年法国国王

c. The director of *Eraserhead*
电影《橡皮头》的导演

这些表达是完整的，因为它们脱离任何特殊语境而选择现实世界唯一的个体。没有特定语境提供其他的 Waverley 作者的集合、1770 年法国国王的集合和 *Eraserhead* 导演的集合。只有一个集合是 *The author of Waverley* 且这个集合只有 *Walter Scott* 先生一个元素。同理，路易十五是 1770 年法国国王非空集合的唯一元素，含有 David Lynch 作为唯一元素的集合是唯一的非空 *Eraserhead* 导演集合。

以上这些表达（即完整的单数有定摹状词）给 Russell 的观点提供了最有力的证明，即单数摹状词有唯一性要求，因为这些表达只绝对满足唯一个体。换言之，只有一个符合所述的个体。当我们转向不完整表达，唯一性必与语境信息相关联。不完整描述不只满足一个个体——或许有很多个体符合这一描述。但是在某特定语境中，或许只有一个这样的个体，那么唯一性就相对于那个语境。例如，*the donkey* 可以满足成千上万的个体，假设世界上有成千上万头驴，但在（62）的语境中只有一头驴。为解释 *the donkey*，我们找到只有一头驴的适合的语境。这相当于确定背景使之只有一个包含驴子的集合，且这个集合只有一个元素。

到目前为止，用全称量词来分析 *the*，除了（可能）具有的存在承诺之外，复数有定表达与含有 *all* 或 *every* 的名词短语有着大致相同的含义。如果真是这样，这些全称量词应该具有可互换性，但在一些语境中却并非如此。

(67)　a.　All men are mortal.

　　　　　所有的人都会死。

　　　b.　Every man is mortal.

　　　　　每个人都会死。

　　　c.？ The men are mortal.

　　　　　这些人都会死。

（67c）似乎很奇怪，因为复数 *the* 不能完全独立于特定语境，必须具有某些语境子集。（67c）指某个群体中的人而非所有的人会死。即使 *the* 被理解为某种全称量词，它也不同于 *all* 和 *every*，*the* 的使用与语境有关。

There BE 语境的有定摹状词

There BE 结构中强名词短语的特殊表现也是在有定摹状词的研究中首次发现的，传统上称之为有定性效果。（既然有定性效果普遍适合强名词短语，有些作者把强名词短语称为有定名词短语。）

（68）#There was the dog in the garden.

花园里有这只狗。

#There is the antidote to cobra venom.

这有眼镜蛇的这支解药。

摹状词和辖域歧义

The 并不像其他量词一样具有所有的量词特征：具体地说，通常认为同一个句子中 *the* 和其他量词不会引起辖域歧义。但这并非完全正确，如下例所示：

（69）Rex has been buying vintage cars in a remote country district, and was delighted with his purchases. Several cars had not left the garage in 30 years.

雷克斯一直在远郊地区买老式汽车并且乐此不疲。几辆车 30 年都没离开过那些车库。

[Several x:CAR(x)] [The y:GARAGE(y)] ~ LEAVE (x,y)

（70）When the car-hire firm was wound up, several cars had not left the garage in 30 years.

这家汽车租赁公司被关闭时，几辆车 30 年都没离开过这个车库。

[The x：GARAGE (x)] [Several y：CAR (y)] ~ LEAVE (y, x)

在（69）中，每辆车都引入一个子域，包含独一的车库，量词解读为每辆车都有自己单独的车库。在（70）中，*the garage* 从语境或者上文中获得解读，该句解读为汽车租赁公司的大型商业车库。正如表达式所示，二者的不同在于限定词 *the* 和

several 的语域以及由话语含义添加的额外信息。

含有 *the* 的最重要的辖域歧义类型不涉及其他量词，正如此处例子所体现的。它们涉及摹状词和模态表达或者某类动词间的相互作用，这些将在第 7 章指称隐晦中讨论。

6.9 量词和负极词

负极词（Negative polarity items）（简称为 NPIs 或者 negpols）指只能出现在某些特殊语境下的表达，包括某种程度的否定辖域内的语境。习语 NPIs 包括 *budge an inch* 和 *lift a finger*，如（71）所示。否定表达用下划线表示。

（71）a. Nobody lifted a finger to stop him.

根本没有人帮忙制止他。

b. #Several people lifted a finger to stop him.

根本有几个人帮忙制止了他。

c. I don't suppose they'll lift a finger to help.

我根本不认为他们会帮忙。

d. #I suppose they'll lift a finger to help.

我根本认为他们会帮忙。

e. He won't budge an inch on this issue.

针对这个问题他丝毫不会妥协。

f. #He might budge an inch on this issue.

针对这个问题他丝毫可能会妥协。

g. For all their efforts the trailer never budged an inch.

对于他们所有的努力教练都无动于衷。

h. #After all their efforts at last the trailer budged an inch.

他们努力之后最终教练丝毫妥协了。

最常见的 NPIs 是 *any*（*anyone*，*anything*）和 *ever*。

(72) a. Sue won't ever go there again.

苏珊根本不会再去那里了。

b. #Sue will ever go there again.

苏珊根本会再去那里。

c. The office hasn't notified anyone.

长官没有通知任何人。

d. #The office has notified anyone.

长官通知了任何人。

虽然称为负极词，但是 NPIs 并不仅仅局限于否定语境，也会与一些（除 *no* 以外的）量词限定词一起出现。如例（73）中 *ever* 作为 NPIs，它可以出现在名词组 N'［如例（a）］或者动词短语 VP 部分［如例（b）］或者两部分都出现。

(73) *every*

a. ［Everyone who has ever been to Belltree Island］will want to go back.

［每个到过 Belltree 岛的人］都会想故地重游。

b. #［Everyone who has ever been to Belltree Island］will ever want to go back.

(74) *no*

a. ［No one who has ever been to Belltree Island］will want to go back.

b. ［No one who has ever been to Belltree Island］will

ever want to go back.

［没有一个到过 Belltree 岛的人］想故地重游。

（75）*few*（弱 *few*）

    a.　［Few people who have ever been to Belltree Island］
will want to go back.

    b.　［Few people who have ever been to Belltree Island］
will ever want to go back.

［很少到过 Belltree 岛的人］想故地重游。

（76）*some*

    a.　# ［Someone who has ever been to Belltree Island］
will want to go back.

    b.　# ［Someone who has ever been to Belltree Island］
will ever want to go back.

［某个到过 Belltree 岛的人］想故地重游。

（77）*four*

    a.　# ［Four people who have ever been to Belltree
Island］will want to go back.

    b.　# ［Four people who have ever been to Belltree
Island］will ever want to go back.

［四个到过 Belltree 岛的人］会想故地重游。

这些例子表明 NPI *ever* 被含有 *every*，*no* 和 *few* 的 N′ 允准，不
被含 *some* 和 *four* 的 N′ 允准，被含有 *no* 和 *few* 的 VP 允准，不
被含 *every*，*some* 或 *four* 的 VP 允准。（78）总结如下：

（78）　N′ 中的 *ever*　　　　VP 中的 *ever*

    every　　是　　　　　　否

    no　　　是　　　　　　是

few	是	是
some	否	否
four	否	否

Ladusaw（1980）将允准 NPIs 的语境称为向下蕴涵语境（downward entailing environment）。（当 A 蕴涵 B 时，如果 A 为真那么 B 必为真——B 是 A 的蕴涵。）Ladusaw 的分析中所关注的这种蕴涵语境是 N′和 VP 部分。在一个句子"*Det Fs are G*"中，N′指谓集合 F，动词短语 VP 指谓集合 G。N′和 VP 是向上蕴涵还是向下蕴涵取决于句子中的限定词。

N′的蕴涵语境可在（79）的框架中加以验证：

(79) a. 如果"Det Fs are G"蕴涵"Det Es are G"且 E⊆F，那么 F 是向下蕴涵。这种蕴涵关系朝向子集。

 b. 如果"Det Fs are G"蕴涵"Det Es are G"且 F⊆E，那么 F 是向上蕴涵。这种蕴涵关系朝向超集。

由于 *large dogs* 的集合是 *dogs* 的集合的子集，我们可以用 *Det dogs are white* 和 *Det large dogs are white* 来测试。从含有 *dogs* 的句子到含有 *large dogs* 的句子是朝向子集的蕴涵关系，是向下蕴含。从含有 *large dogs* 的句子到含有 *dogs* 的句子是朝向超集的蕴涵关系，是向上蕴含。

VP 的蕴含语境可在（80）的框架中加以验证：

(80) a. 如果"Det Fs are G"蕴涵"Det Fs are H"且 H⊆G，那么 G 是向下蕴涵。这种蕴涵关系朝向子集。

b. 如果"Det Fs are G"蕴涵"Det Fs are H"且 G ⊆ H，那么 F 是向上蕴涵。这种蕴涵关系朝向超集。

由于 *whistling loudly* 的人的集合是 *whistling* 的人的集合的子集，用于测试动词短语的句子可以是 *Det N is/are whistling* 和 *Det N is/are whistling loudly*。从含有 *whistling* 的句子到含有 *whistling loudly* 的句子的蕴涵关系为向下蕴涵，从含有 *whistling loudly* 的句子到含有 *whistling* 的句子的蕴涵关系为向上蕴涵。

不同的限定词可测验如下。需注意的是在（83）中的 *few* 为弱限定词。

（81）名词组中的 *every*：向下蕴涵

  a. *Every dog is white* entails *Every large dog is white*.

   "每只狗是白色的"蕴涵"每只大狗是白色的"。

  b. *Every large dog is white* does not entail *Every dog is white*.

   "每只大狗是白色的"不蕴涵"每只狗是白色的"。

 动词短语中的 *every*：向上蕴涵

a. *Everyone is whistling* does not entail *Everyone is whistling loudly*.

 "每个人在吹口哨"不蕴涵"每个人在嘹亮地吹口哨"。

b. *Everyone is whistling loudly* entails *Everyone is whistling*.

 "每个人在嘹亮地吹口哨"蕴涵"每个人在吹口哨"。

（82）名词组中的 *no*：向下蕴涵

a. *No dogs are white* entails *No large dogs are white.*

"没有狗是白色的"蕴涵"没有大狗是白色的"。

b. *No large dogs are white* does not entail *No dogs are white.*

"没有大狗是白色的"不蕴涵"没有狗是白色的"。

动词短语中的 *no*：向下蕴涵

a. *No one is whistling* entails *No one is whistling loudly.*

"没有人在吹口哨"蕴涵"没有人在嘹亮地吹口哨"。

b. *No one is whistling loudly* does not entail *No one is whistling.*

"没有人在嘹亮地吹口哨"不蕴涵"没有人在吹口哨"。

(83) 名词组中的 *few*：向下蕴涵

a. *Few dogs are white* entails *Few large dogs are white.*

"很少的狗是白色的"蕴涵"很少的大狗是白色的"。

b. *Few large dogs are white* does not entail *Few dogs are white.*

"很少的大狗是白色的"不蕴涵"很少的狗是白色的"。

动词短语中的 *few*：向下蕴涵

a. *Few people are whistling* entails *Few people are whistling loudly.*

"很少的人在吹口哨"蕴涵"很少的人在嘹亮地吹口哨"。

b. *Few people are whistling loudly* does not entail *Few people are whistling.*

"很少的人在嘹亮地吹口哨"不蕴涵"很少的人在吹口哨"。

（84）名词组中的 *some*：向上蕴涵

a. *Some dogs are white* does not entail *Some large dogs are white.*

"某些狗是白色的"不蕴涵"某些大狗是白色的"。

b. *Some large dogs are white* entails *Some dogs are white.*

"某些大狗是白色的"蕴涵"某些狗是白色的"。

动词短语中的 *some*：向上蕴涵

a. *Someone is whistling* does not entail *Someone is whistling loudly.*

"某人在吹口哨"不蕴涵"某人在嘹亮地吹口哨"。

b. *Someone is whistling loudly* entails *Someone is whistling.*

"某人在嘹亮地吹口哨"蕴含"某人在吹口哨"。

（85）名词组中的 *four*：向上蕴涵

a. *Four dogs are white* does not entail *Four large dogs are white.*

"四只狗是白色的"不蕴涵"四只大狗是白色的"。

b. *Four large dogs are white* entails *Four dogs are white.*

"四只大狗是白色的"蕴涵"四只狗是白色的"。

动词短语中的 *four*：向上蕴涵

a. *Four people are whistling* does not entail *Four people are whistling loudly.*

"四个人在吹口哨"不蕴涵"四个人在嘹亮地吹口哨"。

b. *Four people are whistling loudly* entails *Four people are whistling.*

"四个人在嘹亮地吹口哨"蕴涵"四个人在吹口哨"。

向上蕴涵和向下蕴涵总结如下：

(86)　　　名词组　　　　　动词短语

every	下	上
no	下	下
few	下	下
some	上	上
four	上	上

在（78）中所列出的负极词允准环境在（87）再次列出。正如我们所看到的，NPI允准环境为向下蕴含。

(87)　　　名词组中的 *ever*　　　动词短语中的 *ever*

every	是	否
no	是	是
few	是	是
some	否	否
four	否	否

6.10　作为兰姆达函数的广义量词

　　由于量词作限定词表达集合间的关系，因此是带两个谓词而组成命题的函数。它的两个论元分别是名词 N′ 形成的谓词，语义类型为〈e，t〉，和动词短语 VP 表达的谓词，语义类型也是〈e，t〉。所以量词限定词的语义类型是〈〈e,t〉,〈〈e,t〉,t〉〉。在主语位置的量词的论元结构如（88）所示：

（88）

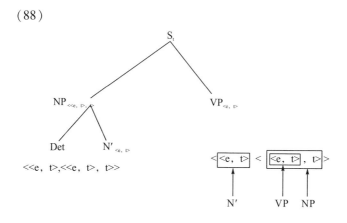

　　为表达 6.3.1 定义的基于集合关系的量词意义，我们需要表达量词两个论元的函数所定义的集合。也就是使谓词为真的所有事物的集合。表征这一〈e，t〉类函数所定义的集合的基本方法，如（89）。（90）给出了 *every* 的导出方式，（91）是兰姆达减化。需要注意的是此处函数无需由不同的变量表示——这样做只是为了更清楚。

(89) λx[P(x)] 定义集合 {y: λx[P(x)](y)}
或者仅为 {x: P(x)}

(90) Every dog barked.

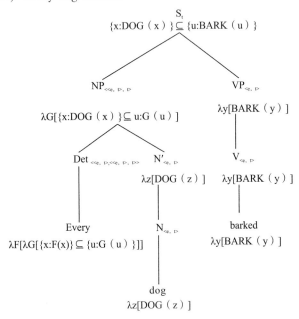

（91）

$\parallel$ every dog $\parallel$ $=\lambda F[\lambda G[\{x: \boxed{F}(x)\} \subseteq \lambda\{u:G（u）\}]](\boxed{\lambda z[DOG（z）]})$

$=\lambda G[\{x:\lambda z[DOG（z）](x)\} \subseteq \{u:G(u)\}]$

$=\lambda G[\{x:DOG（x）\}] \subseteq \{u:G(u)\}]$

$\parallel$ every dog barked $\parallel$ $=\lambda G[\{x:DOG（x）\}] \subseteq \{u:\boxed{G}(u)\}](\boxed{\lambda y[BARK（y）]})$

$=\{x:DOG（x）\} \subseteq \{u: \lambda y[BARK（y）](u)\}$

$=\{x:DOG（x）\} \subseteq \{u: [BARK（u）]\}$

以下是在6.3.1中所定义的限定词的函数。

强限定词	
All Fs are G	$F \subseteq G$
	$\Rightarrow \lambda F[\lambda G[\{x: F(x)\} \subseteq \{x: G(x)\}]]$
Most Fs are G	$\mid F \cap G \mid > \mid F - G \mid$
	$\Rightarrow \lambda F[\lambda G[\mid\{x: F(x)\} \cap \{x: G(x)\}\mid$
	$> \mid\{x: F(x)\} - \{x: G(x)\}\mid]]$
Few Fs are G	$\mid F - G \mid > \mid F \cap G \mid$
	$\Rightarrow \lambda F[\lambda G[\mid\{x: F(x)\} - \{x: G(x)\}\mid > \mid$
	$\{x: F(x)\} \cap \{x: G(x)\}\mid]]$

弱限定词

An F is G $\quad$ $|\,F \cap G\,| \geqslant 1$

$\Rightarrow \lambda F[\,\lambda G[\,|\,\{x: F(x)\} \cap \{x: G(x)\}\,| \geqslant 1]$

Some Fs are G $\quad$ $|\,F \cap G\,| \geqslant 2$

$\Rightarrow \lambda F[\,\lambda G[\,|\,\{x: F(x)\} \cap \{x: G(x)\}\,| \geqslant 2]$

A few Fs are G $\quad$ $|\,F \cap G\,| =$ a few

$\Rightarrow \lambda F[\,\lambda G[\,|\,\{x: F(x)\} \cap \{x: G(x)\}\,| =$ a few]

Four Fs are G $\quad$ $|\,F \cap G\,| = 4$

$\Rightarrow \lambda F[\,\lambda G[\,|\,\{x: F(x)\} \cap \{x: G(x)\}\,| = 4]$

Many Fs are G $\quad$ $|\,F \cap G\,| =$ many

$\Rightarrow \lambda F[\,\lambda G[\,|\,\{x: F(x)\} \cap \{x: G(x)\}\,| =$ many]

Several Fs are G $\quad$ $|\,F \cap G\,| =$ several

$\Rightarrow \lambda F[\,\lambda G[\,|\,\{x: F(x)\} \cap \{x: G(x)\}\,| =$ several]

No F is G $\quad$ $|\,F \cap G\,| = 0$

$\Rightarrow \lambda F[\,\lambda G[\,|\,\{x: F(x)\} \cap \{x: G(x)\}\,| = 0]$

Few Fs is G $\quad$ $|\,F \cap G\,| =$ few

$\Rightarrow \lambda F[\,\lambda G[\,|\,\{x: F(x)\} \cap \{x: G(x)\}\,| =$ few]

通过以上量词限定词的定义，像（90）那样含单一量词名词短语作句子主语的导出是显而易见的。然而，在（92）中当量词性名词短语作宾语时，就会遇到语义类型不匹配的问题。*every* 和 *dog* 组合后，作为宾语的 NP 的语义类型是$\langle\langle e,t\rangle,t\rangle$：这

就要求语义类型为〈e，t〉的论元与其组合而形成命题。但是这个动词是及物动词（有直接宾语），其语义类型为〈e，〈e，t〉〉。因此，已知的语义类型和函数无法通过函数运算形成 VP 的语义。

（92）Jones fed every dog.

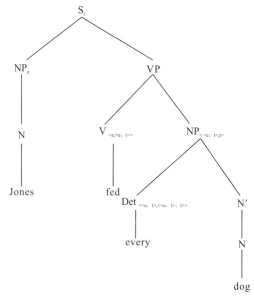

如何最好地解决量词作宾语的问题一直存有争议。转换生成语法通过移动把宾语名词短语移动到树形图更高一层的位置而得以解释。（这种移动不发生在句子表层而是发生在逻辑形式（Logical Form）层面。）出于我们的目的，这种句法移动可以与关系从句的形成相比较。如（93），它们有句法和语义的相似性。NP 移动后在宾语位置留下了一个叫作痕迹（trace）的东西，这个痕迹被看成是一个 e 类变量。这个痕迹和原本出现在痕迹处的短语互指（下标 i）。这种互指关系表明移动短语的指谓约束痕迹变量的指谓。即，短语$_i$……痕迹$_i$（phrase$_i$…trace$_i$）

译为 Qx…x。

（93）关系从句

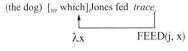

(the dog) [_{NP} which], Jones fed *trace*,

λx   FEED(j, x)

比较量词提升：

[every dog], Jones fed *trace*,

∀x   FEED（j, x）

在第 4 章［见例（31）-（33）及相关讨论］，我们把关系从句中的移动看成是兰姆达运算，而移动成分（*which* 或者 *that*）则对应"λ"本身。假设同样的方法用于量词提升。量词性名词短语有自己的意义而非兰姆达算子。假设有一个我们称为 *L* 的成分作为量词提升运算的一部分添加到句法结构。如（94）所示：

（94）

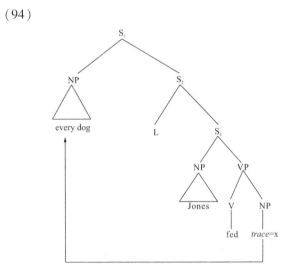

宾语 NP 移动附加在 S 上

现在，对 S_2 的解读来自 L 和 *Jones fed trace* 的组合，且需要语义类型为 $\langle e, t\rangle$ 作为量词短语 *every dog* 的论元。作为（94）的一条特殊规则列于（95a），作为一条普遍规则列于（95b）。

(95) a. $\|L\,(\textit{Jones fed trace})\| = \lambda x\,[\text{FEED}\,(j, x)]$

     b. 宾语量词提升兰姆达处理（OQRLF）

       $\|L\,[_S\,NP\quad V\,\textit{trace}])\| = \lambda x\,[P\,(x)]$ where

       $\|\textit{trace}\| = x$

现在 *Jones fed every dog* 的语义类型结构如（96）所示：

(96)

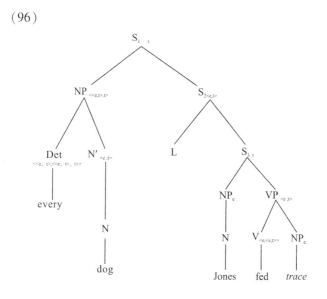

Jones fed every dog 的完整组合如（97）所示：

（97）

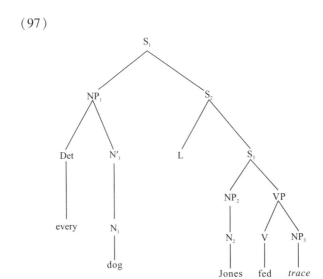

词汇层：

$\|\text{trace}\| = x'$

$\|\text{Jones}\| = j$

$\|\text{feed}\| = \lambda y[\ \lambda x\ [\ \text{FEED}(x,\ y)\ ]\ ]$

$\|\text{dog}\| = \lambda w[\ \text{DOG}(w)\ ]$

$\|\text{every}\| = \lambda F[\ \lambda G[\ \{u\ :F(u)\}\ \subseteq\ \{z\ :G(z)\}\ ]\ ]$

终节点规则：

$\|\text{Det}\| = \|\text{every}\| = \lambda F[\ \lambda G[\ \{u\ :F(u)\}\ \subseteq\ \{z\ :G(z)\}\ ]\ ]$

$\|N_1\| = \|\text{dog}\| = \lambda x[\ \text{DOG}(x)\ ]$

$\|N_2\| = \|\text{Jones}\| = j$

$\|\text{VP}\| = \|\text{feed}\| = \lambda y[\ \lambda x\ [\ \text{FEED}(x,\ y)\ ]\ ]$

$\|\text{NP}_3\| = \|\text{trace}\| = x'$

非分枝节点规则：

$\|N_1{}'\| = \|N_1\| = \|dog\| = \lambda x[DOG(x)]$

$\|NP_2\| = \|N_2\| = \|Jones\| = j$

$\|VP\| = \lambda y[\lambda x[FEED(x, y)]](x') = \lambda x[FEED(x, x')]$

函数运算

$\|S_3\| = \lambda x[FEED(x, x')](j) = FEED(j, x')$ 运算运算

$\|S_2\| = \lambda x'[FEED(j, x')]$ （OQRLF）

$\|NP_1\| = \lambda F[\lambda G[\{u : F(u)\} \subseteq \{z : G(z)\}]](\lambda x[DOG(x)])$ 函数运算

$\qquad = \lambda G[\{u : \lambda x[DOG(x)](u)\} \subseteq \{z : G(z)\}]]$

$\qquad = \lambda G[\{u : DOG(u)\}\} \subseteq \{z : G(z)\}]]$

$\|S_1\| = \lambda G[\{u : DOG(u)\}\} \subseteq \{z : G(z)\}]]$ 函数运算

$\qquad = \{u : DOG(u)\}\} \subseteq \{z : \lambda x'[FEED(j, x')](z)\}$

$\qquad = \{u : DOG(u)\}\} \subseteq \{z : [FEED(j, z)]\}$

狗的集合是 Jones 喂养个体的集合的子集。

这里有一点需要注意。第 4 章像 *Barry introduced Harry to Larry* 的组合分析，其真值条件形式与我们所使用的逻辑表达形式相同，即 INTRODUCE（b，h，l）。

然而，关于量词的组合分析，其真值条件直接由集合间的关系获得，因此此 6.4 节介绍的限定量词表达法不起作用。量词的组合方式以及它的辖域问题非常复杂，本书不将深入阐述。为了行文简便，除非特别指出，我们将继续使用传统的限定量词表达法。

练 习

限定量词表达法

(1) ★

用限定量词表达法给出下面句子的公式。

例如: John photographed every model that Bill hired.

[Every x:MODEL(x)&HIRE(b,x)] PHOTOGRAPH(j,x)

a. Alicia passed every message to Ralph.

b. Jones was eating something spicy.

c. Five films that Jenny had chosen were prize-winners.

d. The UFO that abducted Carla was luxurious.

(2) ★★

用限定量词表达法给出下面句子的公式。

a. Anne has read most books on Psychoanalysis.

b. Few who knew him supported Baxter.

c. Some students who heard both concerts were interviewed by Holmes.

d. Morris showed Jane every fingerprint he dusted.

e. Marcia peeled and quartered three apples.

f. Most travellers entering or leaving Australia visit Sydney.

g. Ramon signs every sculpture he makes.

h. Marcia and Clive ate four apples each.

i. Jones restored and sold several valuable paintings.

j. Most bulbs will not grow if they are dry.

（3）★★★

用限定量词表达法给出下面句子的公式。

a. The witch picked a leaf from every tree in the forest.

b. A few people from each town lost everything they owned.

c. Three dogs and several cats killed two or three rats each.

d. Every dog that chased a cat that chased Mickey got a bone.

辖域歧义

（4）★★

用限定量词表达法给出下面每个句子的两种表达方式且给出每种表达的释义。

a. Everyone in this room speaks two languages.

b. Three investigators described a new technique.

c. John gave all his students a book on Derrida.

量词的定义

下面所有划线部分都可以分析为广义量词。用本章所介绍的符号，给出这些句子集合理论的真值条件。

例如："More than four ants are blank" 为真当且仅当｜A ∩ B｜＞4

（5）★

a. The ten apples are bruised.

b. Neither artist is Bulgarian.

c. Just two of the ten arrows are broken.

d. Between five and ten airlines are bankrupt.

e. Both avenues are broad.

f. Fewer than five aubergines are baked.

（6）★★

下面例子中分离式限定词都与三个集合相关，两个集合来自 N′，一个集合来自 VP。给出这些句子集合理论的真值条件。

a. More architects than bricklayers are cricketers.

b. Exactly as many afghans as brownies are cooked.

c. Fewer autobiographers than biographers are candid.

all 和 every

（7）★★（建议讨论）

一阶逻辑公式

$\forall x(F(x) \rightarrow G(x))$

根据每个个体命题分析全称量词：如果 a，b，c，d，……是个体的名称，那么下面这些用它们代替 x 的命题为真如果该全称命题为真。

$F(a) \rightarrow G(a)$

$F(b) \rightarrow G(b)$

$F(c) \rightarrow G(c)$

$F(d) \rightarrow G(d)$

由于所用集合是个体的集合，所以 all 和 every 的集合理论定义也基于个体：

All Fs are G $F \subseteq G$

F = 所有 x 的集合，F（x）

G = 所有 x 的集合，G（x）

现在思考下面的句子。all 和 every 似乎不可互换。二者之间有什么不同？不同点又与全称量化 $\forall x$ 的分析有何关系？

a. All ravens are black.

B. Every raven is black.

c. *All raven is black.

d. *Every ravens are black.

e. All these pieces fit together to make a picture.

f. *Every piece here fits together to make a picture.

g. The price of all these pieces is ＄20.00.

h. The price of every piece here is ＄20.00.（另见练习9）

负极词

（8）★★★（建议讨论）

在6.9节我们介绍了 Ladusaw 提出的负极词（NPIs）向下蕴涵的允准条件。下面的句子涉及意义相反的动词和 NPI *anyone* 的否定极限现象。你能否建构检测向下蕴含的例子，从而证明这些数据是否支持 Ladusaw 的理论。

a. I doubt that Mary saw anyone.

b. I doubt that anyone saw Mary.

c. #I suspect that Mary saw anyone.

d. #I suspect that anyone saw Mary.

e. Mary forgot that she saw anyone.

f. Mary forgot that anyone saw her.

g. # Mary remembered that she saw anyone.

h. # Mary remembered that anyone saw her.

i. Mary denied that she saw anyone.

j. Mary denied that anyone saw her.

k.　# Mary confirmed that she saw anyone.

l.　# Mary confirmed that anyone saw her.

（9）　★★★（建议讨论）

（i）用6.9节的测验方法来测试 *a few*，*at most three* 和 *at least three* 的蕴涵类型。结果是否与6.3.3节的 *few* 和 *a few* 的讨论一致？

（ii）提出例句证明弱限定词 *few*、*a few*、*at most three* 和 *at least three* 的 NPI 允准属性。结果与 Ladsaw 对负极词的分析一致吗？

组谓词（*group predicates*）

序（新材料）

有一种名词短语的歧义并非因为辖域而引起。例如：

Two men lifted the mini.

第一种解释是，有两个人每人抬起了一辆迷你车。第二种解释是，两人一组共同抬起了一辆迷你车。如果说每个人都抬起了迷你车那么第二种解释就为假——因为抬车的动作是以小组整体的形式进行的。第一种解释可用已知的公式表达：

$$[\text{Two x}:\text{MAN}(x)][\text{The y}:\text{MINI}(y)]\text{LIFT}(x,y)$$

对于第二种解释我们需要新的表达方式——我们需要特殊的两人组或者两人集合来抬起这辆迷你车。正如我们所看到的，集合用大写字母表示，所以我们用 X、Y 和 Z 代表集合变量。

$$[\exists X:|X|=2\ \&\ \forall x(x\in X\to\text{MAN}(x))]$$

"有一个集合 X，基数为 2 且 X 中的每个元素都为人并且……"

[∃X：｜X｜=2& ∀x（x ∈ X→MAN（x））][The y：MINI（y）] LIFT（X，y）

……X 抬起了这辆迷你车

（10）★★

依照上面的例子，给出下面句子的公式。

A. ［Three violinists］played a trio.

B. ［A thousand trees］surrounded the castle.

c. Diana bound ［thirty pages］ together.   （用 *BIND-TOGETHER* 做谓词）

（11）★★

以组作为谓词论元的方法使我们能够分析练习 7 中 *all* 和 *every* 的不同。为分析的方便，我们把 *these* 和 *here* 都作为谓词 HERE。给出下面例子的表达式。

a. The price of all these pieces is ＄20.00.

b. The price of every piece here is ＄20.00.

现在（回顾一下复数 *the* 是全称量词）分析这些例子可能的解读。

a. The apples in the barrel weigh 6 oz.

b. The apples in the barrel weigh 100 pounds.

有时组的解读是由不能指称个体的动词引起的。例如：

Fans poured in the gate.

#A fan poured in the gate.

在 *Fans poured in the gate* 这句话中没有限定词来规定这个组的大小，所以这个集合可以视为复数且可有进一步的语用解读（或者你可以认为这个集合的基数是 *many*。）此处路径短语 *in the gate* 未做分析。

Fans poured in the gate.

[∃X：｜X｜≥2& ∀x（x ∈ X→FAN（x））]POUR（X,in the gate）

(12) ★★★

写出下面句子的表达。（提示：问自己这里的谓词是否可用于单数论元，比较# *A fan poured in the gate*。如果不可以，那么该谓词就用于组论元。注意"组"像森林，尽管它由很多个体组成，它本身也是一个个体。）

　　a.　Boxes filled the garage.

　　b.　Boxes lay on the floor.

　　c.　The collection was in large crates.

　　d.　Wooden boxes held the collection.

广义量词和兰姆达函数

(13) ★★

用 6.10 节例（90）和（97）为指导，对下面的句子进行组合分析。

　　a.　All ravens are black.

　　b.　Seven ravens are happy.

c. Jones ate five pies.

d. Fred loves most parties.

(14) ★★★

用6.10节例（90）和（97）为指导，对下面的句子进行组合分析。

a. Every book that Marisa read was a thriller.

b. John photographed every model that Bill hired.

c. Most travellers entering Australia visit Sydney.

d. Ramon signs every sculpture he makes.

e. Alicia passed several messages to Ralph.

f. Five films that Jenny had chosen were prize-winners.

g. The UFO that abducted Caria was luxurious.

h. Morris showed Jane every fingerprint he dusted.

i. Few voters who knew him supported Baxter.

(15) ★★（建议讨论）

6.3.2节指出对于一些人来说"*many* 指大于一半的比例，*most* 指远大于背景集合一半的比例"。*most* 不仅仅意味着"大于一半"的观点符合我们共同的语感：例如，52% 并不是 *most*。另一方面（并未被经常提及），*most* 似乎也没有达到98% – 99%。如果非要结果的话，说话者倾向认为 *most* 大致是75%左右，大概如下图的阴影部分所示。

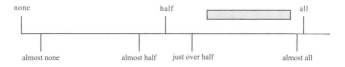

问题：语义学有必要把 most 分析为"远远超过一半"和

"不是几乎所有"吗（见1.4节）？

延伸阅读

关于广义量词，见 Neale（1990）2.5 节第 38 – 47 页的 "Quantifiers in natural language" 和 Keenan（1996）。

关于强和弱的区分，见 Larson 和 Segal（1996）8.4.2 节第 286 – 294 页、Reuland 和 ter Meulen（1987）中的文章，特别是编者的引言部分，以及 Milsark（1977）。

关于负极词，见 Larson 和 Segal（1996）8.4.1 节第 281 – 286 页和 Ladusaw（1996）。

7 指称隐晦

形式语义研究中一个反复出现的主题就是辖域问题，因为它影响我们对否定、量词以及连接词的理解。这一章我们要讨论另外一个常被视为辖域问题的现象：模态词辖域和所谓的**命题态度谓词**（propositional attitude predicates）辖域。命题态度谓词通常是动词，但也可包括其他词类，如形容词。这类谓词大都是表达思想的谓词，如 *think*，*believe*，*know*，*hope*，*be aware* 等。

从本章标题可以看出，这一问题开始是以指称问题来展开的，主要涉及单称有定摹状词（singular definite description）的研究。我们已经看到（见 6.8 节）单称有定摹状词似乎介于描述性名词短语（如量词）和专名之间。一方面，它在形式上像量词（限定词＋描述性成分 N′），体现和其他量词间的辖域关系以及其他强量词所具有的熟悉性效果和有定性效果。另一方面，在日常使用中，它又与专名相似，指称具体个体。例如，单数有定摹状词语 *the director of "Eraserhead"* 与名字 *David Lynch* 似乎可以同样用来指同一个体。在 4.6 节中，我们把 *the N* 的指称用法分析为 e 类表达，包含了 e 型 *the*。

单数有定摹状词的类名称性在早期哲学讨论中更为突出。这类词通常被归为**单称词**（singular terms），像逻辑常量，属指称性表达。假设 *the N* 与名字类似，哲学家奎因（Quine）观察到他称之为"指称隐晦"（referential opacity）的问题。本章先对指称隐晦这一问题做一简要介绍。该介绍主要借鉴了奎因（Quine，

1956）对这一问题的讨论和克里普克（Kripke，1980）对该问题的答复。

7.1 奎因的指称隐晦

为了解奎因的观点，除了把有定摹状词看作指称性表达之外，我们还需要一些基本逻辑原则。第一条是莱布尼茨法则（Leibniz's Law），也称为"不可分辨的同一性"（Indiscernibility of Identicals）。

(1) 莱布尼茨法则
如果 A 和 B 相同，任何使 A 为真的（环境）也使 B 为真，反之亦然。

注意，此处"相同"指"具有相同的身份"，而不是我们谈论双胞胎时所说的"具有相同的外表"。所以，*A and B are identical* 指 A 和 B 的身份相同。在这个意义上，*Mohammed Al and Cassius Clay are identical* 意味着"Mohammed Ali 和 Cassius Clay 是同一个人"。

按照莱布尼茨法则，似乎可以认为，如果 A = B，那么在任何环境下，A 为真，B 也为真，因为说到底，它们说的都是同一事物，只不过用了不同的名字罢了。而这一假设带给我们一条重要的推理原则：替换原则（Principle of Substitutivity）。

(2) 替换原则
如果
(i)"a"指 a，"b"指 b，且
(ii)"a = b"是等值陈述，且

（iii）S₁是包含"a"的陈述，且

（iv）S₂是除了由"b"代替"a"以外与S₁相同的陈述。

那么，S₁与S₂具有相同的真值。

根据这一原则，具有相同指称的两个名词短语在句中可以相互替换而不改变句子的真值，这似乎是顺理成章。请看下例：

（3）a. Mohammed Ali = Cassius Clay   真

   b. <u>Mohammed Ali</u> 是拳击手。   真

   c. <u>Cassius Clay</u> 是拳击手。   真

（3a）中的两个名字指同一人，因此该句为真。（3b）如果为真，那么用此人的另一名字替代（3b）中的名字就成了（3c）。根据替代原则，（3c）也一定为真，这显然毋庸置疑。换句话说，如果（3a）为真，（3b）和（3c）一定具有相同的真值，都为真或都为假。

例（3）涉及名字的相互替换。我们在前文提到，单数有定摹状词与名字类似，也具指称性，因此，替换原则对它们也应该适用（也就是说，单数有定摹状词语如果是指称性表达，那么它们就可以看成是替换原则中的"a"和"b"）。再看一些例句：

（4）a. <u>地球</u> = <u>太阳系第三行星</u>   真

   b. <u>地球</u>由人类居住。   真

   c. <u>太阳系第三行星</u>由人类居住。   真

（5）a. <u>*Eraserhead* 的导演</u> = <u>*Blue Velvet* 的导演</u>   真

   b. <u>*Eraserhead* 的导演</u>很高。   真

c. *Blue Velvet* 的导演很高。　　　　　　真

(6) a. John 和 Cleo 有两个孩子：一个女儿叫 Marcia 和一
个儿子叫 Damien。　　　　　　真
b. Clive 在镇上遇到了 <u>Marcia</u>。　　　　假
c. Clive 在镇上遇到了 <u>Cleo 的女儿</u>。　　　假
d. Clive 在镇上遇到了 <u>John 的女儿</u>。　　　假
e. Clive 在镇上遇到了 <u>John 和 Cleo 的女儿</u>。　假
f. Clive 在镇上遇到了 <u>Damien 的妹妹</u>。　　假

在上述所有例句中，如果两个名词短语指称相同，完全可以
用一个来替换另一个而不发生真值的改变，无论真假。

然而，奎因指出，有两种语境使替换原则陷入困境，他把这
两类语境称为隐晦语境（opaque contexts）。那些替换原则适用的
语境叫透明语境（transparent contexts）。

第一类晦暗语境是情态语境（modal context），如下例：

(7) a. Yuri Gagarin = 太空第一人　　　　　真
b. Yuri Gagarin 可能不是 <u>太空第一人</u>。　　真
c. Yuri Gagarin 可能不是 <u>Yuri Gagarin</u>。　　假

(7b) 和 (7c) 两句都含有情态表达"可能"，故称为情态
语境。根据第 5 章对情态的可能世界分析，(7b) 的意思是"至
少有一个可能世界或事态，Gagarin 不是太空第一人"。该命题无
疑为真。另一个并没有实际发生的可能世界是美国宇航员 Alan
Shephard 是太空第一人。

(7c) 说的是"至少有一个可能世界，Yuri Gagarin 不是
Yuri Gagarin"。这并不是说 Gagarin 在那个世界另有其名，而是说

虽然他生存在那个世界，但他与 Gagarin 不是同一人。这就意味着有一个生存在另一可能世界但不是 Gagarin 的人。尽管该理解没有问题，但在这种情况下，这句话就不是关于 Gagarin 了，因为这个人不是 Gagarin，而句中的名字指 Gagarin。因此，无论 Gagarin 定位在哪个可能世界，他都是 Gagarin。所以，任何谈论他而又不叫 Gagarin 的句子都为假。于是，（7c）为假，（7）中划线名词短语的替换导致句子真值的改变。

顺便值得一提的是，索尔·克里普克（Saul Kripke）把名字作为纯粹的指称性表达，称之为固定指称词（rigid designators）。在他看来，在所有的可能世界中，名字都固定不变地指称同一个体。要说明的是，我们要把名字看成是词汇形式与其指称的结合体，而非仅仅是词汇形式。具体来说，*Samuel*，*Maria* 和 *Keira* 只是词汇形式而已，只有在赋予这些词汇形式相应的唯一指称后，它们才成为真正意义上的逻辑名称。如果不同的人拥有"相同的名字"，比如当很多人都叫 *Bettina* 时，从逻辑意义上讲，*Bettina* 这一形式具有多重歧义，指具有这一指称的不同个体。

再回到我们的主题，上述例（7）是可能情态的情况。除此之外，奎因还讨论了必要情态的语境，如（8）。（就本例而言，在奎因那个时代，冥王星还没有降级为矮行星。）①

（8）a. 行星的数量＝9　　　　　　真

　　b. <u>9</u> 必然是 9。　　　　　　　真

　　c. <u>行星的数量</u>必然是 9。　　　假

（8b）说的是数字"9"在每个可能世界中都是同一数字"9"。需要注意的是，我们必须坚持例句中的语言，因为不难想

---

① 译者注：因此，当时是九大行星，而不是现在的八大行星。

象，在其他的可能世界中，人们也使用"9"，读音和拼写跟我们的相同，但却指不同的数字。不过，这与（8b）无关，因为（8b）是用我们的语言来描述其他世界，而不是使用了其他语言。（8b）为真。（8c）说的是在每个可能世界中，行星的数量都是九，这显然为假。有一些可能世界，其行星数量（在太阳系）为5个，12个或者13个。

总之，情态语境是晦暗语境，因为同指名词短语（如 *Yuri Gagarin* 和"太空第一人"，"9"和"行星的数量"）之间的替换造成句子真值的改变。

第二类晦暗语境是含有命题态度谓词（如 *know*，*believe*，*think* 和 *hope*）的语境。从 2.3.2 的讨论我们已经知道，命题本身可以作为谓词的论元。例如，（9a）和（9b）可以分别表达为（9c）和（9d）。

(9) a. John 认为 ［Maria 是波兰人］。

b. Bella 希望 ［Carol 会给 Matt 打电话］。

c. 认为（j，波兰人（m））

d. 希望（b，打电话（c，m））

像（9a，b）（称为命题态度报告，propositional attitude reports）这样的命题表达的是报告主体脑中的某些想法，如希望、信念和欲望等。例如，（9a）和（9b）括号部分是对 John 和 Bella 某种思想活动的描述，而不是对现实世界某一情景的描述。

现在，我们来看一个奎因的例子。他设置了如下的场景：

有一戴棕色帽子的人，Ralph 在一些可疑的场景中瞥到过他几次，我们无需提及这些可疑的场景，只需知道 Ralph 怀疑这个人是个间谍。还有一个灰发的人，Ralph 大致知道他是这个社团的骨干，但 Ralph 并未意识到他曾见过他，除了在沙滩上见过一次以外。现在，Ralph 并不知道这两个人其实是同一个人。

（奎因 1956：179）

奎因还告诉我们，Ralph 知道他在沙滩上见过的那个人叫 Bernard J. Ortcutt。根据 Ralph 所了解的，他在沙滩上曾见过一次的那位社团骨干不是间谍。于是，我们得到如下判断：

（10）a. Bernard J. Ortcutt = 沙滩上见到的那个人 = 戴棕色帽子的那个人   真

     b. Ralph 相信［Ortcutt 是间谍］。   假

     c. Ralph 相信［戴棕色帽子的那个人是间谍］。   真

     d. Ralph 相信［沙滩上曾见过的那个人是间谍］。 假

此处我们看到，"相信"之后嵌入的句子为晦暗语境，因为替换同指名词短语会造成真值的改变。

现在我们总结一下：假设名字和单数有定摹状词语都是指称性表达，我们就必须假设替换原则对二者都同样适用。但实际上替换原则对情态语境（即由 *might*，*possibly*，*necessarily* 等修饰的句子）或者命题态度语境（如动词 *believe* 之后的部分，表示所相信的内容）并不适用。这些替换原则不适用的语境是隐晦语境。那些替换原则适用的语境则为透明语境，如上述 (3) – (6)。

替换原则作为一个逻辑法则不应有例外。

此前，我们曾强调过，奎因对这一问题的最初讨论其出发点是单数有定摹状词语是指称性表达，从而应该遵守替换原则。但是如果我们放弃有定摹状词语是指称性表达（类似专名）这一假设，而把它分析为量词（见6.8节），这样会对指称晦暗现象

产生怎样的影响呢？

在接下来的两个小节中，我们把有定摹状词语（分析为量词）和名字置于情态和命题态度这两种语境中进行比较。我们会发现，情态语境其实并不隐晦（只要不涉及替换量词）。但命题态度更复杂些。

7.2　情态、摹状词和专名

7.2.1　情态和名字

首先，我们以"莫扎特有可能避免英年早逝"为例，引进如下表达式：

（11）a. 莫扎特有可能避免英年早逝。

b. ◊~英年早逝（莫）

从左到右，这一公式读作：

（12）◊

　　至少存在一个可能世界 w，那么……

　　~英年早逝（莫）

　　"莫扎特没有英年早逝"在该 w 中为真

注意，该命题"◊"之后部分描述的是另一可能世界的事件状态，而非现实世界的事件状态。具体来说，名字"莫扎特"是在模态算子的辖域内。

（13）

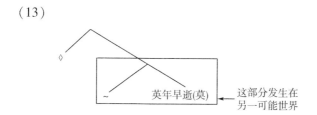

英年早逝(莫)　←　这部分发生在
　　　　　　　　另一可能世界

　　要使整个句子为真，至少有一个可能世界，在那个世界里，莫扎特没有英年早逝。

　　在情态环境下替换名字会改变真值吗？原则上这是不可能的，如果我们假设名字为固定指称词，在其出现的所有可能世界中都指称同一个体。例如，在下例中，只要（a）句为真，（b）和（c）两句不可能有不同的真值，因为在任何可能的世界中，两句讲的都是关于"那个人"的相同的事情。

（14）　a. Mohammed Ali = Cassius Clay

　　　　b. Mohammed Ali 可能没有赢得世界冠军。

　　　　c. Cassius Clay 可能没有赢得世界冠军。

　　因此，按照奎因的定义来考虑同指名字的替换，情态语境并非晦暗。

7.2.2　情态和摹状

　　现在我们来看有定摹状词语：如果我们把它们分析为量词，情态语境是否会影响对它们的解读？请看下例：

（15）Yuri Gagarin might not have keen［the first man in space］.

为构建这一命题表达式，首先，将量词移至句首，然后，在其移位后留下的空位上留下一个变量：

（16）〔The x：太空第一人（x）〕Yuri Gagarin 可能不是 x

第二步，把情态"可能"（might）移至句首：

（17）◊〔The x：太空第一人（x）〕Yuri Gagarin 不是 x

最后，通过否定"~"和等号"＝"来表达"Yuri Gagarin 不是 x"：

（18）◊〔The x：太空第一人（x）〕~g＝x

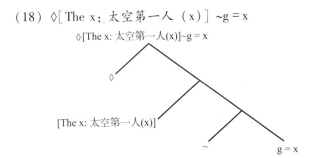

这样，有定摹状词语在情态算子的辖域之内。从头开始，这个公式读成：

（19）◊

至少存在一个可能世界 w，那么……

〔The x：太空第一人（x）〕

（在 w 中）只存在一个事物 x，x 是太空第一人……

（假设我们选择一个可能世界，在这个可能世界中，

俄国人 Popov 是第一个送上太空的人，那么 x 就指
Popov。）

~g = x

（在 w 中）Gagarin 不是 x。

当 Gagarin 不是 Popov 时，该句为真。

到目前为止整个过程都还顺利：我们得到了对"Yuri
Gagarin 可能不是太空第一人"这句话的正确解读，大概释义为：
首位被送上太空的可能是 Gagarin 以外的某位宇航员。

不过，原则上讲，这句话还有另外一种解读，尽管不如上一
个解读合理。因为句中有两个辖域表达（不算否定算子），所以
会产生辖域歧义。因此，当情态算子和量词的顺序颠倒时，我们
就得到另一种解读，如（20）所示：

（20）

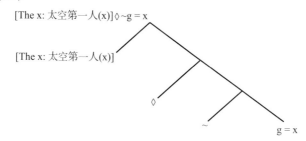

这样，有定摹状表达在情态算子的辖域之外，我们得到的是
关于现实世界的解读。从头开始，该公式读作：

（21）［The x：太空第一人（x）］

只存在某一事物 x，x 是太空第一人……（在现实世

界中，太空第一人是 Gagarin，所以 x 指 Gagarin）

◊

至少存在一个可能世界 w，那么……

~g = x

（在 w 中）Gagarin 不是 x

由于 x 指 Gagarin，因此，这个公式为假。这与"Yuri Gagarin 可能不是 Yuri Gagarin"为假是一样的。

因此，摹状表达具体指称哪个个体取决于该表达所处的位置。如果处在模态算子◊的辖域内，那么它则以另一可能世界作为背景，在那个世界里（如果存在的话）选择个体，在这种情况下，名字与同指的摹状表达可能会指称或者选择不同的个体，因此，二者不能互换。简而言之，这种情态语境的晦暗现象是由摹状表达处于模态算子的辖域内产生的：

（22）Yuri Gagarin 可能不是太空第一人。

晦暗语境：◊[The x：太空第一人（x）] ~g = x

透明语境：[The x：太空第一人（x）] ◊~g = x

7.3　命题态度与摹状词

在上一节我们看到，在情态语境中，有定摹状表达和名字是不可互换的，因为与名字不同，有定摹状表达受情态算子辖域的影响。摹状表达取宽域和窄域（相对于情态算子）会造成个体选择的不同，因为辖域不同，用以进行解读的可能世界也不同。

上述摹状表达所体现的辖域问题在命题态度语境中也有反映。下面以奎因的例子进行说明。

（23）a. 戴棕色帽子的那个人＝沙滩上见过的那个人　　　　真

　　　b. Ralph 相信［戴棕色帽子的那个人是间谍］。　　　真

　　　c. Ralph 相信［<u>沙滩见过</u>的那个人是间谍］。　　　　假

　　重温一下奎因设置的场景：Ralph 知道他曾看到过 Ortcutt，一位值得尊重的市民，并且在沙滩上见过，但他并不知道 Ortcutt 也是戴棕色帽子的那个人。判断上述（b）为真，（c）为假的理由是，Ralph 构建其信念最可靠的莫过于他亲眼所见。据此，如果我们将上述括号里的句子单独呈现给他，问他相信与否，我们会期待他如下的回答：

（24）a. 戴棕色帽子的那个人是间谍。

　　　　"是的，我相信。"

　　　b. 沙滩见过的那个人是间谍。

　　　　"天哪，根本不可能！"

　　现在，假设 Ralph 告诉他的一位朋友有关他对戴棕色帽子的人的观察以及对他是间谍的怀疑。而 Ralph 的朋友知道 Ortcutt 戴棕色帽子去见大学同窗并喝酒垂钓。Ralph 的朋友也知道 Ralph 在谈论 Ortcutt。为嘲弄 Ralph，他的朋友对其他人说："听到最新消息了吗？Ralph 认为老 Ortcutt 是个间谍！"对此，Ralph 极力反驳，但当事实展现在他面前时，他不得不承认，从某种程度上说，他的确有 Ortcutt 是间谍的想法，只是没有意识到罢了。也就是说，Ortcutt 其实就是让他产生间谍怀疑的那个人，也是 Ralph 知道的那个曾在沙滩上见过的人。这揭示了报道他人对某人所怀信念的两种不同方式。

　　第一种方式是用信念主体（believer）本人可能使用的词语来描述那个人。在这种情况下，用来确定那个人的描述或信息是信

念主体的思想的一部分。这种信念叫从言信念（de dicto belief），来自拉丁文，大意是"关于这些词语"（about the words）。信念主体对某人或某物具有那种特殊方式所描述或确定的信念。

由于 de dicto 信念包括摹状表达的内容，我们可以说摹状表达是在信念谓词（belief predicate）的辖域内，即摹状表达（相对于信念谓词）取窄域。

从言信念（de dicto）：摹状表达取窄域

(25) Ralph 相信戴棕色帽子的那个人是间谍。　　　真

相信（r，[The x：戴棕色帽子的人（x）] 间谍（x））

↑

这部分是 Ralph 脑中的内容

(26) Ralph 相信沙滩上见过的那个人是间谍。　　　假

相信（r，[The x：沙滩见过的人（x）] 间谍（x））

↑

对 Ralph 脑中内容的错误报道：确认 Ortcutt 是在海滩上见过的那个人与 Ralph 认为他是间谍的信念并不直接挂钩

另一种报道他人信念的方式是说话者用自己的词语来表达他对某人的想法，这与信念主体确认那个人的方式也许会有不同。这种信念是对所涉及的某人或某物的直接报道，称为从物信念（de re belief），来自拉丁语，大意是"关于这个事物"（about the thing）。

假设 Sally，一个退役的奥林匹克体操冠军，和他的朋友 Kay

在当地体操馆观看一队 9 岁孩子的体操训练。有个孩子显示出不俗的潜力，于是，Sally 对她评价道：

（27）那个孩子可能成为冠军。

Kay 知道这个有潜力的孩子住在她弟妹 Ann 家的隔壁。当天晚上，Kay 向她的丈夫说道：

（28）Sally 认为住在 Ann 隔壁的那个孩子可能成为一名顶尖的体操运动员。

Kay 对 Sally 所讲内容的报道更容易让她丈夫理解。如果她对她丈夫说"Sally 认为那个孩子可能成为冠军"，她丈夫肯定会摸不着头脑，不知道她在说什么。而"在 Ann 隔壁的那个孩子可能成为一名顶尖体操运动员"的说法，Sally 也并非会立即同意，因为这句话并没有给 Sally 足够的信息来确认所谈论的这个孩子。也就是说，"Ann 隔壁的那个孩子"并不能让 Sally 确定这个孩子。尽管如此，（28）句显然为真。该句 Kay 对 Sally 评价的报道就是 *de re* 信念。

在 *de re* 信念的报道中，摹状表达并不是信念内容的一部分，在表达式中，量词相对于信念谓词取宽域。

从物信念（*de re*）：摹状表达取宽域

（29）

[The x: 住在Ann隔壁的孩子(x)] 认为(sally,◊(顶尖体操选手(x)))

[The x: 住在Ann隔壁的孩子(x)]　　认为(sally,◊(顶尖体操选手(x)))

说话者 Kay 在这种情况下使用"Ann 隔壁的那个孩子"这一摹状表达来确定某个特定的孩子，因为这一表达可以让她的丈夫完全明白。假设这个小女孩叫 Marama，那么上述公式中的 x 就指 Marama。这样，Sally 的评价可以报道为"x 可能成为顶尖的体操选手"或者"她可能成为优秀的体操选手"，而"她"指 Marama。这无疑是正确的。

由于摹状表达的从物（de re）和从言（de dicto）解读差别在于辖域，那么有关信念报道的句子就会存在辖域歧义。这一点我们可以从 Ralph 的例子中看到，重复如下。

(30) Ralph 相信沙滩上见过的那个人是个间谍。

　　a.　***de dicto* 解读：假**

　　　　相信（r，[The x：沙滩上见过的那个人（x）] 间谍（x））

　　　　Ralph 相信他在沙滩上见过一个间谍。

　　b.　***de re* 解读：真**

　　　　[The x：沙滩上见到的那个人（x）] 相信（r，间谍（x））

　　　　你知道 Ralph 曾在沙滩上见过的那个人，Ortcutt——Ralph 认为他是一个间谍。

7.4　总结：摹状词和辖域

当我们认为单数有定摹状词语不是指称性表达而是量词时，我们看到替换现象由于辖域歧义而变得复杂。我们测试的每个句子都有两种解读：

（31）◊[The x]...x...　　　　窄域，晦暗

[The x] ◊...x...　　　　宽域，透明

相信（a，[The x]...x...）　窄域，从言，晦暗

[The x]相信（a，...x...）　宽域，从物，透明

这一规律有助于我们厘清指称晦暗发生在哪里以及为什么发生。首先，摹状词语的解释受其所在语言环境的限制，这些环境包括不同的可能世界或者某个体对客观世界的心理表征。另外，我们所讨论的真值改变现象并不违反逻辑原则，因为摹状表达不是单纯的指称性表达，替换原则对它并不适用。

如果把隐晦现象严格地定义为真正指称性表达的替换（如名字），而且替换原则无论如何对摹状表达都不适用的话，那么上述对摹状表达的讨论就不能表明隐晦语境的存在。真正的隐晦语境，如果存在的话，一定涉及同指名称的替换。例如，我们已经看到，同指名称 *Mohammed Ali* 和 *Cassius Clay* 在情态语境中可以互换而不影响真值。所以说情态语境并不隐晦。那么命题态度语境又如何呢？

7.5　命题态度和专名

Ralph 之所以在 Ortcutt 的问题上感到尴尬（"Ralph 认为老 Ortcutt 是个间谍"）是因为他没有意识到戴棕色帽子的人是 Ortcutt，而 Ortcutt 是他早已从其他场合就认识的。因此，他对 Ortcutt 形成了两个不同的概念，这与他和 Ortcutt 相遇的不同场合而得到的不同的信息有关。

（33）Ortcutt－概念－1

类型：男人

名字：未知

大概情况：曾在可疑的场景见过，戴一顶棕色帽子，11 月份在大学校园附近城镇破旧地区的一家酒吧喝酒，一个间谍

Ortcutt－概念－2

类型：男人

名字：Bernard J. Ortcutt

大概情况：当地社团骨干，当地球迷俱乐部主席，7 月曾在沙滩上见到与妻子和家人一起，身穿一件亮色真丝衬衫，头戴一顶巴拿马草帽

Ralph 用两种方式思考 Ortcutt，取决于这两组概念中哪组概念是他思考的内容。

如果是 Ralph 对 Ortcutt 从言信念的报道，我们就需要考虑 Ralph 在思考 Ortcutt 时的具体方式，并以 Ralph 认同的方式表达出来。Ralph 自己做不到或者不能认同的是把概念 1 和概念 2 的信息结合起来。

从物信念的报道则考虑得宽泛些。需要把 Ralph 的思考与现实世界相关联，即在某种程度上，他所思考的事物或事件是真实的而非想象的。Ralph 的错误在于他把概念 1（误解）与概念 2（较准确）隔离开了，而概念 1 却是一个真实的存在。当任意启动概念 1 或者概念 2 时，Ralph 都在思考一个名叫 Ortcutt 的人，但只有概念 2 才与这个人的名字挂钩。这种对 Ralph 信念的"底线"（bottom line）评价是一种 *de re* 评价。

我们无法利用 Ralph 的两个概念去测试同指名字的替代问题，因为只涉及一个名字。但如果我们给不同概念添加不同名字，而这些概念实际上指同一个人，我们会发现同指名字的替换

可以改变真值。

现在，罗马思想家马库斯·图里乌斯·西塞罗（Marcus Tullius Cicero）以 Cicero 而广为人知，但之前他也通常被称呼为 Tully，来自英语化了的 Tullius。Lydia 是一名典籍学生，为准备考试而写了一篇关于 Cicero 的文章。正当她准备去考试的时候，一位年长的邻居对她说：

（33）Lyddie，今天典籍课吗？准备写 Tully 吗？

Lydia 知道 Tully 是大约公元前 1 世纪的罗马政治家，生活在尤利乌斯·凯撒大帝（Julius Caesar）遇刺的时代。但她并不知道 Tully 和 Cicero 是同一个人。她回答：

（34）我希望不是！如果要写 Tully，我就完蛋了！

幸运地是，考试题目出现了"Cicero"这个魔术般的名字——于是 Lydia 写了一篇关于 Tully 的长篇大论但却没有意识到这一点。

在 Lydia 参加考试的路上，下面的陈述似乎可以说明已给出的真假判断：

（35）a. Lydia 希望会有一篇关于 Tully 的文章题目。　　假

　　　b. Lydia 希望会有一篇关于 Cicero 的文章题目。　　真

因此，与情态语境不同，命题态度语境并不总是允许同指名字的互换而保持真值。

（35）的判断符合我们标准的预期，思想主体（thinker）或希望主体（hoper）是他们所思所望的最佳见证者。Lydia 否认

Tully 是一个好的文章题目，所以（35a）为假。但从另一方面来看，这样说也肯定是正确的：Lydia 写了她希望写的文章，是关于 Tully 的文章——她写了关于那个人的文章。所以从另一个角度来说，（35a）也为真。

Lydia 关于 Marcus Tullius Cicero 的问题可以视为词汇问题，而不是她对这个人本身缺乏了解。总的说来，她不知道 Tully 指谁——她不知道 Tully 这个词是什么意思。而思考主体是否知道某些词的含义会影响到命题态度报道表面的准确性，即使不涉及名字。例如，Liam，一个 3 岁的小孩，他可以准确地数出一个，两个或三个物体，也知道如何"一、二、一、二"地行走。他知道人是"一、二、一、二"地行走，鸭子也是，但猫却不是，因为"她有很多条腿"。

（36） a. Liam 知道鸭子有两条腿。

　　　 b. Liam 知道鸭子是两条腿的。

　　　 c. Liam 知道鸭子是两足动物。

尽管（36a）和（36b）很容易判断为真，（36c）则可能判断为假。在判断（36c）为假的解读中，该句可被理解为 Liam 能把"两足"（bipedal）这个词用于鸭子，而这一点似乎不太可能，因为这种理解相当于从言的解读。但出于常识，Liam 可能对两足动物这一概念有清楚的认识并能将之用于鸭子，若按此理解，（36c）就为真。

这些例子中不存在指称问题，并且问题也不局限于替换原则。关键是命题态度报道可理解为具有两方面的特点：（1）思想主体持有命题的观点；（2）思想主体能把他对命题在头脑表征中的一系列概念与他在陈述中所使用的一系列具体词语相关联。

这些现象给语义分析带来了极难解决的问题，主要原因是，用于表达命题的逻辑表达式似乎不能对上述报道的特点进行适当的表达。如果狭义地理解这些命题态度报道就使所选词语变得重要，如 *Tully* 或者 *Cicero*，"两条腿"或者"两足"，那么逻辑表达式中似乎就需要加入有关所选词汇的说明。例如，Lydia 想表达的是（37a）而不是（37b）：

（37）a.［An x：文章（x）& 关于（x, m）］写（l, x）

　　　　　此处 m = Marcus Tullius Cicero 且 *Cicero* 指称 m

　　　b.［An x：文章（x）& 关于（x, m）］写（l, x）

　　　　　此处 m = Marcus Tullius Cicero 且 *Tully* 指称 m

以这种方式引入词语不是件简单的事情，尤其是，对使用不同语言的人们，我们也能正确地报道他们的想法。例如，（38a）为真，但伽利略不一定就已认同（38b），因为他讲的是中世纪意大利语。民间流传的说法是，（在宗教审判前）他说的是（38c）。

（38）a. Galileo 坚称地球围绕太阳转。

　　　b. 地球围绕太阳转。

　　　c. Eppur, si muove!（地球仍在运动!）

广义的解读（包括 de re 的释义）也令人困惑。"Lydia 想写一篇关于 Tully 的文章"有一种解读使其为真，即在第三方与 Lydia 年长的邻居交谈时，如果他使用这句话，就可以真实地描绘他所了解的 Lydia 的希望。另外，我们前面所提到的 Ralph 的朋友取笑 Ralph 所说的话也有一种使其为真的解读：

（39）a. Ralph 认为 Ortcutt 是个间谍。

　　　b. 认为（r, SPY（o））

直觉上，使"Ralph 认为 Ortcutt 是个间谍"为真的前提在于接受"SPY（o）"的某种解读就是 Ralph 的真实想法，即 Ralph 对"SPY（o）"这个命题具有某种命题态度。但是，"SPY（o）"并不是 Ralph 思想的准确内容。更确切地说，Ralph 有一个涉及 Ortcutt－概念－1 的心理表征（mental representation），该心理表征准确与否与判断"SPY（o）"真假的语境是一致的。Ralph 思想的真实内容与"SPY（o）"这个命题有某种程度的平行，但二者关系具体如何还不清楚。

总的来说，命题态度报道包含了所嵌套的句子，这些嵌套的句子表示的是思维内容。然而，我们的语义表征系统是用符号来表示现实世界的事物或情境以及某些可能的现实世界，但不能用来表示思考主体脑中的概念表征（cenuptual representation）。尽管如此，似乎有理由认为，如果思维本身能够准确地反映现实，那么一个基于现实世界的表征体系是能够用来表征思想内容的。但是，思维是否准确地反映外部世界还是个极具争议的认识论（知识的哲学）问题。

一方面，既然在某种程度上我们似乎能成功地报道他人的思想，我们就必须假设：①人类普遍共享一个基本的心理表征系统，在该系统内，大部分情况下，人们是用足够相同的方式来表征这个现实世界和可能的现实世界的；②我们用来报道他人思想的语言可以用这个（思想主体所共享的）概念表征系统来翻译。这对假命题也同样适用。例如，"John 相信地球是平的"为真，尽管事实上 John 并没有如实地表征现实世界。但该句可以为真只有当"地球"这个词能对应 John 对地球的心理表征，"平"这个词能对应 John 对平的心理表征，无论这种对应多不准确。也就是说，我们这里假设他对"地球是平的"这一错误而复杂的心理表征是由我们所了解的认知成分构成的，因为在某种程度上，这是我们所共享的。简而言之，我们或许可以做出这样的结论：在基于现实的表征系统内，"非私人化"（non-idiosyncratic）的思想能够得到合理的分析。

但这一假设有时并不那么确定，比如在报道与我们不同的思想主体时，如在报道小孩子的思想时，因为我们与他们的认知结构不同。假设我们说到一个小孩子"她认为云是活的"，我们到底在报道什么？可能是这个孩子还没有掌握"活"的用法而把她用于所有可移动的物体，用于通常是活的物体；也可能是这个孩子认为云靠自身力量运动并将这种属性看成是活的属性；也可能是她认为云是有生命的。

关于如何分析命题态度报道已经提出了很多方案，但还没有特别成功的。对于态度报道，本书没有介绍任何特别的表达方式，但请记住，出现在命题态度谓词辖域内的任何表达，其解释在很大程度上会与其指称义不同。具体视不同情况而定。

7.6　其他量词的从物和从言解读

从物和从言解读的差别在其他量词上也有体现，如下例所示：

(40) Giacomo believes several people in the room are counting cards.

该句 *de re* 的解读是：房间里有几个人，而且 Giacomo 相信"在那里的那个人在数牌"。而 *de dicto* 的解读是：Giacomo 相信有几个人正在数牌，但这一信念与任何具体的个体毫无关系。(41) 是这两种解读的辖域表达。为简便起见，*the room* 不作分析。

(41) **从物 *de re***

    a. ［Several x：人（x）& 在（x, the room）］相信（g, 数牌（x））

从言 *de dicto*

    b. 相信（g, ［Several x：人（x）& 在（x, the room）］数牌（x））

然而，辖域分析不能涵盖从言和从物解读中出现的所有可能的歧义。请看（42）：

(42) Gina wants to ask the whole class to her party.

这句话比较自然的解读是 Gina 通过"the whole class"形成自己的想法而未必知道所有同学的名字。但这句话还可有一种分解（distributive）的解读，即 Gina 想一个一个地请一些人，而这些人一起恰巧组成了她的全班。目前，我们的分析并没有表现出如何将名词短语"the whole class"解释为某种量词，约束在这个班里的个体 x。同样的歧义也存在于 *Gina wants to ask half the class to her party*。这些例子的辖域分析也许涉及将 *the whole class* 和 *half the class* 重新分析为由同学组成的集合［见练习 10（ii）］。

7.7 不定摹状词与特指

如上所见，奎因关于指称隐晦的讨论主要回答了有定摹状词的指称变化问题。与之密切相关的是无定摹状词现象。不定摹状词的问题是在特指性（specificity）和非特指性（non-specificity）范畴内单独进行讨论的。特指性与指称隐晦有些重合，因为

（非）特指包括无定名词短语与情态或者与命题态度谓词之间的辖域作用。除此之外，特指还包括无定名词短语与否定或者与其他量词间的辖域作用。

例（43）说明了在命题态度环境下的特指和非特指：

（43）命题态度，特指

    a. Mary 想买一辆诺顿——她在与车主议价。

命题态度，非特指

    b. Mary 想买一辆诺顿——她要在车展上找一辆。

在（43a）中的"一辆诺顿"是特指，指 Mary 想买的某辆具体的或特定的诺顿摩托车。在（43b）中，Mary 脑中并没有特定的车，因此此处的"一辆诺顿"是非特指。此类歧义的另一个例子是"John 想娶一个法国女人"，这句话有两种解读，一种解读是"John 想娶某位特定的女人，这个女人是法国人"（特指），另一种解读是"John 想娶一位法国女人"（非特指）。

在命题态度语境下，特指和非特指非常像前面所讨论的有定摹状词的从物和从言的差异。当所表达的思想关乎说话者特指的某个个体时，就出现特指或 *de re* 解读。当所表达的思想关乎某一类物体或者是符合含有摹状词的名词短语所表达的任何个体而非特指任何个体时，就出现非特指解读。这就像 *de dicto* 的一种解读，在这种解读中，所表达的思想直接指向以某种特殊方式所描述的某个个体。

与指称隐晦的比较表明，特指和非特指歧义也是用辖域变化来分析的例子。（43）中的不同解读可以表示为（44）：

（44）**命题态度，特指**

    a. Mary 想买一辆诺顿。（她在与车主议价。）

      [A x:诺顿(x)] 想（m，买（m，x））

    命题态度，非特指

    b. Mary 想买一辆诺顿。（她要在车展上找一辆。）

      想（m，[A x：诺顿（x）]买（m，x））

在情态语境下，特指和非特指歧义也有体现，如（45）所示。同样，这种歧义也分析为辖域变化的例子。

（45）**情态语境，特指**

    a. John 可能去拜访一位朋友了——Amy Ho，你认识她吗？

      [A x:朋友(x, j)] ◊拜访(j, x)

    情态语境，非特指

    b. John 可能去拜访一位朋友了——我真的不知道他去哪儿了。

      ◊[A x：朋友(x, j)] 拜访（j, x）

"一位朋友"在（45a）中的特指解读指某个特定的人，而在（45b）中的非特指解读并不特指某个人。

无定名词短语与否定结合也体现了特指性。同样，这种歧义也分析为辖域变化的例子，如（46）所示：

（46）**特指**

    a. George 没有看到从弯道处驶来的一辆车——这辆车

几乎撞到了他。

[A x：车（x）]～看到（g, x）

非特指

b. George 没有看到从弯道处驶来的一辆车——他根本没有看路，所以他不确定是否有车开过。

～[A x：车（x）]看到（g, x）

"特指"和"非特指"这两个术语在解读方面的差别是以特定个体的存在与否来界定的。需要指出的是，虽然特指名词短语指称某个特定个体，但特指的无定名词短语（与有定名词短语不同）并没使听者觉得他能确认出所指称的个体。

特指性差异也可以描述为对存在的承诺与否。在上述"一辆诺顿"、"一个朋友"或者"一辆车"的特指解读中，这样的个体是必须实际存在的。而在非特指解读中，"一辆诺顿"是Mary 思想中的东西，"一个朋友"是涉及 John 的一个假想情景中的人，而"一辆车"是涉及 George 的一个非现实情境中的车，这样的个体有可能事实上并不存在。只有特指才承诺存在至少一辆诺顿摩托、一位 John 的朋友或者一辆在路上行驶的车。

第四种特指歧义发生在无定摹状词与其他量词的辖域作用中。这种歧义只涉及是否指称特定个体这个问题，而不涉及存在承诺的不同。

(47) 每个学生都准备了奎因的一篇论文。

特指

a. [A x：奎因的一篇论文（x）]　[每个 y：学生（y）]准备（y, x）

非特指

b.　［每个 y：学生（y）］［A x：奎因的一篇论文
（x）］准备（y, x）

"奎因的一篇论文"，其特指解读是：有一篇论文，每个学生都准备了。例如，每个学生都为"论精神实体"（*On Mental Entities*）讨论会做了准备。其非特指解读是：每个学生都准备了一篇论文，而且这些论文都是 Quine 写的，但它们可能会是完全不同的论文。跟之前一样，这两种解读很容易通过辖域不同表达出来。

"特指性"（specificity）这个术语跟"有定性（definiteness）很像，在传统语法中，这两个术语都用于分析名词短语的模糊指称的特性。这里所描述的分析方法，即特指名词短语处于其他辖域表达之外的方法，使特指对比的传统例句得到更合理的解释。按照这种方法，特指性不是一元的语义特征。与情态、命题态度动词、和否定连用，特指解读（即无定名词短语取宽域）表达了特定的所指和所指存在的承诺。而非特指解读（即无定名词短语取窄域）则没有特定的所指和所指存在的承诺。另一方面，无定名词短语和其他量词间的辖域变化只影响特定指称，而特指和非特指解读都蕴涵无定名词短语所指对象的存在。

练　习

命题态度语境

（1）★

下面的例子是辖域歧义。给出两种解读的表达式，描述一种语境使两种解读真值不同。

Clive wants to read the book that June is reading.

（2）★

Ralph 认为住在他楼上的人是间谍。Ralph 是一位有点患妄想狂的人——楼上是空的，Ralph 所听到的来自楼上的声音是一种骚灵现象。下面的句子是否会因为"the"所具有的存在预设而产生问题？（关于存在承诺，见6.8.1节）

Ralph thinks that the man who lives upstairs is a spy.

（3）★★

根据7.1节奎因的分析，下面划线的名词短语哪个是隐晦语境？（描述一种语境并且替换名词短语，看看是否保持真值来支持你的分析。）

举例：

事实：Mary 在书店遇到的那个男人是一个臭名昭著的军火商。他阻止拍照所以多数人不知道他长什么样子。

（i） Mary danced with the notorious arms dealer the whole evening.

（ii） Mary danced with the man she met in the bookshop the whole evening.

（i）和（ii）不可能有不同真值。即使 Mary 不知道她所遇到的人是谁且得到真相会大吃一惊，这也不能改变她和那个男人跳舞的事实。Mary danced with _____ the whole evening 的语境是透明的。

· （i） Mary hoped the notorious arms dealer would ring her up.

（ii） Mary hoped the man she met in the bookshop would ring her up.

此处（i）和（ii）就从言信念解读来说可能有不同的真值。如果 Mary 不知道她在书店遇到的是军火商，且原则上憎恨军火商，那么（i）的从言解读即为假（Mary 认为 "I hope that cute arms dealer will ring me for a date"），即使（ii）的从言解读为真。（"Lovely guy from the bookshop, ring me！ring me！"）Mary hoped _____ would ring her up 是模糊语境。

    a. Marcia hopes that <u>the winner of the competition</u> will talk to her.

    b. My neighbour knows <u>the Director of MIS</u> quite well.

    c. Clive says that <u>the guy sitting over there</u> is a millionaire.

    d. Then Bob said "<u>Your husband</u> has had an accident".

    e. They needed a signature from <u>Clive's wife.</u>

    f. Obviously they needed a signature from <u>Clive's wife.</u>

    g. Clive told <u>my brother</u> to shove off.

    h. The gateway ca was driven by <u>the former bank manager.</u>

命题态度和辖域符号

（4）★★★（建议讨论）

你能发现下面对话中的问题吗？

第一个人是什么意思？

第二个人推断第一个人是什么意思？

如果第一个人所讲的意思是第二个人所推断的，那么他会怎么说？

什么是辖域符号？

第一个人：I thought your boat was longer than it is.

第二个人：No, my boat is not longer than it is.

命题态度和其他（非指称性）替换

（5）★★（建议讨论）

你能替换下面句子中的词语 bipedal 和 two-legged 并保持其真值吗？（a）和（b）意思一样吗？（你能描述一个场景使一个为真一个为假吗？）

a. Liam knows that what bipedal means.

b. Liam knows that bipedal creatures are two-legged.

模态和辖域

（6）★

下面的句子有辖域歧义。给出两种解读的表达式并确认哪个表达式对应哪种解读。

Mount Everest might not have been the highest mountain in the world.

（7）★★

下面的句子有三个辖域表达（两个量词和一个情态）。对于这个句子你能确认多少种解读？写出你所确认的解读的表达式。

Everyone in the village might have been rich.

特指性

（8）★

根据 7.6 节特指性的辖域分析，下面每个句子都有辖域歧义。画线的名词短语既有特指又有非特指的解读。给出每个句子的两种公式表达并标明哪个公式表达哪种解读。

a. Karen wants to shoot a lion.

b. Eric didn't meet a reporter.

c. Clive might buy a painting.

d. Every flautist played a sonata.

特指性的辖域分析

(9) ★★★（建议讨论）

Janet Dean Fodor 指出下面的例子至少有五重歧义。然而，特指性的辖域分析只能体现其中三个解读。

John wants to have a coat like Bill's.

（i）该句的五种解读是什么？（设定情景并填空 John thinks to himself, "I want _____".）

（ii）给出辖域分析所提供的的三种公式。指出它们分别表达了什么？（提示：你可以用 [Q x: COAT (x) &OWN (b, x)] 表示 Bill's coat。）

（iii）为什么其他两种解读不能在这个系统中表达？

从物/从言和辖域

(10) ★★★（建议讨论）

在 7.5 节确认了一个显而易见的从物/从言歧义，这种歧义似乎不能直接分析为辖域歧义：

Gina wants to invite the whole class to her party.

这个问题一部分在于"the whole class"表达了对班级成员的全称量化，但是只是间接地表达。表示"the whole class"的一种方法是使用集合［见第 6 章例（9）–（11）］。例如，所有 Gina 的同学的集合可分析为：

$$[\exists X: \forall x(x \in X \leftrightarrow (x \in \text{Gina's class \& } x \neq g))]$$

（i）你能写出下面这两种解读的表达式吗？

a. Gina thinks：“I want the whole class to come to my party”.

b. Gina thinks：“I want to invite Fred and Lucy and Ram and Rangi and Emma and Kyle and Dinah and Sasha and Zara and Bob to my party.”（班上有 11 人；这些人和 Gina）

（ii）相似的歧义出现在下面的句子。你能写出该句两种解读的表达式吗？

Gina wants to invite half the class to her party.

延伸阅读

有关罗素对摹状词的分析，见 Neale（1990），特别是第 1 章和第 4 章。

在字典和百科全书中查下列条目：摹状、指称、隐晦、信念语境、内涵、命题态度、意义和所指。

Berg（1988）讨论了在信念语境下替换名词短语的语用效果。

模糊性的讨论是基于 Quine（1956）和 Kripke（1980）。Kripke（1980）是对一系列相关问题的经典讨论，包括名字和摹状词的指称。名字作为固定指称词的概念出自这篇专论。

Partee 在大量论文中讨论了语义研究的形式化方法和心理学方法的关系，特别是对信念句的分析。文中例句“云是活的”来自论文《语义—数学还是心理学》（“Semantics-Mathematics or

Psychology?") （1996）。也推荐 Partee 的《信念句和语义的界限》（"Belief-sentences and the limits of semantics"）（1982）。

Johnson-Laird（1982）就同样的问题有更广泛的讨论，在此特别推荐。

8 情状：事件的情状类别

　　谓词所描述的事件或境况的类别可以从其形式上看出某些大致的区别。例如，谓词 *eat an apple*（吃一个苹果）所描述的事件就是由一个向前运动直到把这个苹果吃完的活动，到那一刻，事件彻底完成无法再继续向前。而与此相对，谓词 *watch TV*（看电视）所描述的事件则不具有任何自然向前运动的过程或者结束点，该运动可以一直进行下去。类似的区别形成了事件情状类别（aspectual event classes）的基础，或者叫 *aktionsarten*（源于德语 *aktion* "行动" 和 *art* "种或类"）。

　　如同在第 9 章将见到的，这种谓词区别仅仅是体的两大主要类型之一，因此这里使用 "情状类别" 这个术语来着重讨论基本谓词的分类。另一种体是由动词的形态作为标记。例如，*read a novel*（看小说）这个基本谓词也有语法体上的不同形态，包括完成体 *has read a novel*，*had read a novel* 和进行体 *is reading a novel*，*was reading a novel*。（英语动词的时体形式请参见 9.2 节。）这里的讨论仅涉及未带形态标记的谓词的分类。

　　这一分类方法下的谓词所描述的境况称为**事件类型**（eventuality）（来自 Bach，1981），包括状态和事件。

　　如今普遍使用的四种情状类别，主要来自哲学家 Gilbert Ryle、Anthony Kenny 和 Zeno Vendler 的著作，特别是 Vendler。严格地说，这种分类并没有直接应用于事件类型本身，而是应用到特定动词短语所描述的事件类型上。就事件类型自身而言，可用不同的方式加以描述而将其置于四种情状类别中的任意一种，这取决于选择的动词短语对它的描述或呈现。为简便起见，我们通常用其指事件种类及其特征，但严格来讲，这些都是特定描述的事件类型和特征。

8.1　Vendler 的四种情状类别

该分类以三个主要区别为特征：**终结/非终结**（telic vs. atelic）、**持续/非持续**（durative vs. non-durative）、**静态/动态**（static vs. dynamic）。这里先简要梳理一下这些属性，随着梳理的展开，这些特征会逐渐变得清晰。

终结性（telicity）（源于希腊语 *telos* "目标、目的、终结"）是指具有自然终结点的属性，比如上述的 *eat an apple* 这一例子。任何一个没有自然终结点的事件都是**非终结性的**（atelic）。其他的**终结性谓词**包括 *recite the limerick*（背这首打油诗）、*drink a glass of beer*（喝一杯啤酒）、*run to the corner*（跑到街角）等。

持续性事件会占用时间，与被理想化为一个时间点的非持续事件形成对比。大多数事件是持续性的。被认为是非持续的谓词有 *notice the mark*（注意到污点），它被理想化地理解为一个处于"尚未意识到污点存在"到"意识到污点存在"的瞬时状态；另一个类似的谓词是 *recognize the car*（认出小汽车），它被理想化为介于"不知道是哪辆车"与"知道是哪辆车"之间的瞬时状态。我们还可以把非持续谓词看成是某种状态的"前奏"，像 *realize*（意识到）和 *notice*（注意到）这样的谓词指称有意识状态的"前奏"。

静态事件与动态事件的区别就是状态跟其余事件类型的区别，这些类型被统称为事件。状态包括 *know the answer*（知道答案）、*believe in UFOs*（相信飞碟）、*be hungry*（饿了）、*be in the kitchen*（在厨房）、*contain toys*（装着玩具）等等。状态的内部是统一的，此一时跟彼一时是一样的，没有向前的运动过程或自然的起始点和结束点。

这四种主要的情状类别分别是：**状态**（states）、**活动**（activities）或称**过程**（processes）、**完结**（accomplishments）、**达成**（achievements）。注意这里的分类是应用于以词干（非屈折变化）形式呈现的谓词。

状态类（states）谓词如以下例句所示：

（1）a. Brigitte is taller than Danny.   *be taller*
        布莱吉特比丹尼高。

     b. The light is on.   *be on*
        灯亮着。

     c. Clive knows my brother.   *know*
        克莱夫认识我的哥哥。

     d. Coal and coke are different.   *be different*
        煤块和焦炭是不同的。

     e. The cat is asleep.   *be asleep*
        猫在睡觉。

     f. Your umbrella is in the hall.   *be in the hall*
        你的伞在大厅里。

状态是非终结性的——没有构成结束点的自然边界或顶点。状态是持续的——会占用时间，可以说持续几分钟、几周、几年甚至几世纪。状态是静态的——状态中没有事件"发生"。

过程类（processes）或**活动类**（activities）谓词如（2）所示。注意：列在右栏的动词是基本谓词的一部分，而副词则不是。

（2）a. John walked in the garden.   *walk*

约翰在花园散步。

b. The leaves fluttered in the wind.   *flutter*

落叶在风中飞舞。

c. Clive pushed a supermarket trolley.

push a supermarket trolley

克莱夫推着一部超市购物车。

d. They chatted.   *chat*

他们聊着天。

e. The guests swam in the river.   *swim*

客人们在河里游泳。

f. The visitors played cards.   *play cards*

游客们在打牌。

跟状态类谓词一样，过程谓词是非终结性的、持续的，但不同于状态的是，过程类谓词是动态的。要搞清楚这一点，就要认识到过程谓词通常都有其内在的结构。比如，落叶的飞舞涉及落叶的运动过程，因此落叶在飞舞这一事件中的不同时刻处于不同的位置。

完结类（accomplishments）谓词是结构最复杂的事件，包含一个达到最终确定结束点（即终结点或顶点）的向前运动的过程或活动。完结类谓词如（3）所示：

（3）a. John built a house.   *build a house*

约翰建了房。

b. Marcia ate an apple.   *eat an apple*

马西亚吃了苹果。

c. Jones ran a mile.   *run a mile*

琼斯跑了一英里。

　　d. We did the dishes.　　　　　　　　　*do the dishes*

我们洗了餐具。

　　e. The new mayor made a speech.　　　*make a speech*

新市长发表了演讲。

　　f. Raffaele painted a triptych.　　　　*painted a triptych*

拉法埃勒画了幅三联画。

完结类谓词是终结性的、持续的、动态的。

达成类（*achievements*）谓词如（4）所示：

（4）a. Clive realized that Deirdre was gone.　　*realize that p*

克莱夫意识到迪尔德丽走了。

　　b. They reached the summit.　　　　*reach the summit*

他们到达了山顶。

　　c. Jones spotted the car on the road.　　*spot the car*

琼斯碰巧看到了路上的那辆汽车。

　　d. Leo discovered a hoard of rare LPs in the attic.

discovered a hoard of rare LPs

里昂在阁楼发现了一堆珍贵的唱片。

　　如前所述，典型的达成类谓词是一个状态的开始。在例（4）中，"*realize*"（意识到）表示知道一个特定事实的开始；"*reach*"（到达）表示停留在某一位置的开始；"spot"（碰巧看见）表示看见汽车的那一刻；"*discover*"（发现）表示知道那些唱片在哪儿的开始。达成类谓词被归为终结性的，但并非指其具有终结点，而是说达成类谓词本身就是一个终结点。时间周期的最高及最低界限可以归为起点（从何处来）和终点（到何处去），分别表明最早可能的时间及最晚可能的时间。终结点是一种终点，而达成类事件表示一种起点。

考虑到达成类谓词表示一个事件的边界而非一个完整的事件，因此它是非持续的。

Vendler 的四种情状类别的特征可概括为（5）：

（5）

	动态	持续	终结
状态	−	+	−
达成	+	−	+
活动/过程	+	+	−
完结	+	+	+

另外还有一类情状类别叫单动作（semelfactive），有时被称为"点状事件"，或者如 Talmy（1985：77）描述为"有完整周期的可重置"事件。如（6）所示：

（6）　a.　Jones rapped the table.　　　　　　　　*rap*
　　　　　　琼斯敲了桌子。

　　　　b.　Jones blinked.　　　　　　　　　　　*blink*
　　　　　　琼斯眨了眼。

　　　　c.　Jones coughed.　　　　　　　　　　　*cough*
　　　　　　琼斯咳嗽了。

　　　　d.　The light flashed.　　　　　　　　　*flash*
　　　　　　灯闪了。

单动作类事件是一个可重置的，或者说可回到起始状态的短暂事件，因此具有内在的可重复性。很多单动作动词描述的是经常被重复的生理事件（*sneeze*，*cough*，*hiccup*）；表"击打"的单动作动词（*rap*，*tap*，*kick*，*slap*）描述了被重置或重复的事件，整个行为包括了击打物与被击打物之间接触面的分离，比如像*slap*，*kick*，*tap*，*pat* 等。另外，*blink* 和 *flash* 也是可重置的——眼睛闭上又睁开，灯打开又关掉。

单动作类谓词（源自拉丁语 *semel* "一次"）的另一特点是其描述的事件可以准确计数，这一点通常可由如下例（7）中的改述来展现：

（7）a. Jones tapped the pipe seven times.

琼斯敲了烟斗七下。

b. Jones gave the pipe seven taps.

琼斯敲了七下烟斗。

c. The light flashed three times.

灯光闪了三下。

d. The light gave three flashes.

闪了三下灯光。

单动作类谓词很难按照上述概括的三个主要特点进行归类，本书将在8.4节中再讨论这一点。

8.2　情状类别的检测

8.2.1　含 *in* 状语

检测终结性最常用的方法是在一个一般过去时的句子中用"in ten minutes"或"for ten minutes"这样的修饰事件持续时间的状语。终结性谓词用含 *in* 状语，而非终结性谓词则用含 *for* 状语。对状语的准确解释同样也显示了情状类别间的差别。这里先用含 *in* 状语检测，在 8.2.3 节讨论含 *for* 状语之前，下一小节讨论另一个类似的检测，即含 *take* 的时间结构。

完结类事件中，含 *in* 状语表达了该事件的持续时间。如（8）所示：

(8) **完结类**

    a. He can eat a meat pie in 60 seconds.

       他能在 60 秒内吃完一个肉饼。

    b. They built the barn in two days.

       他们在两天内修成了谷仓。

    c. Jones walked to town in 45 minutes.

       琼斯在 45 分钟内步行到了镇上。

这里需指出的是，完结类事件中，含 *in* 状语释义为事件持续时间可能不是蕴涵而是蕴涵（见 1.4.2 节）。如果我们用容器来表示一个物体的大小，那么最有意义的做法就是选择一个与该物体大小完全吻合的容器。比如，要说明一个滚球轴承的大小，说它可以装进一个茶杯，固然正确，但却容易产生误导。因此，如果说某一事件在一小时的时段发生，我们会推论这一事件占用了整个一个小时。所以，比如 "They did it in an hour; in fact they did it in 45 minutes" 就没有语义冲突而是提供了更精确的信息——说话人继续给出了更多细节。

回想一下，完结类事件跟达成类事件的主要区别就是达成类事件没有持续过程。因而，表持续的时间状语与达成类动词连用通常不能表示达成类事件本身的持续过程。在此情况下，含 *in* 状语陈述事件发生前消失的时间，而该事件则发生在指定时段之后。这一点如例（9）所示。像例（9b，c）这样的句子带上

within five minutes 或者 *within three days* 更自然一些。

> （9）a. He recognized her in a minute or so.
>
>   他在一两分钟后认出了她。
>
>   b. Jones noticed the marks on the wallpaper in five minutes at most.
>
>   琼斯最多在五分钟后注意到了墙纸上的污点。
>
>   c. Jones lost his keys in three days.
>
>   琼斯在三天后丢了钥匙。

非终结性谓词与含 in 状语连用通常显得不妥，如例（10）-（11）。有些例子可能有某种"修补性"解读，即所述时间在事件开始之前就消失了。比如，（10a）可解读为"过了两年这对夫妇才开始幸福"。但即便做出这种解释，该句仍然很蹩脚。

> （10）**状态类**
>
>   a. # The couple were happy in two years.
>
>   这对夫妇在两年内幸福了。
>
>   b. # The room was sunny in an hour.
>
>   这间屋子在一小时内阳光充足了。
>
>   c. # Jones knew him well in five years.
>
>   琼斯在五年内熟悉了他。

> （11）**过程类**
>
>   a. # They walked in the park in half an hour.
>
>   他们半小时内在公园散了步。
>
>   b. # People waiting to buy tickets chatted in half an hour.
>
>   等候买票的人半小时内聊了天。

c. # Jones pushed a supermarket trolley in 90 seconds.

琼斯 90 秒内推了超市购物车。

上述含 *in* 状语测试的句子都使用了一般过去时，这一点很重要，这是因为含 *in* 状语与将来时连用可以修饰任何种类的谓词，会带有"事件开始之前的延搁"这样的解读，如例（12）-（15）所示。这类状语与例（14）中的完结类谓词连用时存在歧义，既可表达事件的实际持续时间，也可表达事件开始前所经过的时间。

（12）**状态类**

　　a. They will be happy in a year.

　　　　他们将会在一年后得到幸福。

　　b. The room will be sunny in an hour.

　　　　这间屋子将会在一小时后充满阳光。

　　c. Jones will know him in five year.

　　　　琼斯将会在五年后熟悉他。

（13）**过程类**

　　a. We will walk in the park in an hour.

　　　　我们将会在一小时后在公园散步。

　　b. They'll chat in a few minutes.

　　　　他们将会在几分钟后聊天。

　　c. Jones will push the supermarket trolley in 90 seconds.

　　　　琼斯将会在 90 秒后推超市购物车。

（14）**完结类**

　　a. He'll eat a meat pie in an hour.

他将会在半小时后吃掉馅饼。/他将用半小时吃掉馅饼。

b. They'll build the barn in two weeks.

他们将会在两周后修建好谷仓。/他们将用两周修好谷仓。

c. Jones will walk to town in 45 minutes.

琼斯将会在 45 分钟后步行到镇上。/琼斯将用 45 分钟步行到镇上。

（15）**达成类**

a. He will recognize her in a minute.

他会在一分钟后认出他。

b. Jones will notice the marks on the wallpaper in a few minutes.

琼斯会在几分钟后注意到墙纸上的污点。

c. Jones will lose his keys in three days.

琼斯会在三天后丢掉钥匙。

还需指出的是，语境可能改变相关谓词的基本情状类型。假设 Fred 和 Hortense 每天都在公园沿一条不变的路径散步，那么，*They walked in the park in half an hour* 则可能被理解为他们在半小时内完成了日常的散步活动。像这样的语用压制解释不反映谓词的基本情状类别。

8.2.2　含 *take* 的时间结构

如下述例（16）所示，含 *take* 的时间结构具有跟含 *in* 状语相似的释义：它选择终结性谓词，表达完结事件的持续过程和达成事件前的时间延搁。

（16）**完结类**

  a. It took 60 seconds for him to eat the pie.

   他花60秒吃了馅饼。

  b. It took two days for them to build the barn.

   他们花两天建了谷仓。

  c. It took 45 minutes for Jones to walk to town.

   琼斯花45分钟走到镇上。

（17）**达成类**

  a. It took a minute for him to recognize her.

   他花了一分钟才认出她。

  b. It took five minutes for Jones to notice the marks on the wallpaper.

   琼斯花了五分钟才注意到墙纸上的污点。

  c. It took three days for Jones to lose his keys.

   琼斯花了三天才弄丢了钥匙。

  尽管 *take* 结构的时间解释与含 *in* 状语大体相同，但在作事件延搁这一解读时，*take* 结构附加了作为事件前奏的预期或努力这样一层意思。比如，（17a）表示在这一分钟内他试图努力记起她是谁，或者说有人正在等待他认出她；（17c）传递了琼斯被预料到会丢掉钥匙的信息。与例（17）相比，由简单时间状语修饰的例（18）则没有上述事件前奏的附加含义。

（18）a. After a few minutes he recognized her.

   几分钟后他认出了她。

  b. Five minutes later John noticed the marks on the wallpaper.

   五分钟后约翰注意到了墙纸上的污点。

c. After three days Jones lost his keys.

三天后琼斯弄丢了钥匙。

这种前奏效果表明 *take* 结构主要与完结类谓词连用。当它用来修饰达成类谓词时，该事件则具有了类似完结事件的结构，被添加了事件到达终点前的某种过程。

与非终结性谓词连用，*take* 结构可以描述事件或过程开始之前消失的时段，如例（19）所示。与达成事件一样，这些句子暗含时间表达所指时段内的意图或期望。这在例（19）中很自然，但在例（20）中则显得不自然。这种差别是否是状态和过程之间的普遍差异还尚未可知。

（19）**状态类**

a. It took two years for the couple to be happy.

这对夫妇花了两年才感到幸福。

b. It took an hour for the room to be sunny.

这间屋子一小时才充满阳光。

c. It took five years for Jones to know him well.

琼斯花了五年才熟悉他。

（20）**过程类**

a. # It took half an hour for them to walk in the park.

他们花了半小时在公园散步。

b. # It took half an hour for people waiting to buy tickets to chat.

等候买票的人花了半小时聊了天。

c. # It took 90 seconds for Jones to push a supermarket trolley.

琼斯花了 90 秒推了超市购物车。

8.2.3　含 *for* 状语

含 *for* 状语表达非终结事件的持续时间。如例（21）-（22）所示：

(21) **状态类**

    a. They were happy for forty years.

       他们的幸福持续了 40 年。

    b. The room was sunny for most of the days.

       房子大部分时间阳光充足。

    c. Jones believed in UFOs for several years.

       琼斯相信有飞碟多年了。

(22) **过程类**

    a. The cast rehearsed for three weeks.

       这个节目组排练了三周。

    b. They strolled about for several hours.

       他们闲逛了好几个小时。

    c. The choir sang for half an hour.

       合唱团唱了半小时。

含 *for* 状语与终结性谓词连用通常被认为不规范，但对有些年轻人来说，终结性谓词与含 *for* 状语之间的这种冲突似乎在减弱，因此例（23a）-（23d）也可以接受。

（23）**完结类**

  a. # He ate the meat pie for half an hour.

   他吃馅饼吃了半小时了。

  b. # They built the barn for two days.

   他们建谷仓建了 2 天了。

  c. # Harry swam the length of the pool for nine seconds.

   哈里从泳池的一端游到另一端游了 90 秒了。

达成类

  d. # They reached the summit for half an hour.

   他们抵达山顶半小时了。

  对于含 *for* 状语的检测，重点是关注其事件持续时间的解读，因为含 *for* 状语在修饰终结性谓词时会有不同的解读。如果谓词是终结性的，含 *for* 状语可以表达事件结果的持续状态，简称为结果状态（result state）。

（24）a. Jones noticed the mark on the wallpaper for a day or so.

   琼斯注意到墙纸上的污点有一两天了。

   （Jones was aware of the mark on the wallpaper for a day or so.）

   琼斯意识到墙上的污点有一两天了。

  b. Ruby flew to Paris for a week.

   拉比飞往巴黎一周了。

   （Ruby intended to stay in Paris for a week.）

   拉比想在巴黎待一周。

  c. Beatrice put the wine in the fridge for an hour.

比阿特丽斯把酒放在冰柜一个小时了。

[The wine was (or was intended to be) in the fridge for an hour.]

[酒被（或将要被）放在冰柜一个小时。]

含 *for* 状语还有一点复杂的地方是，含 *for* 状语修饰的终结性谓词可以被理解为一系列的重复事件。由于一系列的重复事件没有特定的结束点，因此是非终结性的。如果该事件易于重复，终结性谓词通常具有系列的重复事件这层意义。如例（25）：

（25）a. Sally painted the view from her window for five years.

萨莉画窗景画了五年。

b. The gang painted the bridge for ten years.

这伙人漆这座桥漆了十年。

如果某事件不能被同一参与者重复，那么该句子就允许另外一种解读，即一系列事件的参与者发生了改变。模糊的复数论元［如例（26b）中的 *new clues*］是引起系列事件解读的一种形式：吉娜在不同的场合发现不同的线索。物质名词［如（26c）中的 *crabgrass*，引自 Dowty（1979：63）］也引起参与者的改变：该句的意思是指约翰在不同场合发现了不同的杂草。

（26）a. # Gina discovered the clue for months.

吉娜发现这条线索好几个月了。

b. Gina discovered new clues for months.

吉娜发现新线索好几个月了。

c. John discovered crabgrass in his yard for six weeks.

约翰在院子里发现杂草六个星期了。

8.2.4　子时段属性

近期的研究在如何基于子时段（sub-interval）属性来定义终结性上达成了相当的共识。严格地说，子时段属性是对终结性的分析而非分类检测手段。然而，由于对子时段属性的语感通常都很清晰，而且这一定义可用作分类手段，因此，这里包括了这一终结性定义的讨论。该讨论也是后面章节涉及进行体的问题有用的背景知识。

一个终结性事件发生在某一特定的时间段。比如由 *Jones ate a sandwich*（琼斯吃了一个三明治）描写的这个终结性事件，随时间发展而有起点、中间状态和终点。如（27）中图表所示。

（27）

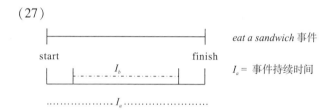

如果我们考虑这一事件从开始到结束的整个时段 I_a，*Jones ate a sandwich* 这个句子准确地描述了包含在该时段内的事件。但假如我们只考虑子时段 I_b：这一时段也包含了一个事件，但不是 *Jones ate a sandwich* 这一事件。该时段包含吃的过程但不含结束点，这个过程是由进行体 *Jones was eating an sandwich* 所指谓的。而 *Jones ate a sandwich* 这一事件必须要包含结束点。

现在再来比较图（28）所示的非终结性事件 *Jones watched TV*（琼斯看电视）。他在某一时间开始看电视，又在某一时间停止。

（28）

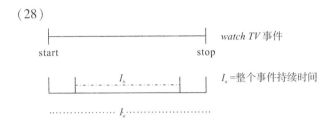

该例中，*Jones watched TV* 准确地描述了子时段 I_b 的全部内容，而且可用于事件持续期间内的任意一个子时段。概括地说，**非终结性事件有子时段属性**，而**终结性事件缺乏子时段属性**。换言之，由终结性谓词描述的事件发生在某一特定时段，而非终结性谓词描述的事件则分布在整个事件的持续期间。（谨记：用同样的形式来检测句子的适合度是极其重要的，也就是说，*Jones watched TV* 的一部分还是 *Jones watched TV*，而 *Jones ate a sandwich* 的一部分则不再是 *Jones ate a sandwich*，仅仅是由进行体 *Jones was eating a sandwich* 指谓的一个过程。）

8.2.5 进行体的蕴涵

涉及进行体的蕴涵时，终结性和非终结性谓词之间有两方面的对比。Kenny（1963）指出了例（29）中的对比：

（29）a. Jones is singing entails Jones has sung.

"琼斯正在唱歌" 蕴涵 "琼斯已经唱了歌"。

b. Jones is building a shed does not entail Jones has built a shed.

"琼斯正在搭建棚屋" 不蕴涵 "琼斯已经搭好了棚屋"。

同一现象形式上略有不同即是所谓的未完成悖论。如例
（30）所示：

（30） a. *Jones was singing* entails *Jones sang.*

"琼斯那时在唱歌" 蕴涵 "琼斯唱了歌"。

b. *Jones was building a shed* does not entail *Jones built a shed.*

"琼斯那时在搭建棚屋" 不蕴涵 "琼斯搭好了棚屋"。

终结性谓词和非终结性谓词之间的这种差异源自它们在子时段属性上的差异，如上一节所提及的。完结类谓词的进行式只指事件的一部分，即到达终点的那个过程。而断定这个过程的发生并不蕴涵这个事件进行到了终点，因而得到（30b）。另一方面，过程类谓词有子时段属性，这类谓词（非进行式的）适用于子事件。*Jones was singing* 指谓唱歌事件内在的一部分，而该事件前面也是唱歌的子事件，因而得到（30a）。

8.2.6 持续性与进行体

有些学者不把达成类谓词看作单独的一类，而是把它与完结类谓词归在一起。怀疑达成类谓词与完结类谓词相同的一个主要原因是达成类谓词与进行体间的相互关系。如果进行体是把一个终结性事件转换成其过程，那么由于达成类谓词不具有过程成分和持续时间，它在进行体中就应该是不规范的。这种预测通过例（31）那样的典型达成类谓词得到证实：

（31） a. # Jones was recognizing the woman when she sneezed.

那位妇女在打喷嚏时琼斯正在注意到她。

b. # Jones was noticing the mark on the wall when the doorbell rang.

门铃响时琼斯正在注意到墙上的污点。

c. # Jones was noticing the mark on the wall for a few microseconds.

琼斯正在注意到墙上的污点几微秒。

d. # Jones was losing his key when I spotted him.

我发现琼斯时他正在丢掉钥匙。

e. # Jones was turning fifty when the clock struck.

时钟敲响时琼斯正到 50 岁。

然而，大量被讨论且已被认可的达成类谓词可以用进行体，如例（32）所示：

（32） a. Jones was winning for the first three laps.

琼斯正在赢得前三圈。

b. Jones was dying for months.

琼斯奄奄一息数月。

c. They are reaching the summit now.

他们正在抵达山顶。

d. Flight 34 is now arriving at Gate 19.

34 次航班正在抵达 19 号登机口。

像 *win*（*the race*），*die*，*reach the summit* 和 *arrive* 等谓词已被归为达成类谓词，因为它们描述瞬时的转变，但跟 *notice*，*realize* 和 *recognize* 等达成类谓词不同，这些谓词有清晰可辨的导致转变的过程。要到达山顶，就必须一步一步地接近它；要赢得比赛，就必须在最后时刻居于领先位置；要抵达就必须要接近目的地；

而在死亡来临之前，则通常会身患绝症或奄奄一息。换言之，*win*，*die*，*reach the summit* 以及 *arrive* 都描述事件的实现，具有完结事件的结构。跟例（31）不同的是，这些谓词都包含了一个可对进行体进行解读的过程。达成类谓词与完结类谓词之间的区别如例（33）所示。例（33a）进行体 *was dying* 指死亡的前奏，一般过去式 *died* 表示实际的死亡事件——这两个不同的事件先后发生。但在例（33b）中，*was building that house* 这一建房过程是由一般过去式 *built it* 指称的整个建房事件的一部分，因此（33b）中的这种事件相继发生的解释不合适。

（33）a. Jones was dying for months and finally died just before Christmas.

琼斯奄奄一息数月，最后终于在圣诞节前死了。

b. #Jones was building that house for months and finally built it just before Christmas.

琼斯在建房子数月，最后终于在圣诞节前建好。

8.3 终结性和有界性

前文曾提到，终结性谓词表达其所述事件的自然终结点。检测终结性谓词和非终结性谓词差别的一个主要方法就是看它们与含 *in* 及含 *for* 状语的结合度：含 *in* 状语表达终结性事件的"规模"，而含 *for* 状语测量非终结性事件的量。这种差别可用例（34）方括号内谓词来说明：

（34）a. Jones［sang madrigals］for two hours.

琼斯唱了两小时情歌。

b. Jones［wrote the report］in an hour.

琼斯在一小时内写了报告。

然而（34a）带来一个有趣的问题：*sang madrigals for two hours* 这一表达的确包括了一个终结点，即两个小时结束的某个时间。那么这一表达是终结性的吗？

有学者建议使用统一的解释，即把 *sing madrigals for two hours* 归为终结性的。然而，还有一些学者认为有必要区分不同类型的边界。本书将采用后一种看法，并保留"终结性"（telicity）这一术语用以表示由动词及其论元表达的自然终结点。动词的论元包括路径短语，因此 *run to the beach*（跑到海滩）这样的谓词是终结性的。

本书将用**有界性**（boundedness）这一术语来表示更宽泛的用任何方法表达的具有终点的属性，与**无界性**（unboundedness）相对。终结性是一种特殊的有界性。有界但非终结性的事件通常是由时段状语修饰的非终结性谓词，如例（35），方括号中为状语。

（35）a. The sun shone［all day］.

太阳整天照着。

b. He saw patients［between ten and three］.

他在早上 10 点到下午 3 点期间看病人。

c. He will eat macaroons［until someone stops him］.

他将一直吃杏仁饼干直到有人制止他。

8.4　单动作类谓词

　　单动作类谓词（如 *kick*，*pat*，*punch*，*flash* 等）很难根据常见的测试方法加以分类，特别是基于终结性这一术语。有学者认为可以把单动作谓词归入达成类谓词，表示点状事件，因为典型的单动作动词表示短暂的事件。然而，不同于达成类谓词的是，单动作谓词用含 *in* 状语修饰并不普遍，如例（36）所示。如果强加一个语义，那它也更倾向于表示事件发生前的时间延搁，而非事件的持续时间。（36a）中，"一会儿"貌似是事件的长度。但即便如此，句子仍不规范。

　　（36）**单动作动词**

　　　　a. # Jones rapped the table in a moment.
　　　　　 琼斯一会儿敲了桌子。

　　　　b. # Jones blinked in a minute.
　　　　　 琼斯一分钟内眨了眼。

　　　　c. # Jones coughed in an hour.
　　　　　 琼斯在一小时内咳嗽了。

　　　　d. # The light flashed in ten minutes.
　　　　　 灯在十分钟内闪了。

这些例子与例（37）中的达成类谓词形成对比，其中含 *in* 状语表达事件发生前的时间延搁。

　　（37）a. The truck arrived in about an hour.
　　　　　 卡车大约一小时后到了。

　　　　b. They reached the summit in a day.

他们一天后到达了山顶。

c. He noticed the difference in a few seconds.

他几秒钟后注意到了差别。

另一方面，单动作类谓词与含 *for* 状语通常是合适的，但带有一系列重复事件的语义，是一种过程，具有非终结性。由于带含 *for* 状语的达成类谓词和完结类谓词也具有系列事件的语义解读［见上述例（25）-（26）］，所以这种检测方法没法清楚地说明单动作类谓词的终结性或非终结性。

（38） a. Jones rapped the table for a minute.

琼斯敲了一分钟桌子。

b. Jones blinked for a minute.

琼斯眨了一分钟眼。

c. Jones coughed for an hour.

琼斯咳嗽了一小时。

d. The light flashed for ten minutes.

灯光闪了十分钟。

进行体中的单动作类谓词通常也带有重复之义，因此 *Jones was rapping the table* 就意味着琼斯处于重复敲打桌子的过程中。（可以构建一个"定格情节"的场景，该场景中 *Jones was rapping the table* 描述影片中一个单独敲击动作的一个中间点。）因为进行体把单动作谓词转换成了一个过程，所以它们在进行体的蕴涵是那些典型的非终结性谓词所具有的：

（39） a. Jones is rapping the table entails Jones has rapped the table.

> "琼斯正在在敲桌子"蕴涵"琼斯已经敲了桌子"。

> b. Jones was rapping the table entails Jones rapped the table.

> "琼斯那时在敲桌子"蕴涵"琼斯敲了桌子"。

单动作谓语与达成类谓词的主要区别在于，典型的单动作事件不会产生特定的结果——事实上，单动作谓词的"完整周期的可重复性"属性体现在从事件结尾回归到事件起始状态以备重复。与之对照，典型的达成类事件则表示某一状态的开始，但这一状态在相关事件发生前并不存在。简而言之，单动作谓词不具有结果状态，而达成类谓词则具有结果状态。

在情状类别常见的四分体系中，尤其是在将事件分为终结性事件和非终结性事件的二分体系中，单动作谓词会造成问题。尽管就单动作谓词如何分类尚未达成一致，本书认为，一个可行办法是把它们看成是有界的（bounded）但不具终结性。

8.5　情状类别与施事性

某些语境需要一个谓词来指称某一事件涉及的**施事**（agent）——即具有控制力或意愿的行为者。比如，*Jones* 是 *Jones cunningly hid the keys*（琼斯狡黠地藏了钥匙）中的施事者（施事性将在第 10 章详细讨论）。尽管施事性不是体的问题，而是论元结构的问题，但施事性与情状类别似乎并不是完全不相关。事实上，施事性的标志与情状类别相联系，以致于本来是对施事性的检测方法却长期以来被看做对情状类别的检测方法。这里回顾一下施事性与情状类别间相互关系的主要检测方法。

完结类谓词和过程类谓词可出现在 *persuade*（劝服）的补语位

置，但达成类谓词和状态类谓词不可以。如例（40）–（43）所示：

（40）**完结类**

    a. Jones persuaded him to [eat the pie].

        琼斯说服他吃馅饼。

    b. They persuaded Jones to [build a barn].

        他们说服琼斯修建谷仓。

    c. Jones persuaded Mike to [walk to town].

        琼斯说服迈克步行到镇上。

（41）**过程类**

    a. Jones persuaded Tina to [walk in the park].

        琼斯说服蒂娜到公园散步。

    b. Jones persuaded the group members to [chat].

        琼斯说服组员们聊天。

    c. Dino persuaded Jones to [push a supermarket trolley].

        迪诺说服琼斯推超市购物车。

（42）**状态类**

    a. # Jones persuaded the couple to [be happy].

        琼斯说服了这对夫妇快乐。

    b. # Lucas persuaded Jones to [understand chaos theory].

        卢卡斯说服了琼斯理解混沌理论。

    c. # Jones was persuaded to [hear the trucks coming].

        琼斯被说服听到卡车来了。

（43）**达成类**

    a. # Jones was persuaded to [notice the mark on the wall].

        琼斯被说服注意到墙上的污点。

b. # Jones was persuaded to [recognize the woman in the
   doorway].

琼斯被说服认出过道里的女人。

c. # Jones was persuaded to [turn fifty].

琼斯被说服变成50岁。

完结类谓词和过程类谓词可用 *carefully*（细心地）或 *deliberately*（从容地）这样的副词修饰，但达成类谓词和状态类谓词不可以。如例（44）－（47）所示：

（44）**完结类**

a. Jones deliberately ate the pie.

琼斯从容地吃了馅饼。

b. Jones built the barn carefully.

琼斯精心地修建了谷仓。

c. Mike deliberately walked to town.

迈克从容地步行到了镇上。

（45）**过程类**

a. Tina deliberately walked in the park.

蒂娜从容地走到公园。

b. The group members chatted conscientiously.

组员们小心翼翼地聊天。

c. Jones conscientiously pushed the supermarket trolley.

琼斯小心翼翼地推超市购物车。

（46）**状态类**

a. # The couple were happy deliberately.

这对夫妇从容地快乐。

b. # Jones deliberately understood chaos theory.

琼斯从容地理解混沌理论。

c. # Jones carefully heard the trucks coming.

琼斯细心地听到卡车来了。

（47）**达成类**

a. # Jones deliberately noticed the mark on the wall.

琼斯从容地注意到墙上的污点。

b. # Jones carefully recognized the woman in the doorway.

琼斯细心地认出了过道里的女人。

c. # Jones conscientiously turned fifty.

琼斯勤勤恳恳变成了 50 岁。

完结类谓词和过程类谓词可用在祈使语气中，但达成类谓词和状态类谓词不可以，如例（48）-（51）所示：

（48）**完结类**

a. Eat the pie!

吃馅饼!

b. Build a barn!

建谷仓!

c. Walk to town!

走到镇上!

（49）**过程类**

a. Walk in the park!

到公园散步!

b. Chat among yourselves!

互相聊天！

c. Push the trolley!

推购物车！

（50）**状态类**

a. # Be happy!

快乐！

b. # Understand chaos theory!

理解混沌理论！

c. # Hear the trucks coming!

听到卡车来！

（51）**达成类**

a. # Notice the mark on the wall!

注意到墙上的污点！

b. # Recognize the woman in the doorway!

认出过道的那个女人！

c. # Turn fifty!

变成 50 岁！

例（50a）中的祈使语气可以作为祝福，但不是命令，类似 *May you be happy*（祝你幸福）。“be + adj”形式的祈使句如果被解释为含有所谓的“施事性 *be*”，则也常常是规范的，如例（52）所示：

（52）a. Be good!

好点儿！

b. Be quiet!

安静！

c. Don't be stupid!

别犯傻了！

d. Be nice!

友好点儿！

这些都不是命令使其处于某一状态或具备某种属性，而是命令使其表现出某种行为举止。施事性 *be* 指称行为举止，实际上是过程谓词。

最后，在 *what x did* 构式中，只有施事性谓词才是合适的。如例（53）-（56）所示：

（53）**完结类**

a. What Jones did was eat the pie.

琼斯做的事就是吃馅饼。

b. What Jones did was build a barn.

琼斯做的事就是建谷仓。

c. What Mike did was walk to town.

迈克做的事就是步行到镇上。

（54）**过程类**

a. What Tina did was walk in the park.

蒂娜做的事就是走进公园。

b. What the group members did was chat among themselves.

组员们做的事就是彼此聊天。

c. What Jones did was push a supermarket trolley.

琼斯做的事就是推一部超市购物车。

（55） **状态类**

    a. # What the couple did was be happy / be rich.

       这对夫妇做的事就是快乐/富有。

    b. # What Jones did was understand chaos theory.

       琼斯做的事就是理解混沌理论。

    c. # What Jones did was hear the trucks coming.

       琼斯做的事就是听到卡车来。

（56） **达成类**

    a. # What Jones did was notice the mark on the wall.

       琼斯做的事是注意到墙上的污点。

    b. # What Jones did was recognize the woman in the doorway.

       琼斯做的事是认出过道的女人。

    c. # What Jones did was turn fifty.

       琼斯做的事是变成 50 岁。

总结一下，完结类和过程类谓词可能是施事的，而状态类和达成类谓词即便带有表人的主语，也是非施事的。特别是像 *recognize*，*notice*，*realize* 这样的达成类谓词，是不受我们控制、无需经过努力或有意为之就会发生的心理事件。

本节最后一点涉及**静态谓词**（即表状态的谓词）的早期研究，这些研究是独立于一般的情状类别研究的。Lakoff（1965）识别出静态谓词以及大量针对静态性的语言检测方法，包括上述许多实际上是识别施事性的方法。这些检测方法之间互有交叉，因为正如我们所看到的，状态是非施事性的。Lakoff 也观察到状态谓词不带进行式。如例（57）所示，与进行式的不相容是状态谓词的特征。

（57） a. # Jones is knowing French.

琼斯正在知道法语。

b. # This box is containing all my worldly goods.

这个箱子正装着我所有的财富。

c. # Jones is being in Frankfurt.

琼斯正在法兰克福。

d. # They are having three children.

他们正在有三个孩子。

e. # Brigitte is being taller than Danny.

布莱吉特正在比丹尼高。

然而，Dowty（1979：173 - 180）指出，许多状态谓词可以用于进行时，这种情况下，状态被理解为相对短暂和临时。在下例（58）-（60）中，（b）句的进行时意味着比（a）句更短暂的状态。在例（60）中，（b）句除非被理解为约翰的房子正在重建而且暂时处于这种状态，否则会显得很奇怪。

（58） a. We live in London.

我们在伦敦居住。

b. We are living in London.

我们正在伦敦居住。

（59） a. The statue stands in the south quadrangle.

雕像矗立在南面的四合院里。

b. The statue is standing in the south quadrangle.

雕像正矗立在南面的四合院里。

（60） a. John's house sits at the top of a hill.

约翰的房子坐落在山顶。

b. John's house is sitting at the top of a hill.

约翰的房子正坐落在山顶。

8.6　名词体与动词体

Mourelatos（1978）观察到终结性谓词是可数的，如同可数名词（a *dog*，three *dogs*），而非终结性谓词跟物质名词相似，指称不可数但可度量的"事物"（比如"some *mustard*"/一些芥末，"a sack of *seaweed*"/一包海草）等。

Mourelatos 的例子包括（61）–（62）中的这些：

（61）**终结与可数**

　　a. Vesuvius erupted three times. 维苏威火山喷发了三次。↔There were three eruptions of Vesuvius. 维苏威火山有过三次喷发。

　　b. Mary capsized the boat. 玛丽弄翻了船。↔There was a capsizing of the boat by Mary. 玛丽有过一次弄翻船的经历。

（62）**非终结与不可数/物质**

　　a. John pushed the cart for hours. 约翰推了好几个小时手推车。

　　　For hours there was a pushing of the cart by John. 约翰有过好几个小时推手推车的经历。

　　b. Jones was painting the Nativity. 琼斯那时在画耶稣诞生的故事。/ There was painting of the Nativity by Jones. 琼斯有画耶稣诞生故事的经历。

　　　（比较："There was four hours of Nativity-painting". 有画四小时耶稣诞生故事的经历。）

这一观察的明显例外就是单动作类动词（见8.4节），这些动词的特征是可数的（*kick the door three times / give the door three kicks*），但不是终结性的（# *kick the door in a moment*）。单动作类谓词在早期对情状类别的讨论中普遍没有受到关注。如果不考虑单动作类谓词，终结/可数与非终结/物质之间的对应关系还是被广泛接受的。

非终结谓词当中，有两类也对应着名词的差别。上述例子中例（25）-（26）及（38）表明了这一点——如果一个可数的事件谓词指称一系列重复的事件，那么整个的语义解读就是一个非终结性的过程。比如 *People arrived for a couple of hours*（人们到了几个小时）这个句子指称一个由单个抵达事件组成的涵盖了这几个小时的复数事件。相应地，在名词领域，一个复数名词短语（*leaves*, *little bits of paper*）与物质名词相似，与度量短语兼容，如（63a），这与（63b）中的单数可数名词形成对照。

（63） a. a pound of flour, a pound of peas, a pound of cashews, …

一磅面粉，一磅豌豆，一磅腰果，……

b. # three cubic metres of table, a pint of saucepan, …

三立方米桌子，一品脱汤锅，……

有些物质名词指某种由个体组成的物质，或聚集类物质（aggregate），如（64a）。这类名词中有少部分具有相应的复数形式，指相同（或相似）的事物，如（64b）：

（64） a. corn (consists of kernels); rice (consists of grains); hair (cf. French plural *cheveux*), …

玉米（包括玉米粒）；稻米（包括谷粒）；头发

（比较法语的复数形式 cheveus）

　　b．　gravel/pebbles; poetry/poems; cattle/cows

　　　　石/石子；诗歌/诗；牲口/牛

　　聚集类物质也出现在 *hammer*（捶打）和 *pound*（敲击）这类谓词所述事件中表示模糊的复数敲击过程。

　　上述三类平行关系可概括如下：

（65）

	可数 + 数	物质 + 度量	聚集 + 度量
名词	three cups （三个杯子）	a litre of milk （一升牛奶）	a bucket of pebbles （一桶卵石）
动词	paint the wall three times （刷了三次墙）	sleep for three hours （睡了三小时）	pound the herbs for two minutes （捣了两分钟草药）

8.7　结语

　　事件谓词在体方面的差异首次引起哲学家的注意是由于动词的时体与不同类型谓词结合时具有不同的解读。举例来说，如前所见（8.2.6 节），进行体改变了一些达成类谓词的意义及情状类别，使其指称一个要达成的实际事件的过程，而非事件本身〔例如，*Jones was dying*（前奏）*for months and finally died*（达成）*before Christmas*〕。进行体对任何其他类型的谓词都不具有这种影响。差别还表现在不同的时态上，比如，一般现在时（*She wears red*; *He walks to work*）对大多数谓词来说都表示习惯性动作，但是对一些状态类谓词来说，却是"此刻"的意义（*I smell smoke*; *Do you hear that?*）。受到这些及其他情状类别的影响，对时体做出一致的形式分析的任务就显得极其复杂。因此，如第9章将会看到的那样，在时体的形式分析中，事件或事件谓词的情状分类一直是备受关注的话题。

然而，情状类别本身排斥精确的逻辑分析，因此在以逻辑为基础的语义表征中还没有一个普遍接受的表征情状类别所有特征的方法。或许这里所介绍的四种类别在理论上并不重要，而主要是识别情状特征结合方式的方便手段。重要的是有界/无界、终结/非终结、持续/非持续以及动态/静止这些分类特征。

练 习

情状类别

（1）★

运用 8.2 节的语言检测方法，尝试将下列句子中方括号内的谓词按完结类、达成类、状态类、过程类或单动作类事件归类，并判断其单复数。标明这些谓词的特征值（±有界，±持续，±动态，±终结）。

a. The door [creaked open].

b. Sam [got the joke] about three minutes later.

c. Jerry [is a great talker].

d. Elsa [chewed her way through half a goat].

e. Liam [picked at his food].

f. The cheese [was rancid].

g. James [read some of his strange poems].

h. A soft light [shone on the hills].

（2）★★

按照练习（1）的要求，识别句中作为基本谓词的相关部分。

a. Max drew his pistol.

b. Donald heated the solution.

c. Donald heated the solution to 70 degrees.

d. Donald heated the solution for five minutes.

e. Tim doodled on the tablecloth listlessly.

f. A strange mushroom appeared on the lawn.

g. Strange mushrooms appeared on the lawn overnight.

h. Liam talked himself into a rage over the building consent.

（3）★★

按照练习（2）的要求完成以下题目。

a. A shabby warehouse complex came into view.

b. Anna was cracking nuts.

c. Anna cracked nuts with a hammer.

d. Anna cracked the nuts with a hammer.

e. Macbeth became king.

f. Jones won the election.

g. People moved away.

h. The sun set.

（4）★★★（建议讨论）

以下句子中的谓词表达了主语所指称的实体发生了状态变化。这些谓词组成了一类特别的情状类别。将情状类别的检测方法应用到这些句子中判断 *cool*，*increase* 这类谓词的特征。

a. The solution cooled.

b. The price of gold increased.

含 for 状语

(5) ★★ （建议讨论）

思考以下例子中的含 *for* 状语。这些状语修饰的是什么时段？是哪类事件占用了该时段？有些句子无法给出有意义的解读（没有标示出判断结果）。哪些是不合常规的句子？为什么这些句子中的含 *for* 状语会不合常规？

a. Jones found his keys for ten minutes.

b. Jones discovered new recipes for years.

c. Jones discovered the joy of cooking for years.

d. Jones thumped the TV for hours.

e. Jones walked to the corner for several hours.

f. Jones photographed the view for years.

g. Jones solved the mystery for weeks.

h. Jones turned the corner for 30 seconds.

时间状语

(6) ★★★

导言：

有些时间状语可以分析为全称量化。该量化作用于一个非终结性事件所占用的所述时段的每一部分。例如：

Jones slept for three hours.（琼斯睡了三个小时。）

| ttttttttttttttttttttttttttttttttttttttttt |

| ......three-hour interval = I...... |

假设整个时段是由变量 t 代表的时点或时段构成的，那么该事件所占时段就可以表示为：

$$\forall t \ (\ IN\ (t,\ I) \to SLEEP\ (j)\ at\ t)$$

有些带终结性谓词的时间状语则表达存在量化：

Jones arrived on Monday. （琼斯星期一到了。）

| ttttttttttttttttttttttttttttttttttttttt |

| ......Monday = I...... |

本句中，琼斯的抵达没有占用星期一的全部时间，而是占用了当中的某一点。这一事件可以分析为：

$$\exists t \ (\ IN\ (t,\ I)\ \&\ ARRIVE(j)\ at\ t)$$

将下列状语跟（a）-（c）中要检测的谓词进行匹配，每个状语各是什么类型？仿照导言中的例子，给出由状语修饰的（a）-（c）的形式表达。

For a week, on Monday, since three o'clock, last week, until midnight, during the film, in May, all day, at night.

a. The radiator rumbled. / The radiator will rumble.
b. The radiator broke down. / The radiator will break down.
c. The radiator exploded. / The radiator will explode.

延伸阅读

研究情状类别的主要著作是 Ryle（1949：第 5 章）、Kenny（1963：第 8 章）和 Vendler（1967：第 4 章）。Ryle 讨论了达成

动词的非施动特征，将其称为"幸运"达成动词。Kenny 提出状态、活动和事件的三分检测方法。Vendler 使用了本章回顾的四种情状类别（及其名称）。这些内容都比较易读。

Van Voorst（1992）使用大量语料，按照标准的检测方法讨论了心理动词的情状分类。

Jackendoff（1991）提出概念结构成分的分析方法，成为讨论物体及事件中都存在的有界性与复数的基础（参看 8.6 节"名词体与动词体"）。讨论清晰并有大量实例。

9 时和体

9.1 引言

时（tense）和体（aspect）都传达所述事件（event）或事态（state of affairs）的时间信息。时是在时间轴上确定整个事件或情状的位置，有过去、现在或将来几种形式。

(1)

$$\text{过去} \qquad \text{说话时间} = \text{现在} \qquad \text{将来}$$

体有两种表现形式（尽管互有交叉），一种是词汇体（lexical aspect）或叫谓词体（predicate aspect），另一种是语法体（morphological aspect）或叫视角体（viewpoint aspect）。词汇体或谓词体（见第 8 章）是无曲折变化谓词的一种属性，如 *realize the truth*，*believe in fairies* 和 *blink*。它们描述的是事件或事态在时间纬度上的不同。这里，我们讨论动词语法形态所表现的语法体。与时不同，体不是在时间轴上确定某个事件的位置，并与一个独立的时态表达形式相结合。体似乎可以看成是对某个事件或事态从内部（"进行中"）或从外部（"作为一个整体"）进行的表述。在进一步讨论语义分析之前，下面两节对英语动词的一些时体形式，以及这些形式的各种语义解读进行描述和回顾。

9.2　英语动词组

英语动词组可包括主要动词、情态动词以及助动词 *have* 和 *be* 的各种形式。例（2）的动词组包含所有这些成分。

(2) On the original timetable for this project, by this time the reports *would have been being printed.*

按原计划，这个项目的报告应该已经被打印出来了。

例（2）说明了不同动词通常出现的先后顺序，也说明了助动词 *have* 和两个助动词 *be* 如何影响紧随其后的动词的形式。

(3)

WOULD	HAVE	BEEN	BEING	PRINTED
modal	perfective	progressive	passive	main verb
情态	完成	进行	被动	主要动词
will +	*have*	*be* + *-en*	*be* + *-ing*	*print* + *-en*
过去时	(+ *-en*→)	(+ *-en*→)	(+ *-ing*→)	

位于情态动词后的动词采用词根形式。

完成体 *have* 之后的动词是过去分词（past participle），即动词的 *-en* 形式。虽然 *-en* 是所有过去分词的表达形式，但实际形式可能会有所不同，如（4）所示：

(4) *be* + *en*　　　we have *been*

　　 go + *en*　　　we have *gone*

　　 look + *en*　　we have *looked*

break + *en*　　day has *broken*

sing + *en*　　we have *sung*

进行体 *be* 之后的动词总是-*ing* 形式，即现在分词（present participle）。

在任何动词组中，形式上时态只标记一次，并且总是出现在该词组的第一个动词上。英语只有两种时态表达形式：现在和过去。虽然常用 *will* 表达将来时间，但 *will* 是情态动词，不是时态表达形式。在上面例（3）中，只有情态动词 *would* 是 *will* 的过去时态，其他动词形式都没有时态标记。（5）中列出了情态动词的两种不同时态形式：

（5）现在 *will*　　*can*　　*shall*　　*may*　　*must*

　　过去 *would*　*could*　*should*　*might*　　 –

以下是动词组各独立组成部分与两种时态以及 *will* 将来的组合情况：

（6）**主要动词，主动语态**

　　　现在时　*June laughs*

　　　过去时　*June laughed*

　　　will 将来　*June will laugh*

　　被动语态

　　　现在时　*The dogs are fed every day*

　　　过去时　*The dogs were fed everyday*

　　　will 将来　*The dogs will be fed everyday*

进行体

现在时 *June is laughing*

过去时 *June was laughing*

will 将来 *June will be laughing*

完成体

现在时 *June has laughed*

过去时 *June had laughed*

will 将来时 *June will have laughed*

被动语态以被动形式 *be* 和过去分词为标志，与之相对的是主动语态，后者是更基本的句式。主动句作主语的 NP，在被动句中要么省略，要么出现在可有可无的 *by* 短语中；主动句作宾语的 NP，则出现在被动句的主语位置。语态与时体不同：语态会影响动词的论元结构（argument structure）（见第 2 章和第 10 章），而且其解读与时间无关。

下一章节描述完成体和进行体的意义。

9.3 现在、过去、进行和完成的解读

9.3.1 现在时的语义

现在时的各种形式，根据动词所述事件（eventuality）的分类具有不同的语义（见第 8 章关于事件类型的具体讨论）。本节主要讨论事件和状态间的差异。

状态（states）包括心理状态，如相信、知道、身处位置、永久特性，以及看见和听见等感知状态（perceptual states）。描述状态的动词，现在时有"现在时间"的解读。

（7） a. I *see* the trucks coming.

我看到卡车开过来了。

b. Listen! I *hear* voices.

听！我听到声音了。

c. He *believes* this rubbish.

他相信这废话。

d. She *knows* where we are.

她知道我们在哪儿。

e. All those cupboards *contain* expensive equipment.

这些柜子里都装有贵重的设备。

f. The house *stands* on a bluff overlooking the upper harbor.

这个房间坐落在悬崖上俯瞰港口。

g. Koalas live on eucalyptus shoots and leaves.

树袋熊靠桉树枝叶为生。

至于现在时所涉及的现在时间是什么本身并不明确，而是取决于动词。例如（7a，b）有"此刻"（right now）的解读，而（7e，f）则具有包括说话时间在内稍长时间的解读。（7g）属于类指句（generic statement），通常语义上不受时间限制，但类指句有时也可能受时间限制。例如，*The dodo was flightless*（渡渡鸟不能飞），虽是类指句，但却可以用过去时表达。

事件（events）指状态以外的各种事，包括活动。事件动词用现在时通常理解为一种习惯。习惯的解读不仅表示习惯，还表示任何有规律的重复活动。如（8）所示：

（8） a. Heath *bikes* to work.

Heath 骑车去上班。

b. Barry *feeds* the dogs.

Barry 喂狗。

c. She *writes* with a fountain pen.

她用圆珠笔写字

d. She *eats* peas but she won't eat silver beet.

她吃豌豆但不吃牛皮菜。

表习惯的现在时（the present habitual）并非描述发生在说话时间的事件——例如，（8a）并不表示说话时 Heath 在自行车上。

对于某些预先决定的事件，一般现在时（the simple present）也可以表示将来时间。如（9）：

（9）The sun *sets* tomorrow at 6：30.

太阳明天六点半落下。

I *leave* for Wellington this afternoon.

我今天下午出发去惠灵顿。

是什么决定了现在时的这种用法还不清楚，但是这个事件似乎要么是一些既定安排的结果，要么是确定的自然事件。但确定要发生的事件不足以使现在时具有将来时间的解读。例如，假设正在进行一场象棋锦标赛，预赛时有许多选手弃权。结果水平最差的一位选手没有经过任何比赛就进入了半决赛，并且明天将与五届卫冕冠军 Sonja 对决。结果似乎可以肯定，明天 Sonja 将赢得比赛，但却不能用现在时来做此预测：

（10）a. #Sonja wins tomorrow.

Sonja 明天赢得比赛。

b. Sonja will win tomorrow.

Sonja 明天会赢得比赛。

Sonja 肯定会赢得比赛可以用（10b）来预测，但（10a）却暗示这场比赛已经被操纵。

带有动作动词的现在时，在评论节目中如体育节目或烹饪节目，表示一个当下的事件。

（11）a. Pitama *passes* to Haggerdoorn, Haggerdoorn *passes* to Jones, and he nearly *misses*——

Pitama 把球传给 Haggerdoorn，Haggerdoorn 传给 Jones，他差点没有接到……

b. Now I just *add* a few drops of water and *beat* the eggs…

现在，我加几滴水，然后调鸡蛋……

一般现在时的这种用法或许与其表示习惯的用法有关，因为在评论环境下，现在时所描述的事件如果不是常规活动的正常组成部分的话，它在此语境下显得别扭，如（12a，b）中的游戏和食谱。（12a，b）中斜体的动词如果换成（12c，d）的进行时会更自然。

（12）a. ? …now the crowd *moves* onto the field…

……现在人群移上球场……

b. ? …and I stir the sauce continually while it thickens, and it *sticks* a little so I *take* it off the heat for a moment.

……一直搅拌至调味汁变稠，有点粘锅，所以我把它从火上拿开一会儿。

c. …now the crowd is moving onto the field.

······现在人群在移上球场······

d. …it's sticking a little so I'm taking off the heat…

······有点粘锅，所以我把它从火上拿下来······

最后，现在时还有一种用法称为叙述现在时（narrative present）或历史现在时（historic present），用来表示一个过去的时间。如（13）：

（13）So just last week *I'm going* down Cashel St and this guy *comes* up to me…

就在上周我正沿 Cashel 街向下走，这家伙向我走来······

9.3.2 过去时的语义

过去时最基本的用法是表示过去的时间。如（14）：

（14） a. Barry *fed* the dogs（yesterday）.

Barry 喂了狗（昨天）。

b. In those days I *could* eat anything.

（cf. These days I can eat anything.）

那时候，什么我都能吃。

过去时也可以表示条件，如（15）。在条件句中，过去时还可以表示将来的时间。

（15）About next week—if we *left* early we *could* see the movie.

大概下周——如果我们离开早，我们能去看那部电影。

现在时 *may* 和过去时 *might* 之间的差别也可以用来表示不同的情态，如 5.1.2 节提到的，尽管这种差别似乎正在减弱。（16）中的例句很好地说明了这种差别：

（16）a. She may have fallen the cliff-we're still waiting for the rescue team's report.

她可能已经跌下悬崖了——我们还在等救援队的报告。

b. She might have fallen down the cliff-thank goodness the safety hamess held.

她很可能就跌下悬崖了——谢天谢地安全带栓住了。

9.3.3 其他表示将来和习惯的形式

以下例句中的动词形式是表达其他语义时态的惯用方式：

（17）现在进行时表示将来

She *is leaving* tomorrow.

她明天出发。

（18）*be going to* 表示将来

She *is going to leave* tomorrow.

她将明天出发。

（19）习语 *used to* 表示过去的习惯

He *used to paint watercolours* years ago.

他几年前画水彩

综上所述，现在时和过去时并非总是与其所对应的语义时态一致。过去时通常表示过去的时间，但也可以表示条件性。现在时有一系列的解释，并以不同形式与过去、现在和将来时间相兼容。

9.3.4 进行时的语义

叶斯柏森（Jespersen，1932：178－80）把进行时描写为一个时间框架（temporal frame）是对进行时的经典解读：进行式所传达的事件或情状的时间是包含另一个时间的时间框架。换句话说，进行时将我们带入到所述事件的发展进程中。例（20）－（22）是每种时态进行式与非进行式的对比：

(20) a. Alice *reads* the Mail.

　　　Alice 读邮报。

　　b. Alice *is reading* the Mail.

　　　Alice 在读邮报。

(21) a. When you arrive John *will make* coffee.

　　　你到的时候，John 会煮咖啡。

　　b. When you arrive John *will be making* coffee.

　　　你到的时候，John 会在煮咖啡。

(22) a. When Alice arrived John *made* coffee.

　　　Alice 到的时候，John 煮了咖啡。

　　b. When Alice arrived John *was making* coffee.

　　　Alice 到的时候，John 在煮咖啡。

（20a）与上例（8）一样表示习惯。（20b）中的进行时有"此刻"的意思，即读报时间是围绕说话时间的一个时间框架。

在（21b）和（22b）中，*make coffee* 的进行时表示煮咖啡事件的时间是到达时间的一个框架。换言之，进行时将我们带入煮咖啡事件的进程中。相反，（21a）和（22a）则表示对一系列事件的报道，其中煮咖啡事件发生在到达之后。这些解释如（23）图表所示：

（23）

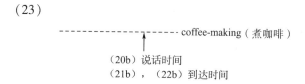

时间框架是事件动词进行时的典型解释。有些状态动词根本没有进行时，如8.5节末所讨论的。但是，许多状态动词，其进行式可以表示状态的短暂或临时。这些都在（24）中有所体现：（24a）不合语法，而（24c）与（24b）相比，表示事态相对短暂或临时。

（24） a. #Jones is owning an old Jaguar.

Jones 在拥有一辆老捷豹车。

b. We live in London.

我们住在伦敦。

c. We are living in London.

我们正在伦敦。

9.3.5　现在完成时的语义

英语现在完成时是语义最为复杂的动词形式之一，是备受争议的话题。近期的讨论主要集中在现在完成时复杂的时间参照

（time reference）上，因为它似乎同时跨越过去和现在。现在完成时的另一特征是，它通常指一个无法从上下文得知的不确定的事件时间——这一点将在9.5节中再讨论。

现在时间状语（Present time adverbials）

尽管带有事件谓词的现在完成时表述一个过去发生的事件，但它却需要表示现在的时间或时段的时间状语，不能与像 *yesterday* 这样表示过去的时间状语搭配。如（25）中所示，像 *today*，*this week* 和 *since Wednesday* 这样的时间状语表达一个时段，包括事件发生的时间和说话时间。

（25） a. Have you read the paper today/ this week?

你今天/这周读了那篇文章吗？

b. #Have you read the paper yesterday/ last week?

你昨天/上周读了那篇文章吗？

（26） a. Jones has sold three condos since Wednesday.

Jones 自周三以来已经卖了三套公寓了。

b. #Jones has sold three condos last week.

Jones 上周已经卖了三套公寓了。

（27） a. The mail arrived an hour ago.

这封信件一小时前到的。

b. #The mail has arrived an hour ago.

这封信件一小时前已经到了。

当前结果状态（Current result states）

完成时用以报道一个过去的事件，并且该事件造成的事态还在持续，如（28）所示，这就是所谓结果状态解读（result state reading），也涉及一个跨越过去和现在的时间段。这就是通常所谓的现在完成时的现在相关性（present relevance）：一个过去的事件与现在相关，因为过去事件造成的后果仍然有效。在这些例句中，事件所引起的状态比事件本身更重要。

(28) a. Jill won't need that checkout job, she has won the lottery.

Jill 不需要那个收银的工作了，她中了彩票。

（Jill 现在很有钱。）

b. Henry can't dance the pas seul, he has pulled a tendon.

Henry 不能跳独舞了，他拉伤了肌腱。

（Henry 现在受伤了。）

c. Kane has broken into our files, so we'll have to whack him.

Kane 偷了我们的档案，所以我们必须收拾他。

（Kane 现在知道我们的秘密了。）

像（28）这样典型的结果状态解读的例句，起因事件被认定是新近发生的，但更多的例子显示，这些事件的新近性是由语用引发的。一个结果状态译释产生的状态可以用较为概括性的语言描述为所述事件发生后的状态。例如在（28b）中，结果状态即是 Henry 拉伤肌腱事件发生后的状态。这种状态会无限地持续下去。从 Henry 拉伤肌腱所持续的状态看，我们在不同时间可以推论出不同的结果。就例句的语境而言，我们可以推论伤势尚未痊愈，所以事件是新近发生的，并且我们处于事件发生后较早的阶段。

但是从 Henry 拉伤肌腱的持续状态看，我们也可以推论出 Henry 知道拉伤肌腱后疼痛的状况，这一结果与受伤本身不同，会持续下去。因此，如果我们说 *Henry has pulled a tendon，he knows what it feels like*（Henry 拉伤了肌腱，他知道拉伤的滋味。），那么就不能推论出受伤事件是新近发生的。

I have seen your dog（我看到过你的狗）这句话也具有相同的效果。假如狗的主人正在寻找一只走丢的狗，有人说"我看到过你的狗"，则意味着他大致知道狗的位置。这里的推论是看见狗这一事件发生在最近。但如果狗的主人正在试图描述狗的外形，是稀有品种，那么说话人的意思是他知道这只狗长什么样子，且在过去任何时候看到过这只狗都是有意义的。在上述两种情况中，狗被说话人看见的状态是相同的，尽管结果会因情况不同而发生变化。

另外一点也很有趣，即句子的主语必须使结果状态成立。Chomsky 曾指出著名的（29a）和（29b）之间的差别：

(29) a. ?? Einstein has visited Princeton.
　　　 爱因斯坦参观过普林斯顿大学了。

　　 b. Princeton has been visited by Einstein.
　　　 普林斯顿大学被爱因斯坦参观过了。

例句（29a）相对有些奇怪，因为参观过普林斯顿大学这一结果是作为 Einstein 的谓语，而 Einstein 已经过世了。相反，普林斯顿大学仍然存在，并且仍然拥有被参观过的属性，因此，（29b）更恰当。

"最新消息"完成时（"Hot news" perfect）

所谓的"最新消息"完成时也表现出新近事件的效果，如（30）-（31）所示：

(30) a. Russia has invaded Poland.

苏联已入侵波兰。

b. Krakatoa has blown up.

喀拉喀托火山已爆发。

(31) a. Jones has had an accident.

Jones 出了事故。

b. The big tree has fallen over.

大树已倒了。

最新消息完成时被认为适合于报道最近的新闻以及与当前有关的内容。（31）中的例句通常解读为对新近事件的报道，但（30）中的例句如果从当下视角解读就有些奇怪，因为它们报道的是遥远的历史事件。"最新消息"效果与带有结果状态解释的新近事件效果没有不同，与（30a）最新消息效果相关的推论是，波兰仍然被俄国军队所占领；而（30b）则暗示火山爆发后物理余波还正在继续。

根据已有的例句，似乎可以认为，现在完成时指一个时间结构（temporal structure），大致如图（32）所示：

(32)

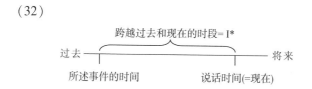

结果状态在 I* 时段内有效，并且 I* 必须包含在时间状语所表示的时间内，而这些时间状语是能够修饰现在完成时的（since June, today, this week）。

持续状态（Continuing state）

状态谓语可以有不一样的解读，如（33）的例句所示，用以描述从过去开始并持续到现在事件的状态。［（33b）中 work 的习惯性译释是一种状态。］这就是持续状态解释（continuing state reading）。

(33) a. I have stayed in today. (I am still in)

我今天一直待在家里。（我还在家里）

b. Sheila has worked in the library since December. (Sheila still works in the library.)

Sheila 从 12 月以来一直在图书馆工作。（她还在图书馆工作）

c. The door has been open for ten minutes. (The door is still open.)

门开着有 10 分钟了。（门还开着）

由此我们看到，由状态谓词表示的状态占据了 I* 时段，如（34）所示，跟现在完成时的事件谓词一样时间状语必须包含 I* 时段。

(34)

一个状态谓词的持续状态解释显然依赖一个时段状语的存在。试比较下面（35）和（36）中的例句。有修饰语的（a）句与没有修饰语的（b）句之间的差别很明显，前者具有持续的解读，后者似乎不够完整，并且没有明显的持续状态解释：（35b）和（36b）都描述了一个完全发生在过去的状态。

（35） a. They have lived here *since* 1985.

他们从 1985 年就住在这里。

b. They have lived here.

他们曾住在这里。

（36） a. Donna has had a job at Romero's *this year*.

Donna 今年在 Romero's 工作。

b. Donna has had a job at Romero's.

Donna 曾在 Romero's 工作。

另一方面，时间状语并不强加持续状态的解读。如（37）所示，两个例句都描述了一个完全发生在过去的事态。

（37） a. They have lived here since 1985, but not recently.

他们从 1985 年就住在这里，但现在不住这儿了。

b. Donna has had a job at Romero's this year, but not recently.

Donna 今年在 Romero's 上班，但现在不在那里了。

状态完成时完全过去的译释与事件完成时结果状态的译释相似。对于事件完成时如 *Jones has read "Erewhon"*，Jones 曾经读过《乌有之乡》的结果状态一直持续到说话时间，而阅读事件完全发生在过去。同样，对状态完成时 *Donna has had a job at Romero's* 的完全过去的解读中，Donna 曾经在罗密欧之家工作的结果状态一直持续到说话时间，但 Donna 拥有那份工作的事态是在过去。

9.4　时态算子

时态逻辑（tense logic）（或时间逻辑（temporal logic））在分析时态时，将其作为一个算子，类似于情态算子。我们知道，一个含有情态表达的句子，其真值条件是将语句分解成非情态形式和世界（world）或多个世界，在这些世界中，对非情态形式作出真假值的判断（见第5章）。例如：

(38)　"Mozart might not have died young"（在现实世界）为真，当且仅当有至少一个可能世界 w，在该世界中"Mozart did not die young"为真。

时态逻辑采用类似的策略，有时态限定的句子被分解为无时态句和时间，根据时间对无时态句作出判断。例如：

(39)　"Mozart died young"为真（在现在时间），当且仅当有一个早于现在的时间，在该时间"Mozart die young"为真。

情态可以用一个缩略的符号表示。情态算子 η 和◊是通过对可能世界 w 的量化来定义。时态算子 *Pres*（现在），*Past*（过去）和 *Fut*（将来）则通过对限制性时间变量 t 的量化来定义。这些标记及其定义表示如下。t^*（"t star"）代表语境提供的时间"现在"（now），通常指说话时间。符号"<"表示"早于"（is earlier than）的关系。

(40)　a. Clive loves Marcia.

  b. Pres LOVE (c, m)

  c. Pres LOVE (c, m) is true at t^* iff LOVE (c, m) is true at t^*

（41）a. Fido bit Benny.

  b. Past BITE (f, b)

  c. Past BITE (f, b) is true at t^* iff $\exists t$ ($t < t^*$ &BITE (f, b) is true at t)

（42）a. Benny will kick Fido.

  b. Fut KICK (b, f)

  c. Fut KICK (b, f) is true at t^* iff $\exists t$ ($t^* < t$ &KICK (b, f) is true at t)

  这些真实条件有两点需要注意。第一，在较早的时态逻辑中，时间 t 被假定为一个时点（instant）。这种观点对于状态（*Jones is tall*）是适用的，但对于（如 *Jones made a dish of lasagne*）这样的需要更多时间展开的事件就不适合。按理 *Jones made a dish* 为真的时间就是事件所占用的时间。因此，时段（time interval）被引入时段语义（interval semantics），故时间变量 t 的值包括时点，也包括时段。

  第二点涉及时态被移除后的语句的诠释。再思考一下 *Fido bit Benny*。该句为真，当且仅当 *Fido bite Benny* 在说话时间之前某时刻为真。但句子 *Fido bite Benny* 是否有能力承载真值呢？

  这里的问题是，英语时态不仅表达时间，还表达有定性（finiteness）。有定性是一般陈述句的句法属性，它使句子可以单独使用并"进行陈述"。并非所有的从句都是有定性的。（43）-（45）例句中用方括符标出的从句就不具有定性，其动词没有时态。

(43) a. I heard [Marcia playing jazz]

     b. PLAY (m, j)

(44) a. He wanted [Marcia to give Peter a piano lesson]

     b. GIVE (m, a piano lesson, p)

(45) a. Don't let [that cat scratch the furniture]

     b. SCRATCH (that cat, the furniture)

从谓词逻辑看，(43)-(45) 中的无定从句可以说包含了一个原子命题（atomic proposition）所有的构成成分，因为每个从句都包含了一个谓词及其论元。如例（b）所示。

命题也可以描述为任何作为（或可能作为）真值的承担者。然而，这两种定义命题的方式并不完全相同。(43)-(45) 所有方括号内的从句表达了完整的谓词-论元结构，但没有一句可能是真值承担者——(46) 中的任何一种形式都不可能用来陈述事件。

(46) a. Marcia playing jazz.

     b. Marcia to give Peter a piano lesson.

     c. That cat scratch the furniture.

要认定 *BITE* (*f, b*) 在时间 t 为真，一种方法就是认定"Fido 咬 Benny 是发生在时间 t 的一个事件"。但第 4 章介绍的类型理论不能这样做，因为事件并不是该理论的基本类型。然而，有许多形式理论的确把事件加入其本体论，这些理论依据事件或事态发生在某时间 t 来分析时态，而不是依据命题 p 在某时间 t 为真来分析时态。在 9.6 节中，我们将看到叙述阐释理论在分析时态时采用事件或事态。

第 11 章将简单地讨论事件语义学。我暂且用（47）中的简略形式来表示基于事件的时态界定：

(47) 惯例：*PRED* (x) *at t* 解读为"由 PRED (x) 所述的事件发生在时间 t"

    a. Pres LOVE (c, m) iff LOVE (c, m) at t^*
      "Clive 爱 Marcia 的事态在时间 t^* 为真"

    b. Past BITE (f, b) iff ∃t ($t < t^*$ &BITE (f, b) at t)
      "有一个时间 t，该时间早于时间 t^*，而 Fido 咬 Benny 的事件发生在时间 t"

    c. Fut KICK (b, f) iff ∃t ($t^* < t$ &BITE (b, f) at t)
      "有一个时间 t，该时间晚于 t^*，而 Benny 咬 Fido 的事件发生在时间 t"

9.5 时态和参照时间

如前节所述，用时态算子分析时态时，一个含有过去时的句子要为真，当且仅当在过去某时间非时态句为真。但这种方法并不合适，这一点可以用 Partee (1973) 著名的例句 *I didn't turn off the stove*（我没有关掉炉子）来说明。想象一下，说话人对她丈夫说这话时，他们正在出城的高速路上，准备去旅行。这里的否定词有两种可能的辖域关系。如 (48) 所示 (b = Barbara)：

(48) I didn't turn off the stove.

    a. ∃t ($t < t^*$ & ~ TURN OFF (b, the stove) at t)

    b. ~∃t ($t < t^*$ & TURN OFF (b, the stove) at t)

根据 (48a)，如果有过去的任一时间说话人没有关掉炉子，

I didn't turn off the stove 为真，但这种解释太没有约束力——说话人出生之前的所有时间都是他都没有关掉炉子的时间。根据 (48b)，如果不存在一个过去的时间说话人在该时间关掉了炉子，*I didn't turn off the stove* 就为真，或者换言之，说话人从未关掉过炉子——但这种解释太过于严格了。Partee 指出，这类过去时的句子是关于一个特定的时间，可以通过上下文来确定——在前文描述的语境中，该时间可能就是当天，在使用炉子和出发旅行之间。

概括地说，一般过去时上述用法所指的时间是特定的或有定的时间，必须是通过由上下文可以确定的。一般过去时的这一特点与现在完成时不同。Noah Webster（1789：266－267）指出，一般过去式是有定的，现在完成时是不定的。

"I have loved"或"moved"表达一个活动进行了并且完成了，通常是在不久前的一段时间，但这个特定的时间点却完全不定或不确定。另一方面，如果要指明特定的时间段或时间点，则要使用"I loved"……"I moved"是确定的时间，"I have moved"是不确定的时间。

在 6.6 节中我们看到，不定名词组或弱名词组与新参照相关，这与有定名词组或强名词组形成对比，后者的参照必须是熟知的。此处 Webster 所观察到的这种有定性差异也具有清晰的熟知性效果。现在完成时指称一个非熟悉的时间，这个时间不能通过之前提及的时间来确定。如（49）-（50）所示：

(49) a. Q：What did you do after dinner?
晚饭后你做了什么？

A：# I have watched the news.

我已经看了新闻。

b. Q：What did you do after dinner?

晚饭后你做了什么?

A：I watched the news.

我看了新闻。

(50) a. I've never met a man I didn't like.

我从没见过一个我那时不喜欢的人。

b. I've never met a man I haven't liked.

我从没见过一个我不喜欢的人。

（49a）的回答有点奇怪，因为完成时 *have watched* 不能解读为之前提及且熟悉的 *after dinner* 这一时间；因此，这个回答似乎没有回答之前的提问。例（50a）是由 Will Rogers 提出的，与例（50b）形成对比：（50a）中的一般过去时 *didn't* 可以回指见面时间，只要提过，就是熟悉的时间——说话人喜欢每一个那时和他见面的人。相反，（50b）中的完成时 *haven't liked* 不能表达熟悉的见面时间，其解释为说话人喜欢不同阶段见到的每个人，但未必是特定的见面时间。

试比较（51）中的例句：

(51) a. Have you seen *Cats*?

b. Did you see *Cats*?

c. No, but I've seen it since.

（51a）中完成时不明确时间参照，在问句语境中有一种全称量化的意味（比较句子 *Have you ever seen Cats?*）。（51c）作为（51a）的回答是不合适的。相反，（51b）中的一般过去时指一个确定的时间，即猫特定的繁殖季节，故（51c）的回答是可能的。这种时间参考上的区别也体现在（52）中的名词短语 *a bike* 和 *the bike* 中：

（52） a. Have you ridden a bike?

　　　 b. Have you ridden the bike?

　　　 c. No, but I've ridden a different bike.

（52a）中的不定参照具有全称量化的作用（试比较 *Have you ridden any bike?*）。（52c）作为对（52a）的回答是不合适的，但却可能作为对（52b）的回答，因为（52b）问的是一辆指定的自行车。

一个特定的由上下文限定的时间在时态分析中的作用是另一个时态分析传统——Hans Reichenbach 分析的重要部分。

9.6 Reichenbach 的时态分析

我们已经大概知道，时态译释涉及至少两个不同的时间，一个是说话时间，另一个是事件发生的时间。我们还看到，过去时将所述事件确定在某个已知的时间上，并且可作为一个参照点。所有这三种时间都出现在 Reichenbach 的分析中。如（53）所示：

（53） **说话时间**（Speech Time 简称 S）：说话时的时间，或"现在"

　　　 事件时间（Event Time 简称 E）：所述事件或事态的时间

　　　 参照时间（Reference Time 简称 R）：可由上下文确定

的时间，并作为确定事件 E 的参照点

参照时间 R 的作用在复杂时态——过去完成时（past perfect）和将来完成时（future perfect）表现得最明显。直到目前我们还没有谈及这两种时态。我将从过去完成时开始。

过去完成时有时候也叫做过去的过去，因为参照时间在计算时向过去退了两步。图（54）列举了过去完成时 *had left* 的时间参照。

（54）

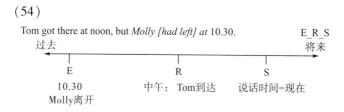

这个复杂的时态中，助动词 have 表达了过去的时态。由于 *had* 也是过去时（即 *have* + past），所以它表达了两个过去时态。第一个时态将我们从 S 时间带到 R 时间，即之前所述事件的时间，Tom 是中午到达的。第二个过去时将我们从 R 时间带到 *had left* 所描述的时间，即 Molly 离开的 E 时间。（E 时间总是表示动词所述事件的时间，如此处的 *had left*）。这个解释简略的表达为 E_ R_ S。

将来完成时（也叫将来的过去）也是用类似的两步来解析，以 R 时间作为起点。

（55）The car can't get to the station until three but *Leda* [*will have arrived*] *at noon*, so she'll have to wait.

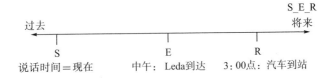

在例（55）中，S，E，R 这三个时间的顺序是已知的，因为状语为我们提供了信息。S 和 E 也可能有其他顺序，因为将来完成时并没有限定 S 和 E 的顺序。如（56）所示，所有列出的情况都可能作为 *will have washed any clues away* 的语境。

(56) Loney says he's going out there, but (when he gets there) *the tide* [*will have washed*] *any clues away* .

Loney 说他要去那儿，但（当他到达时）潮汐会已经洗刷掉了所有的线索。

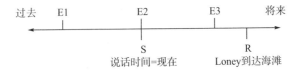

a. 潮汐两小时前达到最高峰：E1 早于 S

b. 潮汐现在达到峰值：E2 与 S 重合

c. 高潮还未出现，但会在 Loney 到达之前达到峰值：E3 迟于 S

严格地讲，将来完成时只表示 E_R 和 S_R 的关系，可用（57）的树形图来说明：

(57) 将来完成时

　　两个复杂时态都表明，R 时间是如何从上下文确定的，从 R
时间我们可以观察或确定所述事件，从而得到 E 时间。R 时间必
须是可以确定的：试比较（58）中的例句，它们都脱离了上
下文。

（58）a.　Did Leah see Harry?
　　　　　Leah 见到 Harry 了吗？

　　　　b.　Harry had finished editing the tape.
　　　　　Harry 已经编辑完磁带了。

　　我们已经知道，叙述体的一般过去时指一个确定的时间，所
以（58a）会非常费解，除非我们知道假定的 Leah 可能见到
Harry 的时间。同样地，（58b）也需要一个确定 R 时间的语
境——即以过去时指向的时间为起点，编辑磁带发生在更远的
过去。

　　Reichenbach 用 R 时间来分析一般过去时和现在完成时的差
异。前一节我已经概述了这两个时态在时间参考上的有定和无定
的差异。在 Reichenbach 的分析中，一般过去时确定的时间参照
表示为 E 和 R 重合——我们把 E 时间确认为 R 时间。但是，现
在完成时的事件时间是不定的，我们只知道它比 S 早。唯一已知
的时间是实际的 S 时间，且 S 与 R 重合。注意，我们用逗号来
标记时间轴上重合的两个时间：

（59）

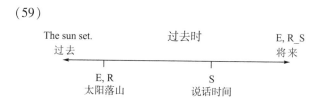

（60）

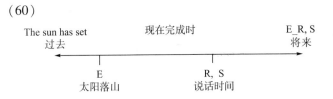

Reichenbach 对现在完成时的分析中，R 时间与现在时间重合（＝S）。这一分析也抓住了英语现在完成时的另一主要属性，即现在完成时似乎同时指向过去和现在（参见 9.3.5 节）——尽管描述的事件发生在过去，但它也关乎现在。

Reichenbach 最初假设了两种将来时，其一是 R＝E，其二是 R＝S，为借鉴一般过去时和现在完成时的区别，Reichenbach 假设时间状语总是限定 R 时间，并以（61）为例来说明这两种将来时态。

（61）a. Now I shall go.　　　　　S, R_ E

　　　 b. I shall go tomorrow　　　S_ R, E

实际上，Reichenbach 假定时间状语总是限定 R 时间并不正确，正如我们之前在例（54）和例（55）中看到的那样。例如，在 Tom got there at noon but Molly had left at 10.30 中，状语 at 10.30 修饰的是 Molly 离开的 E 时间，而不是 R 时间，R 时间是中午。如果我们将 Molly had left at 10.30 从上下文中抽离，该时间状语限定的范围就产生歧义。另一个可能的解释是，该时间状语修饰的是 R 时间，其译释则是 "10：30 之前，Molly 已经离开了"。

这些例子都表明，如果状语总是限定参照时间，那么 Reichenbach 假定的表示 S, R _ E 的将来时就不能被确定。

Reichenbach 给出的例（61）也暗示 *I shall go tomorrow* 和 *Now I shall go* 应该有类似现在完成时和一般过去时那样的差异，但这种差别的证据并不充分——无论如何，我们该怎么解读 *Now I shall go tomorrow* 呢？S，R_E 时态或许可用来解释由一般现在时所表示的将来注定要发生的事件，如（62），但这不是一个广为接受的分析。虽然这个时间状语修饰的是 E，而不是 R，但该事件的预设性在 S 时间成立。

（62）The sun sets at 7.30 tonight.　　　S，R_ E

太阳今晚7：30落下。

但通常 Reichenbach 的 S，R_ E 将来时的分析方法并没有纳入有关英语时态的理论中，而是采用了一般过去时那样的分析方法：所述事件在一个已知的时间发生，因此 E 与 R 重合。

（63）

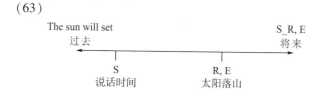

Reichenbach 的分析影响很广，许多理论都借用他的观点或使用类似的观点。

9.7　叙事体的时间参照

与之密切相关的一种时间参照在叙述性语篇（narrative discourse）的时间顺序解读中非常重要。这类时间参照与 Reichenbach 的 R 时间不完全相同，我将使用小写 r 表示与语篇相关的参照时间变量。对叙事体时间的阐释主要源自语篇表征理论（Discourse Representation Theory，简称 DRT），下文的讨论借鉴了 Kamp 和 Reyle（1993）对 DRT 的简介。方便起见，我将一些标记简化了。

在解读一个叙事文体时，一个基本的语用规则（参见第 2 章练习 5）就是事件通常按照发生的顺序报道——以下两句的区别完全可以说明这条规则：*He got on his horse and rode into the sunset*（他骑上了马，乘着夕阳驰去）与 *He rode into the sunset and got on his horse*（他乘着夕阳驰去，骑上了马）。但多数叙述的顺序并不如此简单——下面的节选可以说明这一点。叙述者是一个叫 Marlowe 的男子。下面编了号的变量 r 代表相关动词所述事件发生的时间。

（64）I *went* up the stairs. The radio I *had heard* over the
$\quad\quad\quad\quad\;$ $r0$ $\quad\quad\quad\quad\quad\quad\quad\quad\quad\quad\quad$ rn where $rn < r0$

telephone *was* still *blatting* the baseball game. I *read* numbers and
$\quad\quad\quad\quad\quad$ $r0$ $\quad\quad\quad\quad\quad\quad\quad\quad\quad\quad\quad$ $r1$

went up front. Apartment 201 *was* on the right side and the baseball
$r2$ $\quad\quad\quad\quad\quad\quad\quad$ $r2$

game *was* right across the hall from it. I *knocked*, *got* no answer and
$\quad\;$ $r2$ $\quad\quad\quad\quad\quad\quad\quad\quad\quad\quad$ $r3$ $\quad\;$ $r4$

knocked louder. Behind my back three Dodgers *struck* out against a
$r5$ $\quad\quad\quad\quad\quad\quad\quad\quad\quad\quad\quad\quad$ $r6$

welt of synthetic crowd noise. I *knocked* a third time and *looked* out of
$\quad\quad\quad\quad\quad\quad\quad\quad\quad\quad$ $r7$ $\quad\quad\quad\quad\quad$ $r8$

the front hall window while I *felt* in my pocket for the key George
$\quad\quad\quad\quad\quad\quad\quad\quad\quad\quad\quad$ $r8$

Anson Phillips *had given* me.
|
rn, where rn < r8

选自 Raymond Chandler 1943 年的小说《高窗》

　　将这段节选脱离语境，我们不知道这部分故事从什么时候开始，所以将它设定为缺省值 r0（参照时间 = 0，表示计时表设定为零）。r0 表示第一个事件 *I went up the stairs* 的时间，如动词 *went* 下方的标记所示。节选中其他动词也用相同的方式标记，从而大致上表明他们发生的时间。数字大的时间发生在数字小的时间之后。应当注意，叙事文体中时间的推移并不总是连续的：r2 表示从 *went up* 直到 r3 *I knocked* 这段时间。*Three Dodgers struck out* 报告了三个事件的顺序，表明事件发生在 r6 时间之内。最后，r8 确定在 *looked out of the front hall window* 这一时间，并持续到 *felt in my pocket*。

　　两个过去完成时 *had heard* 和 *had given* 所述事件早于标注的参照时间：*had heard* 早于 r0，*had given* 早于 r8。从语用学角度看，过去完成时表示一种闪回，提供了 Marlowe 去公寓楼之前的信息。*had heard* 和 *had given* 所述事件都早于节选的所述事件，故是在 r0 之前。（我们复原一下：Marlowe 按公寓楼的门铃并听见收音机的声音，而在 Marlowe 去公寓楼之前，Philip 将公寓的钥匙给了 Marlowe。）

9.7.1　参照时间移动

　　一个故事中时间的移动通常分析为一系列（语篇）参考时间按照一定顺序的变化，r1 < r2 < r3 等。参照时间不一定是一条连续的时间轴，正如故事中存在间断一样，因为在这些间断时间内没有发生有意思的事情，如（65）所示。第一个参照时间是公主出生的时候，下一个参照时间是由状语 *when she was*

·313·

seventeen 提供的，显然是 17 年之后。在此间断期，没有其他的参照时间，因为没有与故事密切相关的事情发生。

(65) Once upon a time the queen of a distant land gave birth to a beautiful daughter. When she was seventeen the princess sneaked out one night and went to the casino.

当事件依顺序发生，参照时间随着时间的推移发生变化——这就称作参照时间移动。当叙述停顿下来描述一个同时发生的情况，参照时间移动就暂时停止。

参照时间移动的第一个原则是有界事件（bounded event）推进参照时间，而无界事件（unbounded event）则不推进参照时间（参见 8.3 节的有界事件）。上文例（64）的节选中，没有推进参照时间的动词形式有 *was (still) blatting*, *was on the right side* 和 *was right across the hall*，这些动词形式都是无界的。*felt in my pocket* 缺少时间移动，是由于连词 *while* 的使用，而不是基于动词的有界性或其他特征。我在（66）-（67）中补充了两例来说明参照时间移动的关键属性是有界性，而不是终结性。

(66) On Sunday afternoon Callan [read], [played records], and [tinkered with his model soldiers].

(67) On Sunday afternoon Callan [read for a while], [played records until 3.00], and [briefly tinkered with his model soldiers].

（66）方括号内的动词短语为非终结性且无界，句子最自然的解读没有把 Callan 的活动进行特定的排序。相反，（67）方括号内的谓语是有界的但不是终结性的，最自然的解读是这些活动是按叙述顺序发生的。换言之，有界状语造成了参照时间移动。一个新的参照时间设于前一个参照时间"之后不久"。至于"之后不久"究竟是多久，则是由语用决定的，取决于叙述的时间跨度和所述事件的类型：比较 *The phone rang just after he got in the door*（可能是 10 秒钟）；*She married Tad just after she buried her husband*（不可能是 10 秒钟）。

有界谓词的参照时间移动也有许多例外情况。一种常见的情况是主语的改变可以指示同时发生的事件，如（68）。Francis 和 Judd 的行为被认为是同时发生的。

（68）Francis went up to the front door and peered in the window. Judd quietly moved around the side of the house toward the back.

Francis 走上前门，朝窗内窥视。Judd 悄悄地从房子的侧面移到房后。

另一个主要的例外情况是对叙述的说明。如（69）所示，第二句各子句描述了 *Freda made a fire* 事件的部分情况。

（69）While we were away Freda made a fire. She found old papers and a few ancient matches in the scullery, and broke up a derelict chair for kindling.

我们离开时，Freda 放了火。为了点火，她在厨房找到一些旧报纸和火柴，并弄断了一个废弃的椅子。

有界谓词的参照时间移动也会由于时间状语的出现而被抵消。例如 *when she was seventeen*，*the next night* 或者 *on Monday* 这样的状语，会设定一个新的参照时间。如在（70）中，虽然有

界事件 *applied a thin coat of lacquer to the table-legs*（给桌腿涂了一层薄漆）建立了一个新的参照时间，但被 *when* 引导的状语所建立的新的且较晚的参照时间所代替。

（70）Tosher ［applied a thin coat of lacquer to the table-legs］.
　　　　　　　　|
　　　　r0时间发生的事件：设定r1
［When the lacquer was dry］he
　　　　|
　　　设定r2
［covered the table with an old sheet］.
　　　　|
　　r2时间发生的事件

另一方面，像 *while I felt in my pocket for the key, meanwhile* 或 *at the same time* 这类状语不改变他们所修饰事件的参照时间。换句话说，这些状语阻止了参照时间移动。

（71）Tosher *applied a thin coat of lacquer to the table-legs*
　　　　　　　　|
　　　　r_0时间发生的事件
［*while Lou sorted pieces of spare timber* for patching］.
　　　　|
　　r_0时间发生的事件

9.7.2　状态/进行态包含参照时间：参照时间包含有界事件

到目前为止我还没有讨论例（64）中 r0，r1，r2……等表示的参照时间的结构。由于这些时间是事件发生的时间，他们就必须是时段而非时点——这一点是可以假定的。现在，所述事件有多种方式可能与参照时间联系起来。例（72）给出两种主要的方式：

（72）a. 事件（有终结点）：

　　e 包含在 r 中　　**e ⊆ r**　　$[_r [_e]]$

　　b. 状态和进行态（无终结点）：

　　r 包含在 e 中　　**r ⊆ e**　　$[_e [_r]]$

一般认为，事件包含在参照时间之内，如（72a）所示，而状态和进行态则包含参照时间，如（72b）所示。子集符号⊆表示包含关系。二者的差异如（73）所示：

（73）Lydia *took the book down* from the shelf and *opened* it.
　　　$[_{r1}$ e-take book$]$ – 设定r_2　　$[_{r2}$e-open book$]$ – 设定r3
　　　The children *were playing*
　　　　　　$[_{e\text{-play}}$ r3$]$
　　　outside, the weather *was* fine, and she *felt* up to the
　　　　　　$[_{e\text{-be fine}}$ r3$]$　　　　$[_{e\text{-feel}}$ r3$]$
　　　challenge of a new dish.

我们从 *Lydia took the book down from the shelf*（Lydia 从书架上取下那本书）这句开始，这是一个有终结点的事件，这一事件包含在参照时间 r1 内，并且将参照时间重新设定为 r2，即在 r1 之后不久。事件 *opened it* 包含在时间 r2 内，且 *opened* 又将参照时间重新设定为 r3，即在打开书之后不久。现在到了进行态 *were playing* 以及状态 *was fine* 和 *felt up the challenge*。这些谓词通常的解读是，其所述事件状态大约是时间 r3 的前后，并向前和向后延伸：因此可以说状态和进行态包含参照时间，这与事件截然不同，事件包含在参照时间内。此外，*were playing, was fine, felt up to the challenge* 都发生在时间 r3 范围内——这些谓词都不引入晚于 r3 的新参照时间。

9.7.3　r 与 Reichenbach 的 R 相同吗？

通常认为 Reichenbach 的 R 与语篇参照时间 r 很相似。在一般时子句中，当 Reichenbach 的 E 和 R 重合，r 和 R 很难区分，因为 r 和 R 都被认定为所述事件发生的时间。然而，在带 *have* 的复杂时态中，r 和 R 的作用不同，如（74），该句来自 Kamp 和 Reyle（1993：594）。过去完成时表示一个嵌入的"闪回"（flash back）叙述，该叙述完全位于 R 之前（= r1，即 Fred 到达后不久），但却包含了 r 移动。

（74）Fred *arrived* at 10. He *had got up* at 5; he *had taken* a long shower, *had got dressed* and *had eaten* a leisurely breakfast. He had left the house at 6.30.

Fred arrived at 10.　　　$R = r_0 \ \& \ e \subseteq r_0 \ \& \ r_0 = 10.00 /$ 设定 r_1

He had got up　　　　　$R = r_1 \ \& \ ri < r_1 \ \& \ ri = 5.00 \ \& \ e \subseteq ri /$ 设定 rj

he had taken a shower　$R = r_1 \ \& \ rj < r_1 \ \& \ ri < rj \ \& \ e \subseteq rj /$ 设定 rk

had got dressed　　　　$R = r_1 \ \& \ rk < r_1 \ \& \ rj < rk \ \& \ e \subseteq rk /$ 设定 rl

ri	<	rj	<	rk	
get up		take shower		get dressed	

$< R = r_1$

此处我们看到，r_1 设定在 Fred10 点钟到达后不久，r_1 即是过去完成时 *had got up*, *had taken* 和 *had eaten* 的 R 时间——这三个事件都发生在 10 点之前。然而，他们都发生在 R 时间 10 点之前这一点并不能确定其顺序，还需要他们各自的 r 时间——表示为 ri，rj，rk。

9.7.4 叙述体时间解读的普遍原则

这里所列举的普遍原则在叙事语义理论中应用广泛，特别是在语篇表征理论（DRT）中，这里提到的许多规则正是从 DRT 理论中借用的。有一些原则与之前章节中的讨论相关。

原则 A：初始的参照时间赋值为 r0。时间 r0 可以进一步由上下文或时间状语确定。

原则 B：像 *when* 从句或者 *the next day* 这类时间状语，将设定一个新的参照时间 = rn + 1，rn 为现有参照时间。

原则 C：如果没有时间状语，在 rn 时间点的一个有界事件会引入一个新的参照时间 rn + 1，位于 rn 发生的事件后不久。（有界事件包括由 *for an hour* 或 *until the autumn* 这类持续性状语限制的有终结点事件和无终结点事件）。

原则 D：无界事件并不引入新的参照时间

原则 E：*while* 引导的状语以及 *at the same time* 这类状语可以保持现有的参照时间不变。

原则 F：有界事件包含在参照时间之内，e$\subseteq$r

原则 G：状态或进行态包含参照时间，r$\subseteq$e

原则 H：参照时间移动可能被取消：

（1）通过详尽叙述（见例（70）：给已报道的事件补充细节）或者

（2）通过主语的改变（见例（69）：Francis went up front, Judd went round the back）。

为解释分词作状语，可以增加原则。如（75）和（76）所示：

（75）*Coming down the stairs*, Mary bumped into the poltergeist.
　　　走下楼梯，Mary 撞到了鬼。

现在分词的解释类似于进行态，因为事件的组成部分：走下楼梯与碰到幽灵发生在同一时间。包含在状语所述事件内的参照时间也是主句事件的参照时间。简言之，现在分词所述的事件包含现有参照时间。

原则 J： 现在分词状语表示的事件包含了当下的参照时间：r $\subseteq$ e

过去分词中的事件发生在它所修饰的主句事件之前。在（76）中，过去分词 *driven crazy* 所述事件被认为发生在主句事件 *retreated indoors* 之前，故早于现有参照时间 r2。

（76）Gary *set up the radio* and *started polishing his bike.*

r₀时间发生的事件设定r₁　　　r₁时间发生的事件：设定r₂

Kate *retreated indoors*,

r₂时间发生的事件：设定r₃

[*driven crazy* by the noise of the cricket commentary].

rₙ时间发生的事件：rₙ < r₂

原则 K： 过去分词状语表示的事件发生在主句所述事件之前：e < r

9.7.5　加上时态

目前，我们已经将叙事中的事件和事态时间按故事的顺序确定，但还没有包括所述事件的时态——例如（64）中，关于 Marlowe 的整个叙述是发生在过去，或者用 Reichenbach 的术语，先于 S（S 本身在虚构叙事中很难确定——大概是在叙事人物开始讲述故事之后的一个虚构的时间）。时态信息进一步确定语篇参照时间 r，可以加入 Reichenbach 的符号体系：E 是事件的

"持续时间"，S 是上下文确定的现在，R 是涉及时态的参照时间。例（77）是一个分析实例，包含了时态以及应用之前章节的原则来确定参照时间 r。

（77）

I went up the stairs.	原则 A 过去时 原则 F 原则 C	r0 r0 < S E⊆r0 设定 r1，r0 < r1
The radio I *had heard* over the telephone	过去完成 原则 G	E < R < S R = r1 ri < r1 ri⊆ E （对于后面的一般时态，r 停留在 r1）
was still *blatting* the baseball game.	过去时 原则 G 原则 D	r1 < S r1⊆ E r 停留在 r1
I read numbers and	过去时 原则 F 原则 C	r1 < S E⊆ r1 设定 r2，r1 < r2
went up front.	过去时 原则 F 原则 C	r2 < S E⊆ r2 设定 r3，r2 < r3
Apartment 204 was on the rightside and	过去时 原则 G 原则 D	r3 < S r3⊆ E r 停留在 r3
the baseball game was across the hall from it.	过去时 原则 G 原则 D	r3 < S r3⊆ E r 停留在 r3
I knocked，	过去时 原则 F 原则 C	r3 < S E ⊆ r3 设定 r4，r3 < r4

续表

got no answer and	过去时 原则 G 原则 D	r4 < S r4 ⊆ E r 停留在 r4
knocked louder.	过去时 原则 F 原则 C	r4 < S E ⊆ r4 设定 r5，r4 < r5
Behind my back three Dodgers struck out a welter of synthetic crowd noise.	过去时 原则 F 原则 C	r5 < S E ⊆ r5 设定 r6，r5 < r6
I knocked a third time and	过去时 原则 F 原则 C	r6 < S E ⊆ r6 设定 r7，r6 < r7
looked out of the front hall window	过去时 原则 G 原则 D	r7 < S r7 ⊆ E r 停留在 r7
while I felt in my pocket the key	过去时 原则 E 原则 G 原则 D	r7 < S r = r7 r7 ⊆ E r 停留在 r7
George Anson Phillips had given me	过去完成时	E < R < S R = r = r7 E < r7

9.8 结语

话语表征理论对时态的分析涉及事件这一概念，因此事件包含在 DRT 的本体论之中。**一个理论的本体论**包含各种各样该理论认为存在的物体。关于这一点可以这样思考：如果某一理论有表示某一物体的变量，那么该物体就包含在该理论的本体论中。DRT 的本体论包含事件的各种变量。

另一方面，第 4 章引入的那种理论，其本体论简单许多，只有两种基本类型，个体（entity）和真值 t（truth values）。其他类型都是由 e 和 t 组成的函数。目前，DRT 分析还未被纳入传统的模型理论。

练 习

时态算子

（1）★

用时态算子 *Pres*（现在），*Past*（过去）和 *Fut*（将来）给下列句子写出表达式。括号部分是为了使句意更加明确，可以省略掉。

a. Everyone likes icecream.

b. Jenny had net Claudia（already）.

c. Delia thinks Minnie is going to be sick.

d.（When we arrived at the flat），Jones had had breakfast.

e. Jones will have had breakfast.

f.（Harold began building his house that summer：On completing the house，…）

…He would have spent ＄400，000.

g.（Clara began juggling when she was five. In a few years…）

…She would be world class.

时态和辖域

（2）★★

语义时态可以在命题的前面用一个算子表示（算子通过时间的量化进一步定义）。这说明时态和情态、否定、量词等位于命题之首的表达一样，是一个辖域表达。下列句子在时态辖域和数量名词组方面存在歧义。

用时态算子 *Pres*（现在），*Past*（过去）和 *Fut*（将来）写出下列句子可能有的两种表达，并给出相应的没有歧义的解释。

    a. All Torah's friends were rich then.

    b. The monarch will address Parliament in 2001.

    c. Only ten people on the course have previously been women.

（把 only ten 当成一个复杂的量词限定词，为简单起见，将句子 c 表示为简单过去时。）

对时间的量化
（3）★★

简单时态会引入存在时间变量。如：

John left

$\exists t\ (t < t^* \ \&LEAVE\ (j)\ at\ t)$

其他量词也可能约束时间变量 t。Partee（1984：273）用下例进行了讨论：

> When John makes a phone call, he always lighs up a cigarette beforehand.

这句话表示 John 每次打电话，之前总有一个很短的时间 John 会点一支烟。假定我们用 t < t′ 表示 t 稍稍早于 t′。那么上例可作如下分析：

$[\forall t:\ \text{MAKE A PHONE CALL}\ (j)\ at\ t]\ [\exists t':\ t' < t]\ \text{LIGHT A CIGARETTE}\ (j)\ at\ t'$

以此例句的分析为蓝本，对下列句子进行完整的表述，包括斜体的副词。(你需要考虑两个事件的发生时间之间的关系。)

a. When Marry phones Jimmy Bill *always* teases her.

b. Clive will *never* be a millionaire.

c. Marcia *usually* buys a hat when she shops.

d. When Clive tells a joke Marcia *seldom* laughs.

e. Mary *often* met Sam when she was jogging.

现在分析以下句子的辖域歧义：

f. The Pope will *always* be a Catholic.

Reichenbach 图式

以下是 Reichenbach 图示：

现在时 E, R, S (或 E, R, S 的任意顺序)

过去时 E, R_ S 或 R, E_ S

将来时 S_ E, R 或 S_ R, E

现在完成时 E_ R, S 或 E_ S, R

过去完成时 E_ R_ S

将来完成时

(4) ★

用 Reichenbach 图示来表示以下斜体的动词组。

I *have*[a] to buy a present for Marcia. I *suppose*[b] I will *get*[c] something nice at the mall, but I can't afford to spend much because I haven't been *paid*[d] for that graphic job. They're really slack at that firm—if I'd *known*[e] about them before they *rang*[f] me

I wouldn't have taken the job. By the they pay me I *will have waited*[g] three months—it's a disgrace.

(5) ★★（建议讨论）

你能为以下的斜体动词组写出 Reichenbach 图示吗？如果不能，为什么？

John left for the front. By the time he would return, the fields *would have been burnt* to stubble.

现在完成时

(6) ★★★（建议讨论）

现在完成时可以描述为一个从过去开始一直持续到现在的时段，由一种状态或情形占据：或是连续状态（状态谓词或进行态），或是结果状态（事件谓词）。

过去 ┣━━━━━━━━━━━━━━━━┫ 将来
　　　┗╌╌╌╌╌╌╌╌╌╌╌╌╌┛
所述状态开始　　　说话时间（＝现在）

例如：

Meiling has been here since Tuesday："Meiling is here" 的状态占据了这个时段。

Jones has broken his ankle："Jones has a broken ankle" 的状态占据了这个时段。

下列句子与上文的分析并不一致。

(i) 你能解释为什么有的句子不正确吗？（提示：这些句子的意思有什么错误？）

(ii) 你能用语用方法分析出 (a) 句不规范的原因吗？（可

参考本章例（33）-（37））。

（iii）例（29）的讨论是否与下面（b），（c）以及（d）一致？

a. ? Kennedy has been dead.

b. Kennedy has been dead for many years.

c. Kennedy has been killed.

d. ? Kennedy has been killed for many years.

现在完成时：时间的全称量化和存在量化

（7）★★★（建议讨论）

小引：

9.3.5节讨论了带时间状语的现在完成时的"连续状态"解读，即某一状态或进行体谓词指谓状态或事件从过去开始一直持续到现在。

连续状态：They have lived here since 1985.

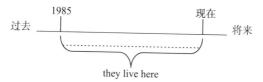

带时间状语的现在完成时状态谓词也有"完全过去"的解读。例如：

完全过去：They have lived here since 1985 (but not recently).

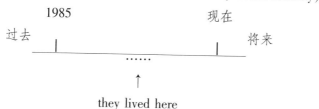

这两种解读可以用对该时段中时间的全称量化和存在量化来分析。

连续状态：$\forall t\,(1985 < t < t^* \rightarrow$ 在 t 时间他们住在这里）

完全过去：$\exists t\,(1985 < t < t^* \,\&\,$ 在 t 时间他们住在这里）

根据下列一组句子思考这些问题：

(i) 全称/存在的差异是现在完成时的一个特征还是时间状语的一个属性？

(ii) 这一现象是否与辖域有关？

a. Gemma has been a juggler since she was five.

b. Jones has been a bank clerk since I saw him last.

c. Marcia was in Fiji last year.

d. Clive listened to the radio between 9. 00 and 10. 00.

e. Gemma will stay with Sally next week.

f. Since she was five Gemma has been a juggle.

g. Since I saw him last Jones has been a bank clerk.

h. Last year Marcia was in Fiji.

i. Between 9. 00 and 10. 00 Clive listened to the radio.

j. Next week Gemma will stay with Sally.

(iii) ★ ★ ★ ★

在以下两对句子中，有一句是别扭的。对 (i) 和 (ii) 问题的答案是否能帮助你解释这种现象？

k. They have lived here since 1985, but not recently.

l. Since 1985 they have lived here, but not recently.

m. Donna has had a job at Romero's this year, but not recently.

n. This year Donna has had a job at Romero's, but not recently.

语篇表征理论

这里重复叙述体时间的解读原则。

原则 A：初始的参照时间赋值为 r0。时间 r0 可以进一步由上下文或时间状语确定。

原则 B：像 *when* 从句或者 *the next day* 这类时间状语，将设定一个新的参照时间 = rn + 1，rn 为现有参照时间。

原则 C：如果没有时间状语，在 rn 时间点的一个有界事件会引入一个新的参照时间 rn + 1，位于 rn 发生的事件后不久。（有界事件包括有终结点事件和由 for an hour 或 until the autumn 这类持续性状语限制的无终结点事件。）

原则 D：无界事件并不引入新的参照时间

原则 E：*while* 引导的状语以及 *at the same time* 这类状语可以保持现有的参照时间不变。

原则 F：有界事件包含在参照时间之内，e ⊆ r

原则 G：状态或进行态包含参照时间 r，⊆ e

原则 H：参照时间移动可能被取消：

（i）通过详尽叙述，或者

（ii）通过主语的改变

原则 J：现在分词状语表示的事件包含了当下的参照时间。

原则 K：过去分词状语表示的事件发生在主句所述事件之前。

（8）★★

以本章例（76）为蓝本，分析下文的时间结构。确定每个动词组的时间。

Brain went into the lab. The standby lights were on.

Something was humming over at the room, and a faint curious odour hung in the air. He locked the door behind him, turned off his cell phone, and walking quietly over to the fumecupboard, rolled up his sleeves and began assembling his equipment on a nearby bench. When everything was arranged to his liking he began measuring and mixing the materials. He ground the lapis with great care, warmed the bat blond before measuring it, and creamed the butter and sugar properly before adding the eggs. By nine o'clock he was ready to make the final adjustment and place the flask in the fume cupboard. Behind him, the locked door creaked. Already by the noise, he froze. He had planned so carefully for months, and didn't want to be foiled now.

延伸阅读

关于英语时体各种形式的意义的一般讨论，参见 Jespersen（1932），Leech（1971）和 Palmer（1987）。

Reichenbach（1947）的短文"The Tenses of Verbs"很容易理解。对 Reichenbach 理论的评论可参考 Hornstein（1990）第一章以及 Mittwoch（1995）。

Kamp 和 Reyle（1993）是语篇表征理论的高级教科书，但不难理解。该书第二册第 5 章讨论了时和体。570 至 593 页是对现在完成时和进行时的 DRT 语篇表征分析（本书未包含）。Kamp（1995）对 DRT 语篇表征理论有简要介绍。

早期使用 DRT 语篇表征理论分析叙述体语义的权威文章是 Partee（1984），尤其是 252 至 265 页的内容。

Smith（1997）对视角体和情状类型进行了全面的概述，可读性强。

Dowty（1986）为叙述体时间提供了另一种有效的分析方法，无需直接参照事件，也无需设定状态或进行时的 $r \subseteq e$ 或有界事件的 $e \subseteq r$。Dowty 的分析强调语用和子时段属性的重要性（见 8.2.4 节）。该文较复杂，但论述清晰，他的观点主要建立在本书介绍的一些概念上。推荐阅读。

10 论旨角色和词汇概念结构

10.1 引言

论旨角色（thematic role）或论旨关系（thematic relationship）在语言学中是对事件参与者的概括分类。通常认为论旨角色理论至少始于公元前 500 年至公元前 400 年的梵语语法学家帕尼尼（Panini）的著作。他发现名词（或名词组）的语法形式，特别是格，表明了句子中名词组语义的某些显著特征。在此基础上很多分类系统发展了起来，但使用了不同的名称，包括（类似但不完全相同）θ 角色（theta role）、**论旨角色**、**论旨关系**、**格角色**和**参与角色**（participant role）。

虽然角色的划分主要是语义或概念术语，但有关论旨角色在语言中的重要性以及确定角色的论据主要来自句法。论旨角色的讨论属句法—语义界面（syntax-semantics interface）的层面，在语义理论中的作用并不大。然而，有关论旨角色的更多最新研究发展表明，论旨角色信息可以用词汇概念结构（lexical conceptual structure，简称 LCS）的形式纳入语义表征（semantic representation）。

10.2　传统的论旨角色

大多数句法入门教科书都有一章谈到论旨角色，并列举出一连串的角色名称。例如 agent，patient，theme，experiencer，goal，benefactive，source，instrument 和 location（Aarts 1977：88），或者 agent，experiencer，theme，goal，recipient，source，location，instrument，beneficiary，proposition（Carnie 2007：231），或者 theme/ patient，agent/ actor，experiencer，benefactive，instrument，locative，goal，source（Radford 1988：373）。很明显，这些角色分类来自相同的体系，但有细微的差别，并且不同作者在使用某些角色时方法也不同。这些差别一部分是由于上述"基本清单"融合了来自不同传统的角色。本章将对部分角色的不同用法或可能存在的混淆进行讨论。

10.2.1　施事/施动者和受事

在及物性（transitivity）和格系统的研究中，施事（Agent）名词组 A 和受事（Patient）名词组 P 之间的区分至关重要。我们可以简单地说（1）中的 A 论元是"行动者"，而 P 论元是"行动承受者"。

（1）Jones（A）patted Lassie（P）.

此处施事与受事的划分是独立于现在使用的论旨角色系统的初始版本而发展起来的。A 和 P 的确定主要是依据它们在带有基本动作动词的及物句中的形式（形态学和/或在句子中的位置），通常不必精确地给出（1）中如此使用的施事和受事的语义。

研究及物句中决定 A 和 P 的语义因素则揭示了论元的一系

列属性或论元之间的关系，对 A/P 的指派做出贡献。用以确定
A 论元的主要属性列举在（2）中，大致按照其重要性排序：

（2）**A（施事）因素**

只能是有生命的

a. A 有意志——主动参与到一个事件或状态中。

b. A 可以控制对事件或状态的参与。

c. A 是一个事件的有意发起者或煽动者。

d. A 有意识、知觉力、洞察力。

有生命的或无生命的

e. A 是发起者、煽动者或者某一事件或状态的起因。

f. A 是对另一个体的作用力或阻力。

g. A 是移动的个体，移向另一个静态的个体。

h. A 是一个在静态背景上运动或者相对于另一个静态
的个体。换言之，A 是"图形＋背景"中的图形。

与语法传统不同，哲学上关于施事性的研究主要关注责任和
决策。在哲学传统中，只有（2a-c）概括施事特征，而且即便这
些特征也有争议。严格哲学意义上的施动性也用于语言学，也是
8.5 节中用于检测施动性的属性。其中的一些检验方式复述
如下：

（3）a. Jones persuaded Bianca to try the veal.

Jones 劝 Bianca 吃点小牛肉。

b. Shut that door!

关上门！

c. Jones carelessly left the door open.

Jones 漫不经心地让门开着。

在（3a）中，Bianca（在严格意义上）被认定为施事，因为被说服去采取行动蕴涵形成行动的意图；（3b）中的祈使语气表明 *shut the door* 作为谓词需要一个施事，因为你不能命令某人去做某事，除非他们对做此事有控制力；（3c）中的 *carelessly* 表明 Jones 是施事，因为该副词预设了 Jones 有潜力控制他自己对门采取的行动。

简言之，施事这个术语有两种完全不同的意思，一个包含了另一个。从现在开始，我将用施事表示狭义的，更多为哲学上的涵义，而用施动者（Actor）表示广义的，与语法中的 A 论元相关联的意思。

P 论元，通常作为及物句中的宾语，同样由一系列的属性确定，尽管这些属性与 Actor 相比没有得到那么广泛地研究。受事的属性按顺序在（4）中列出：

（4）**经受变化的受事**

    a. P 经受状态的改变直到事件的终结点；状态完全改变。

    b. P 经历运动达到一个所描述的最终场所。

    c. P 经历事件中状态的改变，并不一定到达终点。

       P 表示的是"受到影响"：P 受到影响或者因为某个事件或状态而发生某种改变。

    并不一定经历变化的受事

    d. P 是有接触运动的静态目标或者是另一个体行为的静态目标。

    e. P 是另一个体作用力的目标。

f. P 在事件或状态中缺乏控制力或引发力。

例（5）总结了 A 和 P 两种因素的比较：

（5）

	A	P
独立且典型的；较强的因素	• 有意志力和控制力 • 引发事件	• 经过变化达到某种状态或场所
相对或相关的；较弱的因素	• 有意识或感觉的 • 移动的 • 动力和力量的来源	• 不一定有意识或感觉 • 静止的 • 动力或力量的目标（消耗力量）

此处较高层的因素相互之间是彼此独立的，因为状态的完全改变与有意志力或引发性之间没有明显的关系。但是低层的 A 和 P 因素之间却并非同样地彼此独立，可以说二者是在测量施动性的相对程度。在低层因素中受动者是以施动者的否定形式确定的，即受动者在动态上不如施动。这使得许多无变化受动者具有某种模糊的"别处或他者"特征，通常概括描述为"动词所表达的事物"（the thing verbed）。

有些论旨角色的清单中，所有角色都被归为某种类型，包括施事和受事。我要使用的方法是把 A 和 P 这两种角色与其他角色分开研究：施动者和受动者是原型角色，两者共同组成了一个独立的二元体系，称为**行动层级**（action tier），独立于其他角色。我后面还会回到这一话题。

10.2.2　处所性角色

之所以称为处所性角色是因为他们都与空间或隐喻性运动或

处所的概念有关。Jackendoff（1972：29－34）识别了几个主要的处所角色：客体（theme）、目标（goal）、来源（source）以及处所（location）或方位（locative）。在一个运动事件中，客体是运动的实体（运动客体），来源是客体从某个体或处所开始移动的起点，目标则是客体运动朝向的个体或处所。如（6）所示：

(6) a.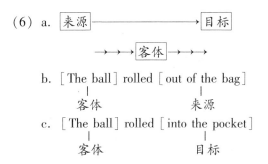

    b. ［The ball］rolled［out of the bag］
           ｜   ｜
          客体   来源

    c. ［The ball］rolled［into the pocket］
           ｜   ｜
          客体   目标

（6b）和（6c）的例子提出一个值得讨论的问题——即（6c）中的目标角色是归属于 *the pocket* 还是归属于 *into the pocket*。（6b）中的来源也存在相同的问题。我将假设整个介词短语表示目标，因为带有目标的句子中，如 *The ball rolled［over there］* 或者 *The ball rolled［away］*，目标的表达并没有指向任何特定的个体。

在一个静态处所句中，客体就是位于处所的事物。如（7）所示，地点就是处所。

(7) ［The jug］remained［on the table］.
       ｜   ｜
      客体   处所

由隐喻性运动而表达的一种状态的改变也赋予处所角色。例

如 *The curtain faded* 被看成是"窗帘从没褪色的状态向褪色状态的运动"。相应地，经历了这种状态改变的个体就是客体（状态改变客体或称 COS 客体）。如果所表达的是最终状态，那么这个状态分析为目标。例如（8b，c）：

(8) a. [The curtain] faded.
　　　　　　|
　　　　　客体

　　 b. [The sky] turned [purple].
　　　　　　|　　　　　　|
　　　　　客体　　　　目标

　　 c. [Jones] flew [into a rage].
　　　　　　|　　　　　|
　　　　　客体　　　　目标

对于某些排放义动词，需要考虑到一种略微不同的来源角色。如（9）所示，这类来源总是由实体表达。

(9) a. [The rocks] dripped [water].
　　　　　　|　　　　　　　|
　　　　　来源　　　　　　客体

　　 b. [The chimney] belched [thick brown smoke].
　　　　　　|　　　　　　　　　　　|
　　　　　来源　　　　　　　　　　客体

许多运动义动词都与路径论元（path argument）一起使用，这个路径论元既不是目标也不是来源。如（10）所示，这些例子中路径论元并没有确定运动起点（来源），也没有确定运动终点（目标）。

(10) a. →→→ 客体 →→→

　　 b. [Jones] ran [along the cinder path].
　　　　　　|　　　　　　|
　　　　　客体　　　　路径

c. ⌈The glider⌉ drifted ⌈through the clouds⌉.
　　客体　　　　　　　　　　路径

如果我们将一个路径论元作为对一个运动客体的路径的表述，那么目标和来源也可以归属于路径的类型。这些术语之间的关系如表（11）所示：

（11）

| 路径 1（path1） | | |
| 目标（goal） | 来源（source） | 路径 2（path2） |

这类既不是来源也不是目标的路径论元没有特定的名称，而是概括性地称为路径（path）。狭义的 Path（即 path 2）是 path1 的自动下义词（autohyponym），即 path 这个词是它自己的下义词（或从属词）。这一模式在确定论旨角色时会造成潜在混淆。严格地说，目标和来源都属于路径，但路径这个术语经常是在狭义的 path 2 意义上使用的，指一个开放的路径（即没有终点）。

10.2.3　接受者和受益者

我早前说过，确定处所角色的运动意象可以是空间的也可以是隐喻的。一个特殊的空间隐喻体现在"据有"，是与目标角色不同的**接受者角色**。接受者是拥有运动后客体的实体，如 *Jones gave the scraps ⌈to the dog⌉*。目标和接受者之间的区别以及设立一个独立的接受者角色的动机在于双宾语结构（double object construction）。下例中，（b）句是双宾语结构——两个名词组紧跟在动词之后而没有任何介词。

（12）a. Liam showed [the photos] [to his girlfriend].
　　　　　　　　　　　　客体　　　　　　　接受者
　　　b. Liam showed [his girlfriend] [the photos].
　　　　　　　　　　　　接受者　　　　　客体

双宾语形式不能用于非接受者目标。例如（13b）就是不合规范的：

（13）a. Jones whacked [the ball] [to the boundary].
　　　　　　　　　　　　客体　　　　目标
　　　b. #Jones whacked the boundary the ball.

类似的方式也用来确定**受益者论元**（benefactive argument）（有时候也称为"受惠者"（beneficiary））。宽泛地说，受益者是意为占有客体，但实际却不可能占有客体的那个论元。带受益者论元的双宾语结构可以与 *for*-介词短语替换。

（14）a. Jones made [a new kennel] [for the dog].
　　　　　　　　　　　　客体　　　　　　　受益者
　　　b. Jones made [the dog] [a new kennel].
　　　　　　　　　　　　受益者　　　　客体

10.2.4　体验者和引发物（stimulus）

表达感觉和情感的动词称为**心理动词**（psych verbs）。所有的心理动词都有一个体验感觉和感知的论元，称为**体验者**（experiencer）。感知动词通常还有一个被感知事物的论元，称作**引发物**。情感动词也可能有一个引发物论元，即引发情感的事物。

(15) a. [Jones] saw [the approaching posse].
　　　　　│　　　　　│
　　　　体验者　　　引发物

　　 b. [Lassie] smelt [smoke].
　　　　　│　　　　　│
　　　　体验者　　　引发物

　　 c. [Ruth] enjoyed [the cable car ride].
　　　　　│　　　　　│
　　　　体验者　　　引发物

　　 d. [The movie] bored [Simon].
　　　　　│　　　　　　│
　　　　引发物　　　　体验者

　　我在本章开头就说过，论旨角色是对特定的语法实现的论元的广义的语义分类，如格标记（如各种名词形式 he 和 him，she 和 her）和/或者句法位置（如主语，宾语，间接宾语）。心理动词主要的问题是，它们似乎没有系统地表达论元：体验者和引发物都可以表达为主语或宾语，如（15）所示。Pesetsky（1995：55-60）认为这个问题可以通过对引发物角色的重新分析来解决，因为引发物角色在两类动词中的划分并不相同，分别称为**主语-体验者**（subject-experiencer）和**宾语-体验者**（object-experiencer）动词。Pesetsky 的分析主要基于句法理论——我在这里只列举他的一部分观点。Pesetsky 发现一个宾语—体验者的引发物主语引起或引发情感，但情感却不必指向引发物主语。例如在（16a）中，文章使得 Thomas 对某些事感到愤怒，但他自己也许很认可文章并同意其观点。在（16b）中，电视机也许让 John 开始担心一些问题，但担心的并不是电视机本身——例如，他儿子房间里的这台昂贵的电视机可能让他担忧儿子是从哪里弄到钱来买电视机的。在这些情况中，Pesetsky 认为，所谓的引发物实际上是一个诱导论元（应归入广义的**施动者**之列，参见10.2.1 节）

（16）a. [The article] enraged [Thomas].
　　　　　　诱导－引发物　　　　体验者

　　b. [The television set] worried [John].
　　　　　　诱导－引发物　　　　体验者

相反，对于主语－体验者动词，情感必须指向引发物。如（17）所示。[Pesetsky 还区分了目标引发物和命题引发物，但我将用目标（target）来包含二者。]

（17）a. [Midge] loves [ice cream].
　　　　　体验者　　　目标－引发物

　　b. [Jones] feared [the poltergeist].
　　　　　体验者　　　目标－引发物

带有命题论元（proposition argument）的动词，例如 *think*，*believe*，*hope*，*fear* 等，在论旨关系研究中并不经常讨论，但却有理由将其归入主语－体验者动词。命题论元可被看成是体验者思想的目标或内容，通常还表达了对命题所持有的某种情感和态度。

（18）a. [Jones] feared [that he would be too late to see the
　　　　　体验者　　　　目标－引发物
　　fireworks].

　　b. [Jones] had always believed [that oysters were
　　　　　体验者　　　　　　　　　　目标－引发物
　　poisonous in May].

10.2.5　附加语是否具有论旨角色?

论旨角色早期研究既包括主要动词的论元，也包括了附加语。（附加语指修饰性成分，句法上不属于动词的论元——见 2.3.1 节对论元和附加语的介绍。）这里最后考虑传统角色——工具（instrument）。工具角色由修饰语 *with* 短语表达。如（19）所示：

(19) a. He opened the door [with an old key].

　　 b. She mixed the concrete [with a piece of broom handle].

论旨角色理论研究发展的后期，论旨关系被认为是动词意义的一部分，由一个动词分配给它的论元。**题元角色** 这个术语（也可写作 θ 角色，θ 是希腊字母"theta"）指句法中由谓词分配的角色。由一个动词分配的 θ 角色是词库中动词词条的内容，以 **θ 格**（theta grid）表现。如（20）所示：

(20) *give*〈施事，客体，接受者〉

然而，有一些传统的论旨角色并不是由动词决定的，而是句法上的附加语。例如（21）中的工具角色。附加语的各种关系可以认为是由典型的介词决定的，而不是由它们所修饰的主要动词所决定的。例如，工具角色是介词 *with* 在某一语义下论元结构的一部分，受益者角色是在介词 *for* 的某一语义下赋予的，而不是由动词决定的。角色与谓词的关联由（21）表示：

（21）

<施事，接受者，客体>　　　　　　<工具>

　　区分动词论元和附加语也帮我们看清各种处所表述之间的差异。在 Jackendoff 最初的概述中，处所论旨关系是由与客体发生关联的处所表达所赋予的。如（22）所示：

（22）Jones is ⌈in the garage⌋.

　　这不包括更为宽泛的修饰整个事件的地点状语。例如（23）中的地点状语——这些被称为**框架方位词**（frame locatives），不包含在 θ 角色之中。

（23）Gina and her friend met for a game of basketball ⌈in the park⌋.

　　尽管（23）蕴涵 Gina 和她朋友都在公园，但这只是因为她们是发生在公园的整个事件的一部分，处所词并不是他们直接的谓词。第 11 章将对这类状语进行进一步的分析。

　　早期论旨关系的理论主要关注个体参与事件的方式。随着研究重点朝 θ 角色的转移，某些动词所需的非个体表达（明显也是论元）也可以承担 θ 角色。cost 和 weigh 这样的动词往往需要一种计量表达，通常是直接宾语。如（24）所示：

（24）a. The whole set cost ⌈two thousand pounds⌋.

　　　　b. The rig weights ⌈five tons⌋.

c. The bucket holds [nine litres].

最后，像 *behave*, *act* 和 *treat* 这类表示行为的动词需要一个方式状语——如果所有的强制性短语（特定动词所需的）都是论元并且所有的论元都承担 θ 角色的话，那么这说明存在一种方式角色。

(25) a. They treated him [very well].

b. He acted [like a fool].（不是 "He played a part in a play foolishly"）

c. The dogs behaved [impeccably].

10.2.6 客体和受事者

我早前提过，*path* 是一个自动下义词，重复于下表 (26)。这类既没有来源又没有目标的路径就叫作路径，但在此意义上（即意味着 "开放路径"），*path* 2 是 *path* 1 的下义词，即 *path* 是自己的下义词，或者叫自动下义词。

(26)

path 1		
目标（goal） to the lighthouse	来源（source） from the mirror	路径 2（path 2） along the beach

宏观受事者角色也有类似的情形。受事者主要的属性（参见上文例 (5)）是状态的改变和位置的改变，所以客体是标准的受事者。但还存在非客体的受事，他们只是被称作受事而已。

如（27）所示：*patient*（狭义的）是 *Patient*（广义的）的下义词。

（27）

Patient			
移动的客体 *Jones lifted* 〔*the tarpaulin*〕	状态改变 *Jones boiled* 〔*the glue*〕	目标引发物 *Jones saw* 〔*the spots*〕 *Jones liked* 〔*the jingle*〕	patient ＝"接触者"或"受影响者" *Jones patted* 〔*Fido*〕

有些作者也用客体（*theme*）这一术语来表示广义的受事（Patient），所以客体角色被分配给任何有宾语特点的论元。如上文（5）所列的特点。这种术语上的不同可能会引起混淆，但只要你知道这些变化何时会发生也应该很容易弄清楚。本书采用的各种用法将在下一节中总结。

10.2.7　小结

下表总结了到目前为止讨论过的各种角色之间的关系。如我们所见，这些角色之间不是简单的罗列关系，而是涉及三个不同的层级或领域。动作层级被分为两个部分，即施动者和受事者，根据在事件中的动态性或自主性的多少而定。施动（Actor）广义角色使用时通常有两个次角色，即施事（agent，针对意志力和控制力）和引起者（causer，通常针对非施事的起因，如自然力），但所有这些角色都还是动作层级的一部分。事件层级的角色涉及空间或隐喻性处所或变化，而我所说的心理层级包含心理事件中的角色。

（28）

动作层级（按动态性和自主性排序）：宏观角色	施动者		受事				
	施事	引起者					
事件层级（空间位置和移动）：处所角色	客体	路径					
		来源	目标			路径（开放路径）	处所
			空间目标	接受者＝占有者	受益者＝有意占有者		
心里层级	体验者				引发物		
					引起者		目标
其它?	程度、方式……						

在一个句子中，论元被赋予宏观角色的同时，也被赋予事件角色或心理角色。角色和宏观角色的组合如（29）所示：

（29）a. ［Jones］dashed［out the door］.
　　　　　｜　　　　　　　｜
　　　施动者－施事　　　　路径
　　　　客体

b. ［Jones］seized［the ball］.
　　　　　｜　　　　　｜
　　　施动者－施事　　受事
　　　接受者　　　　　客体(隐喻性动作;球被 Jones 占有)

c. ［Jones］sent［emails］［to everyone he knew］.
　　　　　｜　　　　｜　　　　　　｜
　　　施动者－施事　受事　　　　接受者
　　　来源　　　　　客体

d. ［Jones］absolutely loved［the circus］.
　　　　　｜　　　　　　　　　　｜
　　　施动者　　　　　　　　　受事

体验者　　　　　　　　目标－引发物

e.　　［The circus］　thrilled ［Jones］.
　　　　　　|　　　　　　　　　　　|
施动者－引起者　　　　　　受事
　　　　　　　　　　　　体验者

　　论旨关系的使用非常广泛，特别是用于讨论与他们关系密切的句法形式。多数理论家在使用论旨关系时都采用简单角色名称表示实际上很复杂需要进一步分析的角色。论旨角色的进一步分解或分析将在下一章讨论。

10.3　论旨角色的深入分析

　　论旨角色研究从动词条目的题元角色的列举到更为精确的表述，这个转变是许多因素造成的。其核心思想是一个动词词条包含该动词实际意义及其音系、形态和句法特征的全部信息。人们较少关注如何对意义进行更详尽的表征，但广为引用的 Guerssel 和他的同事（1985）对动词 *cut* 的分析是一个明显的例外。

　　（30）x CUT y:

　　　　　　x 对 y 实施 CUT，使锋利的刀刃与 y 接触。x 锋利的刀刃与 y 接触破坏了 y 物质上的完整性。

　　像这样的一个分析必须包括论元变量，因为论元数量及其性质都是需要被定义的一部分。理想的做法是，每个论元的论旨角色应当以其变量的意义来确定。我们可以从（30）中的定义推论，y 经历了"物质的完整性被分离"后，发生了状态改变，但这种状态的改变没有直接表现出来，只是间接地表现出来。因此要构建一种新的动词分析方法，从而在定义动词意义时，论元的角色得以清晰地表现。

我们也知道，对于某些动词而言，建立一个让人满意的 θ 格根本不可能（采用罗列各种角色名称的方式）。就这一点而言，我们需要一点句法学的背景知识。

回顾一下，论旨关系和题元角色是与句法形式和/或词汇形式相关的意义。例如，我们关心施动者/受事的区别，因为它决定哪个论元是主语，哪个论元是宾语。许多关于题元角色的句法理论就题元角色与句法形式之间的联系提出了两条主要原则（虽然原则的具体形式会有所不同）。第一条原则便是题元标准（Theta Criterion）：

（31）**题元标准**

　　　　每个论元只承担一个题元角色，每个题元角色只分配给一个论元。

在应用题元标准时必须考虑宏观角色与基本角色相结合的可能性（参见上文例（29））。这里主要要说明的是一个谓词不能赋予两个论元相同的角色。

句法学的另一主要观点有许多不同的版本，但最广泛使用的两个版本是题元分配一致性假设（Uniformity of Theta Assignment Hypothesis，简称 UTAH）和普遍关联假设（Universal Alignment Hypothesis，简称 UAH）。分配统一性诠释如下：

（32）**分配统一性**（Uniform Assignment，简称 UA）

　　　　某一确定的题元角色统一分配给具有相同语法类型的短语（如主语、宾语和直接宾语）

我们已经知道，施事对应句子主语，受事对应主动语态的直接宾语。根据统一分配原则，所有题元角色都体现这样的对应规律。你可能注意到，我们已经有一些 UA 原则的例外情况了，特别是受益者（*He made a trellis* [*for me*]，*He made* [*me*] *a trellis*）和受事（*She sent a postcard* [*to him*] / *She sent* [*him*] *a postcard*），二者都有两种形式，而不是 UA 原则所预测的一种形式。这样的问题正是 UA 原则有很多不同版本的主要原因，因为每种版本都力求找到一个可行的方案。即便如此，有关施事和受事的角色分配属性还是普遍接受的。

以题元标准和 UA 原则为背景，我们现在可以转向 Pappaport 和 Levin（1988）的观点。他们认为 θ 格没有给出足够的题元角色和论元表达的信息，他们用所谓的 *spray/ load* 进行了说明。

我们知道 *give* 这样的动词可以有两种方式表达论元（*Jones gave a bone to the dog/ Jones gave the dog a bone*）。这种现象称为**论元变换**（argument alternation），有时也叫作**动词特质**（verbal diathesis）。(33) – (34) 是 *spray/ load* 论元变换的实例：

(33) a. Jones loaded [the hay] [onto the truck].   PUT 变体

     b. Jones loaded [the truck] [with (the) hay].

                                            with 变体

(34) a. Hermione draped [the wet rags] [on the unfinished sculpture].

     b. Hermione draped [the unfinished sculpture] [with the wet rags].

spray/ load 论元变换的一个显著特点是两句直接宾语的**整体性效果**（holism effect）：直接宾语被认为是完全（或整体）参与或者是在事件中被"完全消耗"。如（35）所示：

（35）a. Jones loaded ［the hay］onto the truck…

　　　！…and put the left-over hay in the barn.

　　　…and there was still room for the piano.

　　b. Jones loaded ［the truck］with hay…

　　　！…and there was still room for the piano.

　　　…and put the left-over hay in the barn.

在（35a）中 the hay 是直接宾语，理解为完全参与到事件中。换言之，Jones 把所有的干草都放到拖拉机上，所以接着说剩下的干草就显得很奇怪（我用符号"！"来表示奇怪，尽管这种效果不如逻辑上的矛盾那么明显）。（35a）中的 the truck 不一定理解为装满了，所以继续说还有位置装钢琴是可以的。相反，在（35b）中直接宾语是 the truck，拖拉机被认为是完全参与到装载事件中，即装满了干草。所以接着说有关放钢琴的事就很奇怪。（35b）中的干草不被认为是完全参与，所以接着说剩下的干草并不奇怪。

首先，整体性效果似乎可以支持 UA 原则关于客体的表述。我们从 10.2.1 节了解到经历变化（属性或处所的变化）是受事的标准属性，故客体是标准的受事者，因为经历变化是客体的特征。因此，客体作为典型的受事，被表达为直接宾语。在 spray/load 互换中，最强烈的变化，即完全改变似乎是客体，句中的受事，因此是直接宾语。这就解释了为什么整体性效果与直接宾语有关。如果我们试着用 PUT 变体和 with 变体的题元系统来表述这一思想，就需要一个新的题元角色分配给 with 短语，如（36）所示。我们知道（36a）中的客体是干草，所有的干草都装载好了，但在（36b）中拖拉机是客体完全被装满，因此干草不可能也看成是客体，这是因为题元标准规定一个特定动词不能将同一个角色分配给一个以上的论元。根据 Rappaport 和 Levin 的讨论，出于方便我在这里使用媒质（medium）这个术语。

(36) a. [Jones] loaded [the hay] [onto the truck]. PUT 变体
　　　　 |　　　　　　　　 |　　　　　 |
　　　　施事　　　　　　客体　　　　目标

　　　b. [Jones] loaded [the truck] [with the hay]. *with* 变体
　　　　 |　　　　　　　　 |　　　　　 |
　　　　施事　　　　　　客体　　　　媒质？

这一分析的问题在于它不能解释两个变体之间的蕴涵关系。*with* 句蕴涵 PUT 句，但反之却不行。

(37) a. *Jones loaded the truck with hay* 蕴涵 *Jones loaded hay onto the truck.*

　　　b. *Jones loaded hay onto the truck.* 不蕴涵 *Jones loaded the truck with hay.*

这一蕴涵关系不能通过题元系统提出的两个题元格 〈agent, theme, goal〉 和 〈agent, theme, medium〉 来表达。特别是我们无法表明媒质论元也能够成为一个运动的客体。

因此，Pappaport 和 Levin 做出如下结论：*with* 变体语义上更为复杂，包括（故蕴涵）PUT 变体。这种关系在他们的**词汇概念结构**（LCS）中得到清晰地表达。如（38）-（39）所示：

(38) [Jones]$_x$ loaded [the hay]$_y$ [onto the truck]$_z$ PUT 变体
　　 LCS for *load*：x CAUSE [BECOME [y on z]]

(39) [Jones]$_x$ loaded [the truck]$_z$ [with hay]$_y$　　*with* 变体
　　 LCS for *load*：x CAUSE [BECOME [loaded (z)]]
　　 BY MEANS OF [x CAUSE [BECOME [y on z]]]

这一分析得到了预想的结果。首先，*with* 变体蕴涵 PUT 变体，因为 *with* 变体的定义包含了 PUT 变体的定义。PUT 变体不包含 *with* 变体。其次，*the hay* 在两个变体中都表现为动作客体，因为两个 LCS 都包含 BECOME［y on z］部分。第三，Pappaport 和 Levin 提出论元的表达由 LCS 主句确定。因此，嵌入 *with* 变体中的 BY MEANS OF 从句就没有参与论元的表达。*with* 变体的主句——x CAUSE［BECOME［loaded（z）］］——蕴涵 z 经历了状态的变化，因此预测 z = the truck 将成为直接宾语，因为它是一个 COS 客体。

概括地说，Pappaport 和 Levin 认为题元角色标记是动词 LCS 模式的缩略形式，包括（40）中的常用角色。广义的表达式被称作**图式**（schemata（schema 的复数形式）），有时也称作**次图式**（sub-schemata）。

（40）a. 施事 = x CAUSE［...］中的 x

b. 客体 = BECOME［predicate（y）］中的 y

c. 目标 = BECOME［be-at（y, z）］中的 z

Rappaport 和 Levin 的 LCS 与早期词汇解构理论不谋而合。词汇解构理论中最有影响力的是 Dowty（1979），但 Miller 和 Johnson-Laird（1976）也对许多谓词进行了详细的解构分析。Dowty 理论被吸收发展纳入**角色和参照语法**（Role & Reference Grammar）中，特别是 Van Valin 和 LaPolla（1997）的理论中。分解分析（即在词以下的层面）也称为**词汇语义表达式**（lexical semantic representation，简称 LSR），有时也叫作逻辑形式（logical form，简称 LF）或语义形式（semantic forms，简称 SF）。

Dowty 理论起初用来分析事件谓词的体分类或者情状分类（*Aktionsarten*，参见第 8 章），反映事件的时间结构而不是谓词的论旨结构。然而，后来的讨论表明，他的分析更像是对论旨角色的分析而非对体的分析，尽管 Dowty 理论的使用者对于他的分析是否是有关论旨的，或有关体的，或两者兼而有之存在分歧。在下一节，我将在 Van Valin 和 LaPolla 对 Dowty 理论扩展的基础上，主要对体的差异发表一些自己的看法。

10.4　词汇概念结构和论旨角色

LCS 公式使用了逻辑表达方式，含有某些惯用做法：

·算子（operator）是事件的组成部分，包括 BECOME 和 CAUSE，用大写字母表示。一个算子至少带一个事件论元。

·事件论元用方括号括起来。

·作为动词 LCS 一部分的非算子谓词，用粗体表示。

·这些惯例随着行文的展开会越发清晰。

10.4.1　动作层级

宏观施事和受事角色没有直接的符号表示，是由基本角色决定的，但施动者的各种下一级类型却得到分析。Dowty 提出了用作用词 DO 来表示涉及意志力和/或控制力的真正的施事性。DO 的第一个论元是一个个体，第二个论元是事件。

(41) Jones walked.　　　　　DO (j, [**walk** (j)])

Van Valin 和 LaPolla 的版本保留了 Dowty 想要表现事件的体分类的意图，包括了过程与状态的区别。他们发现在 Dowty 的表达式中，一个状态，如 *John is asleep*，表示为 asleep (j)，而一个非状态，如 *The flag fluttered*，表示为 flutter (the flag)。这两种公式都用 predicate (x) 的形式，而没有显示出状态与一般非状态的区别。Van Valin 和 LaPolla 增加的广义活动谓词 ***do*** 表示非状态，如（42）所示：

（42）a. Jones is asleep.　　　　　　　　　　asleep（j）

　　　 b. The flag fluttered.

　　　　　　　　　 do（the flag,［**flutter**（the flag）］）

这个广义行为标记 **do** 也表明较低一级的施动者。例如（42b）中的 flag，具有行动中的施动者属性。

一个引发者论元是 CAUSE 作用词的第一个论元。如（43）所示：

（43）The sun melted the chocolate.

　　　CAUSE ［the sun,［BECOME ［**melted**（the chocolate）］］］

在哲学传统中，因果关系（causation）通常认为是事件之间的关系，而不是个体与事件之间的关系，所以许多研究者不认同 CAUSE 中的第一个论元是个体，如（43）。取而代之的是用一个不确定的个体的行动（用广义行为谓词 **do** 表示）表示一个起因事件。这两种风格的分析都在（44）中表示出来。从自然语言的语义出发，我将假定个体可以作为一个事件的起因，如（44c）所示。此时，我还要在作用词 CAUSE 前后都采用论元排序的惯例——这样表述起来更容易。

（44）a. The branch broke the window.

　　　 b. ［**do**(thebranch)］CAUSE［BECOME［**broken**（the
　　　　　　起因事件

window)]]

c. the branch CAUSE [BECOME [**broken** (the window)]]
  ⎵
  起因个体

（45）显示各种施动者类型的概括图式。

（45）施事 = DO (x, [...]) 中的 x

引起者 = x CAUSE [...] 中的 x

或 [**do** (x)] CAUSE [...] 中的 x

非施事的，非起因的施动者 = **do** (x, [...]) 中的 x

原则上，DO 作用词可以有多种辖域，反映事件的哪个部分包含在施动者的意图中。例如（46）表明了有意或无意打碎玻璃的区别：

（46）a. Jones broke the window.

b. DO (j, [**do**(j)]) CAUSE [BECOME [**broken** (the
      ⎵⎵⎵⎵⎵
   Jones 有意识地做了这个部分——他并不想把玻璃打碎

   window)]]

c. DO(j,[**do**(j)]CAUSE[BECOME[**broken**(thewindow)]])
   ⎵⎵⎵⎵⎵⎵⎵⎵⎵⎵⎵⎵⎵⎵⎵⎵⎵⎵⎵⎵⎵
   Jones 有意识地做了这个部分——他故意将玻璃打碎

这里施动性辖域不同并不是谓词意义的一部分。像 *Jones broke the window* 这样的句子并没有明显地表现（46b）和（46c）的区别。在下面的讨论中我将忽略 DO 作用词的辖域。

施事性存在与否通常是语用问题，取决于主语表达的个体类型。在例（47）中，主语是不同类型的施动者，造成打碎玻璃的方式不同。Jones 是施动性的，因为他有控制自己动作的潜在能力，但树枝和暴风却不是施动性的。树枝是由于与玻璃撞击而将其打碎，而（47c）理解起来非常含糊，类似"The window got broken in the storm"。

(47) a. Jones broke the window.

b. The branch broke the window.

c. The storm broke he window.

d. LCS causative break：x CAUSE ［BECOME ［broken (y)］］

关于施动性的问题可能与包含其他施动性的表述有关。例如 *deliberately* 和 *accidentally* 只对（47a）适用。但是这类差别并不是起因动词 *break* 意义的一部分，因此施动作用词 DO 并不在该动词的 LCS 中［见（47d）］。换言之，动词 *break* 并不具备内在施事性，但句子的上下文可能会增加施动性，这种施动性会出现在对整句话的解构分析中。

10.4.2　客体、目标和处所

与 Pappaport 和 Levin 的方法保持一致［参见上文例（40）］，COS 客体和目标可以用（48a，b）分析。处所客体是 **be-at** 的第一个论元，而处所是 **be-at** 的第二个论元。如（48c，d）所示：

(48) a.　客体 = BECOME ［predicate (y)］ 中的 y

b.　目标 = BECOME ［**be-at** (y, z)］ 中的 z

c.　处所客体 = **be-at** (y, w) 中的 y

d.　处所 = **be-at** (y, w) 中的 w

如果动词表达了一个特定的空间关系，这种空间关系可以由

be 谓词的不同形式表示出来。

> (49) Jones inserted the key in the lock.
>
> DO（j，［CAUSE［BECOME［**be-in**（the key，the lock）］］］）

其他的动作事件角色（来源、路径、行动客体）更为复杂，将在下面的 10.4.4 节单独讨论。

10.4.3 体验者和引发物

对宾语－体验者动词的分析采用 Pesetsky 的分析方法（参见 10.2.4 节）。引发物分析为起因，而体验者是广义情感谓词 **feel** 的第一个论元（Van Valin 和 LaPolla：103 页）。

> (50) a. The article angered Jones.
>
> b. the article CAUSE［BECOME［**feel**（j，angry）］］
>
> c. 引起者—引发物 = x CAUSE［BECOME［**feel**（y，predicate）］］中的 x
>
> d. 体验者 = **feel**（y，predicate）］中的 y

主语－体验者动词，用我们目前已知的工具还不足以分解，而 Van Valin 和 LaPolla（115 页）将它们视为简单谓词。如 (51) 所示。相应地，对于与体验者和目标－引发物相关的论旨角色还没有常规的定义。

> (51) 主语－体验者动词的 LCSs：**know**（x，y）；**want**（x，y）；**consider**（x，y）；**love**（x，y）

无论如何，这些论元的表达仍然能由宏观论旨角色预测出来。像 know 和 want 这样的动词蕴涵体验者的论元是有意识的，但目标－引发物却没有这样的蕴涵。回顾一下 Pesetsky 的论述，他认为目标－引发物不是引起者，因此没有施动者因素。按此推理，体验者论元是施动者，因为它具有有意识的施动者属性。另一方面，带有宾语－体验者动词，如 annoy，引发物则是引起者－引发物，并且这个起因属性是比有意识性更高层级的施动者属性，所以引起者的层级高于体验者的层级。

10.4.4　运动事件角色

在 4.8 和 9.8 节，我提出了逻辑语义理论的瘦本体论问题，即语言体系的基本"事物"类型只有个体和命题——具体来说，没有直接的方式表示路径中客体的运动。基于 Dowty 的 LCS 理论通常只对朝向目标的运动进行分析，可以用 BECOME + **be-at** 表示。如（52b）或（52c）：

(52)　a. Jones ran to the beach.

　　　b. DO（j，[**do**（j，[**run**（j）]）] CAUSE [BECOME [**be-at**（j，the beach）]]）或

　　　c. DO（j，[**do**（j，[**run**（j）]）] & [BECOME [**be-at**（j，the beach）]]）

Levin（2000：418）以及 Van Valin（1997：101，109）认为，活动谓词如 run to the beach 不是起因谓词，所以（52b）是不正确的。要想在这样的句子中把 CAUSE 替换掉，Van Valin 和 LaPolla 提出用两个合取连接符，"&"表示"随后"，"∧"表示"同时"。（52c）是他们对 run to the beach 的分析：即 Jones 跑了，并随后到达沙滩。

(52c) 分析的一个优点是，它保存了把运动的客体和状态的客体都定义为 BECOME [predicate (y)] 中 y 的概括性。然而，这样的分析不能直接用在路径运动上，因为后者没有一个明确的目标，如 *run along the river bank*。在分析中使用 BECOME 则会变成 (53b) 的样子，*furter-along-the-river-bank* 则需要更详细的分析，并且非常复杂。

(53) a. Jones ran along the river bank.

b. DO (j, [**do** (j, [**run** (j)])]) $\wedge$ [BECOME [**be-at** (j, further-along-the-river-bank)]])

(Jones ran and while he ran he became further-along-the-river-bank)

要在 LCS 中既要分析谓词的体分类，又要分析论旨关系，合取词 & 和 $\wedge$ 的区别就至关重要。*Run to the beach* 是有终结点的（参见 8.1 节）：指事件有一个确切的结束点。*Run along the river bank* 是无终结点的，指事件没有确切的结束点。下面 (54) 的图式表明有终结点和无终结点谓词的区别，部分是由于"跑"（running）和"变成"（becoming）之间的时间关系。在终结点事件中，变化发生在跑之后（& 表示"随后"），而在无终结点事件中跑和变化同时发生（$\wedge$ 表示"同时"）。

(54) a. [**do** (x)] & [BECOME [**be-at** (x, y)]]

run to the beach，有终结点

b. [**do** (x)] $\wedge$ [BECOME [**be-at** (x, y)]]

run along the river bank，无终结点

事件各部分之间的时间关系对于分析带有复杂路径的运动事

件也十分重要。如（55）：

(55) Jones ran from the cottage to the beach.

DO (j, [BECOME [~**be-at** (j, the cottage)]]) & **do** (j, [run (j)]) & BECOME [**be-at** (j, the beach)])

"Jones did this: he became not at the cottage and then he ran and then he became at the beach"

上述对来源分析，如我们所预期的，与对目标的分析相反：

(56) 来源 = BECOME [~ **be-at** (y, z)] 中的 z

用 BECOME 分析运动事件并没直接表明路径论元，也没对不同路径进行概括。由于运动动词（如 run）可以不加区别地采用所有种类的路径，这种方式就缺少了一个重要的概括。例如，像 *run* 这样的动词条目必须用于（57）中各种类型的路径。

(57) a. **do** (x, [**run** (x)]) & BECOME [**be-at** (x, z)]

         run to a goal

 b. **do** (x, [**run** (x)]) ∧ BECOME [**be-at** (x, further-z)]

         run along a path

 c. BECOME [~ **be-at** (x, z)] & **do** (x, [**run** (x)])

         run from a start-point

 d. **do** (x, [**run** (x)]) ∧ BECOME [**be-at** (x, further-z)]

         run further away from

另一种方式（也参见 2.3.3 节）是允许语言体系中有更多种类的"事物"，包括路径和处所等类型。Jackendoff 的概念结构理论提供了详细的路径分析，路径的类别也包含在 Miller 和 Johnson-Laird（1976：407）的词汇分析中。在两种分析中，空间介词可以是多重歧义的，可作为二元谓词（例如 *Toby is beside Possum* BESIDE（t, p））、路径函数和处所函数。一个路径或处所函数和一个论元一起构成一个路径或处所。例如 *along*（*the river bank*）；*from*（*the cottage*）；*in*（*the box*）。一个处所或路径可以是一个谓词的论元（即它是饱和的，参见 4.2 节）。一个处所论元通常是 **be-at** 的第二个论元，如（58a）所示。一路径论元是活动动词的论元，如（58b）所示：

（58） a. Judy is in the study. **be-at**（j, in（the study））

　　　 b. Judy ran along the path. **do**（j,［**run**（j, along（the path）））］）

使用路径分析运动时能够概括地表述一个带有路径论元的动词，如（59a）所示。符号 Fpath 代表路径函数，如 *along* 或 *into*。但也需注意，这种方式会使 COS 客体和运动客体拥有不同的定义。如（59b, c）所示：

（59） a. *run* **do**［ **run**（x,（F_{path}（z）））］

　　　 b. 运动客体 = predicate（x,（F_{path}, z））中的 x

　　　 c. COS 客体 = BECOME［predicate（y）］中的 y

综上所述，语义理论对本体论的不同假设导致他们之间的不兼容性，所以分析运动、路径以及与之相关的论旨角色的不同方法之间没有一个统一的概述。两种方法都各有利弊。在后面的讨论中我将采用路径分析。对事件层级不同的角色可能采取的各种分析总结在（60）中：

（60）

	瘦本体论（lean ontology）	丰本体论（rich ontology）
运动客体	y in BECOME ［predicate （y）］	y in predicate （y, （F_{path}, z））
COS 客体	y in BECOME ［predicate （y）］	y in BECOME ［predicate （y）］
处所客体	y in **be-at** （y, z）	y in **be-at** （y, z）
目标	z in BECOME ［**be-at** （y, z）	z in predicate （x, （F_{path}, （**at** （z）） ）
来源	z in BECOME ［ ~ **be-at** （y, z）］	z in predicate （x, **from** （F_{place}, （z）） ）
路径	—	F_{path}, （z）

10.4.5 接受者和受益者

既然我们要详细地分析动词的意义和论旨关系，我们可以重新考虑接受者和受益者造成的困惑，从例（61）的接受者角色开始：

（61）a. Jones gave the bone to the puppy.　　*to* 变体

　　　b. Jones gave the puppy a bone　　　　双宾语变体

这里的主要问题是这对句子似乎没有意义上的差别，而不像 *spray/load* 交替现象以及其他交替现象那样。对于 *spray/load* 交替现象，我们知道意义的差别与两种不同的论元投射一致，因此与 UA 原则一致。但像 *give* 这样的动词具有双宾语交替形式，并没有出现意义上的差别来解释两种论元表达方式。这个问题一直被讨论，却没有一致的解决办法。我将提出一个对 *give* 概括的分析，我认为这两种变体在意义上存在差别，但这种分析并不适用于所有具有相同互换现象的动词。

Hale 和 Keyser（2002）认为这种区别的关键体现在（62）这样的例子中。（背景是 Norman Mailer 写了一本关于 Nixon 的书并且指责他（Norman Mailer（1968）. *Miami and the Siege of Chicago: An informal history of the American political conventions of 1968.* Harmondsworth, Middlesex: Penguin Books.））

(62) a. Nixon gave a book to Mailer.

　　 b. Nixon gave Mailer a book.

Hale 和 Keyser 发现，只有（62b）的双宾语变体可以有以下解读：因为 Nixon 的个性以及他当时在政治中所扮演的角色给 Mailer 提供了一个极好的写书素材。相反，（62a）的 to 变体只能够解读为：Nixon 发出了给的动作，并且书由 Nixon 所有变为 Mailer 所有。

这一区别也体现在（63）-（64）这样的对比中。需要注意的是，如果没有所有权的转变，*to* 变体就显得不合适。

(63) a. The weather gave us an excuse (to be late).

　　　 天气给了我们（迟到的）借口。

　　 b. #The weather gave an excuse to us (to be late).

(64) a. Lupe gave an idea for a costume to Felicia.

　　　 (Lupe had the idea and passed it on.)

　　　 Lupe 给 Felicia 一个服装的想法。

　　 b. #The cultural festival gave an idea for a costume to Felicia.

　　 c. The cultural festival gave Felicia an idea for a costume.

带有双宾语结构的 *give* 通常表示"x 让 y 拥有 z",而 *to* 变体中的 *give* 表示"x 使得 y 从 x 所有变成 y 所有"。(65)分析了带有双宾语的动词变体。

(65) a. Jones gave the puppy a bone.

b. j CAUSE [**have** (the puppy, a bone)]

c. LCS give:x CAUSE [**have** (y, z)]

在 *to* 变体中,主语论元显然是一个施动者,同时也是一个来源。客体由给予者所有变成接受者所有,所以这一 *give* 的变体是一种隐喻性运动动词或转换性动词。因此,*Jones gave a bone to the puppy* 可以用 BECOME + be-at(瘦本体论)来分析。如(66)所示。或者用 go + path(丰本体论)来分析。如(67)。在(67)中,我引入了 F poss 函数来形成"Jones 所有"和"小狗所有"等隐喻性"处所"。

(66) *Jones gave a bone to the puppy*:BECOME **be-at** 分析

a. DO (j, [CAUSE [BECOME [**be-at** (a bone, F_{poss}(the puppy))] ∧ BECOME [~ **be-at** (a bone, F_{poss}(j))]]])

b. LCS give:DO (x, [x CAUSE [BECOME [**be-at** (y, F_{poss}(z))] ∧ BECOME [~**be-at** (y, F_{poss}(x))]]])

(67) Jones gave a bone to the puppy:**go** + path 分析

a. DO (j, [j CAUSE [**go** (a bone, **to** (F_{poss}(the puppy))) ∧ **go** (a bone, **from** (F_{poss}(j)))]])

b. LCS give:DO (x, [x CAUSE [**go** (y, **to** (F_{poss}(z))) ∧ **go** (y, **from** (F_{poss}(x)))]])

通过对 *to* 变体和双宾语变体不同的分析,"接受者"(receiver)论元所承担的角色就会得以区分。*to* 变体中的接受者论元是一个目标,因为是 CAUSE $[$BECOME $[$**be-at** $(y, F$ poss $(z))]]$ 中的 z,F poss 是隐喻性的处所函数。双宾语变体中的接受者是 BECOME $[$**have** $(y, z)]$ 中的 y,而这是接受者角色。

(68) a. 目标 = BECOME $[$**be-at** $(y, F_{poss} (z))]$

或 **go** $(y, \mathbf{to} (F_{poss} (z)))$ 中的 z

b. 接受者 = BECOME $[$**have** $(y, z)]$ 中的 y

现在我们谈一下受益者题元角色。回顾一下,受益者是预期接受者。如(69):

(69) a. Nellie built a useful garden shed $[$for James$]$.

b. Nellie built $[$James$]$ a useful garden shed.

受益者角色给我们现在使用的方法造成了一个特别的问题。这种方法的出发点是题元角色是由谓词赋予的,而受益者角色总是有选择地被表达,并且不是动词意义所蕴含的部分,所以它看起来更像是一个附加语,而不是一个论元。*for* 变体分析起来比较容易,题元角色由介词 *for*(某种意义)赋予(正如工具角色是由介词 *with* 赋予一样)。在这里我将采用 Jackendoff 的一个方法,即把 FOR 函数嵌入目的从句。如(70)所示:

(70) a. LCS *for*: FOR $[...]$ "为了……目的"

b. 受益者 = FOR $[$**have** $(y, z)]$ 中的 y

c. Nellie built a shed for James.

d. DO $(n, [$**do** $(n, [$**build** $(n, y)])])$ FOR $[$**have** $(j,$

y）]）∧ shed（y））

　　然而，其他的受益者角色却没有任何介词作标记，似乎是由双宾语结构自身所赋予的，而不是由任何谓词赋予的，所以不适合与任何 LCS 联系在一起。

10.4.6　LCS 中的题元角色总结

施事 = DO（x，[…]）中的 x

引起者 = x CAUSE［…］中的 x

非施事，非引发的施动者 = **do**（x，[…]）中的 x

引起者 – 引发物 = x CAUSE［BECOME［feel（y，predicate）]]中的 x

体验者 = **feel**（y，predicate）中的 y

主语 – 体验者 = **know**（x，y）；**want**（x，y）；**consider**（x，y）；**love**（x，y）等中的 x

运动客体 = predicate（y，F_{path}（z））或 BECOME［**be-at**（y，z）中的 y

状态变化客体 = BECOME［predicate（y）]中的 y

处所客体 = **be-at**（y，z）中的 y

目标 = predicate（y，（F_{path}（at（z）))

包括 **go**（y，**to**（F_{poss}（z）))中的 z

或 BECOME［**be-at**（y，z）]包括 BECOME［**be-at**（y，F_{poss}（z）)]中的 z

来源 = predicate（x，**from**（F_{place}（z）))

或 BECOME［~**be-at**（y，z）]中的 z

接受者 = BECOME［**have**（y，z）]中的 y

受益者 = FOR［**have**（y，z）]中的 y，而 FOR = "for the

purpose"

10.5 动词分类和词汇概念结构

我们已经看到，词汇分解方法为题元角色提供了普遍的定义，目前这些角色已逐个进行了讨论。我们也可以用 LCS 来讨论动词分类，即那些拥有相同论元结构的动词，因而拥有相同的句子形式。例如，一类动词是 PUT 类型，已经在 *spray/load* 交替现象的讨论中遇到过。如例（71）所示，这类动词用 LCS 表达为（71e）：

(71) a. Sally put the hat on the bed.

b. Hermione set the pot on the shelf.

c. Derek stood the shotgun in the corner.

d. Hank positioned the widget on the spindle.

e. LCS PUT 类：x CAUSE [BECOME [**be-at** (y, F_{place} (z))]]

不同作者在使用动词分类概念时（至少）使用了两种不同的方法，我用 10.3 节例（33）-（39）的 *spray/ load* 交替现象进行说明，也如例（72）：

(72) a. Iris crammed the papers in the bag. PUT 变体

b. Iris crammed the bag with papers. *with* 变体

语言学家常把表现交替现象的动词称作"*spray/ load* 动词"，包括 *splash*，*smear*，*sprinkle*，*hang* 等。这一术语将要分类的动词当作一组意义关联，论元结构与一个特定词语形式有关的动词。

另一种确定动词分类的方法是将这类动词当作一个带有特定论元结构的特定意义的动词，如此，*cram* 的 PUT 变体以及 *with* 变体就成了不同类型的成员。使用这一方法，一个动词类型只有单一的 LCS 和论元结构，这样，论元交替现象表明一个动词（至少）具有两种分类之间的歧义。我将使用动词分类的"单一意义"概念。

　　许多普通的动词显示出多义的词群模式或交替现象，这些意义部分可以由他们的普遍意义推测出来，但也并非总是如此。例（73）是致使/ 开始交替的例子（inchoative 表示"开始或变成"）：

（73）**致使/ 开始交替**（causative/inchoative alternation）

　　　a. The solution boiled.　　　*boil* 表示开始

　　　b. Alex boiled the solution.　*boil* 表示致使

　　　c. 类似的还有 *bend*，*abate*，*degrade*，*shrink*，*topple*，*drop*，*cool*，*blacken*，*intensify* 等等

　　致使/ 开始交替现象体现在状态变化动词上，描述可由外力影响而产生的变化。例如，英语动词 *break* 有许多相关的意思，但只有部分意义是可以交替的。一个罐子可以被打破，所以我们得到交替现象 *The pot broke/ Leis broke the pot*。但是波浪被打破确纯属自然现象，而不是由任何事物造成的，所以 *break* 在这个意义上没有交替现象：*The wave broke/ *The wind broke the wave*。

　　例（74）表示材料/产品交替现象。（74a）表述其论元的方式与动词 *transform* 或 *turn* 相同：*Fred transformed the stick into a whistle*；*Fred turned the stick into a whistle*。（74b）则与 *make* 或 *create* 的框架相同。*Fred made/ created a whistle from the stick*。许多制作方式的动词都显示出这种互换：

(74) 材料/产品交替 (material/product alternation)

　　a. Fred carved the stick into a whistle.　TRANSFORM

　　b. Fred carved a whistle from a stick.　CREATE

　　c. 还有 *build*, *carve*, *fashion*, *make*, *knit*, *shape*, *weave*, ……

　　例 (75) 中处所介词脱离的交替体现了另一种形式的与直接宾语位置相关的整体性效果。带介词的变体可能会也可能不会表达处所的完全参与。例如 (75a) 表明 Wim 和 Kees 在滑道上滑冰。(75b) 的直接宾语变体则说明 Wim 和 Kees 滑完了整个滑道的长度，虽然效果上比蕴涵要弱一点。这种变体还发生在许多移动方式动词上。

(75) 处所介词脱离交替 (locative preposition drop alternation)

　　a. Wim and Kees skated along the canals.

　　b. Wim and Kees skated the canals.

　　c. 类似的还有 *climb (up) the mountain*, *cross (over) the paddock*, *travel (around) the region*…

　　有些歧义模式极为特殊，不组成有构词能力的交替现象。下面以动词 *smoke* 为例加以说明（参见 Jackendoff 2002：341 中不同的处理方法）。

(76) a. He smokes.

　　b. He smokes dark tobacco.

　　c. He smokes a pipe.

　　d. The chimney smokes.

　　e. He smoked the fish fillets.

（76a）中的不及物动词 *smoke* 与不及物动词 *drink* 类似，二者都包含相关物质的信息：不及物动词 *smoke* 表示"吸烟"（在有的上下文中表示"吸大麻"），不及物动词 *drink* 的特定意思是"喝酒精类饮料"。这两个动词都可以归入 INGEST 类动词（包括吸收和吸入），其不及物变体有相同的限制。（76b）中 He smokes dark tobacco 是及物变体。

（76c）中的变体 *He smokes a pipe* 有所不同——烟斗既不是吸收，也不是吸入，而是体现出"吸烟"的一种特殊的方式。（*He smokes a pipe* 通常被理解为他用烟斗来吸烟，而不是其他东西。）这一用法可与 *He played a violin* 相比较。这句话的意思是"他用小提琴演奏音乐"。由此，这类动词属于 USE 类型。

在例（76d）中，*The chimney smokes*（还可以比较 *the smoking remains of the barn*，或者隐喻性的 *The river smoked in the chilly dawn light*），动词 *smoke* 意味着"发出烟"。这个意思可与我叫做 EMIT 类动词相比，包括身体散发类动词，如 *bleed*，*spit*，*vomit*，*sweat* 以及其他类似动词。

最后（76e）句 *He smoked the fish fillets* 中的 *smoke* 表示通过烟的使用而使鱼的状态发生改变，类似 *load the wagon with hay* 结构，马车通过使用或装上干草而经历了状态的改变。

尽管 *smoke* 的有些意义属于只有几个成员的小类，但它们却遵从与论元结构相关的可辨且具有普遍意义的意义模式。（77）-（78）简略概括了 *smoke* 的四个意义可能的分析。我使用了带连字符的形式 **ingest-smoke** 和 **ingest-drink** 来表明 *smoke* 和 *drink* 在这些情况下属于 INGEST 类型。

（77）a. He smokes a herbal mixture.

　　b. LCS *smoke*：**do**（x，[**ingest-smoke**（x，y）]）

　　c. 比较：He drinks black coffee/ strawberry milk shake.

d. LCS *drink*: **do** (x, [**ingest-drink** (x, y)])

(78) a. He smokes.

 b. LCS *smoke*: **do** (x, [**ingest-smoke** (x, y)]) ∧ **tobacco** (y)

 c. 比较: He drinks (alcohol) ; He inhaled (air, or in a culture-specific context, marijuana).

 d. LCS *dink*: **do** (x, [**ingest-drink** (x, y)]) ∧ **alcohol** (y)

(79) a. The chimney smokes.

 b. LCS *smoke*: **do** (x, [**emit** (x, y)]) ∧ **smoke** (y)

 c. 比较: Jones sweated.

 d. LCS *sweat*: **do** (x, [**emit** (x, y)]) ∧ **sweat** (y)

(80) a. He smoked the fish fillets.

 b. LCS *smoke*: x CAUSE [BECOME (**smoked** (z)] BY MEANS OF [x, CAUSE [BECOME [**be-at** (y, z)]]] ∧ **fish** (y)

 c. 比较: He loaded the truck (with y).

 d. LCS *load*: x CAUSE [BECOME (**loaded** (z)) BY MEANS OF [x, CAUSE [BECOME [**be-at** (y, z)]]]]

smoke 的最后一个意义, 如 *Jones smokes a pipe* 中, LCS 既要包括 "Jones uses a pipe" 从句, 也要包括 "Jones ingests tobacco" 从句。根据 Rappaport 和 Levin 对 *spray/load* 交替现象的分析, 我们将假设主句决定了动词的论元结构。 "Jones uses a pipe" 的论元结构投射在 "Jones smokes a pipe" 中, 所以 **use** 从句是 LCS 的主句。考虑到这层关系, BY MEANS OF 算子就不合适, 因为它导致 "Jones 通过吸烟来使用烟斗" 这样不正确的解

读。这里我需要 FOR 算子［参见上文（72）］，它与 BY MEANS
OF 相反，表示"Jones 用烟斗来吸烟"。

(81) a. He smokes a pipe.

　　b. LCS *smoke*：**do**（x,［**use**（x, y）］）FOR［**ingest-
　　　smoke（x, z）& **tobacco**（z）］

　　c. 比较 He plays an old flageolet.

　　d. LCS *play*：**do**（x,［**use**（x, y）］）FOR［**make music**
　　　（x）］

10.6　结语

　　这里对 LCS 的讨论集中在论旨角色和论元结构的表征，即
语义学和句法学界面的一些问题。任何一个读者都清楚，这种表
征不能给出动词意义完全的定义，而且与 Guerssel 和他的同事对
cut 的定义"x 通过锋利的边缘与 y 相接触，x 造成 y 物质上的完
整性被分开"相比，描述内容非常少。这里有一个问题，词汇
条目是否应该在已经发展的以论元—结构为中心的 LCS 基础上
加入更多的描述性内容。

　　关于这个问题，以及如果需要在词汇条目上增加描述性的细
节，那么应该增加多少的问题，有相当多的争论。一个较为有说
服力且被广泛接受的观点是，词汇只应该包含特定的语言内容，
更为详尽的词语意义作为概念储藏在普遍知识和心理百科全书
中。据此观点，词汇特定的语言意义有可能相当少，尽管他们可
能包含了比在这里介绍的表述类型更多的信息。

　　虽然词汇解构思想或者 LCS 被当作语言学理论的组成部分
已经很多年了，但在不同的框架体系中，许多的讨论倾向于研究

相同或类似的现象，如 *spray/load* 替换现象或者致使动词等。还有许多种类的动词有待研究。

LCS 符号及定义总结

基本符号

作用词：DO，BECOME，CAUSE，BY MEANS OF，FOR

连接词：& "and subsequently"

∧ "and simultaneously"

广义活动谓词：**do**

路径函数：F_{path} **to，from**，…

处所函数：F_{place} 广义处所函数 **at：以及 in，on**…

论旨角色

施事 = DO（x，[…]）中的 x

引起者 = x CAUSE […] 中的 x

非施事的，非起因的施动者 = do（x，[…]）中的 x

引起者—引发物 = x CAUSE [BECOME

[**feel**（y，predicate）]] 中的 x

体验者 = **feel**（y，predicate）中的 y

主语—体验者 = **know**（x，y）；**want**（x，y）；**consider**（x，y）；**love**（x，y）等中的 x

运动客体 = predicate（y，F_{path}，z））

或 BECOME [**be-at**（y，z）中的 y

状态变化客体 = BECOME [predicate（y）] 中的 y

处所客体 = **be-at**（y，z）中的 y

目标 = predicate（y，（F_{path}（at（z）））including **go**（y，to（F_{poss}（z）））

或 BECOME〔**be-at**（y, z）〕including BECOME〔**be-at**（y, F_{poss}（z））〕中的 z

来源＝predicate（x, **from**（F_{place}（z）））

或 BECOME〔～**be-at**（y, z）〕中的 z

接受者＝BECOME〔**have**（y, z）〕中的 y

受益者＝FOR〔**have**（y, z）〕中的 y，而 FOR＝"for the purpose"

示例

（1）The branch is strong. 状态

strong（the branch）

（2）The branch swayed. 活动

do（the branch,〔**sway**（the branch）〕）

LCS *sway*：**do**（x,〔**sway**（x）〕）

（3）The window broke. 状态改变，变成

LCS *break*：BECOME〔**broken**（x）〕）

（4）Jones broke the window. 状态改变，引发

LCS *break*：x CAUSE〔BECOME〔**broken**（y）〕〕

（5）The clock stood on the mantelpiece. **be-at** + 配置

LCS *stand*：**be-at-stand**（y, F_{place}（z））

（6）Lassie lay（"was lying"）on the bed.

LCS *lie*：**be-at-lie**（y, F_{place}（z））

（7）Lassie lay（"lay down"）on the bed. 表变成的 **be-at** + 配置

LCS *lie*：**do**（x,〔BECOME〔**be-at-lie**（x, F_{place}（z））〕〕）

（8）Kerrilee annoys Jones. 宾语－体验者动词

LCS *annoy*：x CAUSE〔**feel**〔**annoyed**（y）〕〕

(9) Lassie trotted to the fridge. 运动方式

LCS *trot*: **do** $(x, [$ **go-trot** $(x, F_{path} (z))])$

(10) Jones gave the puppy a bone. *give* + 双宾语

LCS *give*: x CAUSE $[$ **have** $(y, z)]$

(11) Jones gave a bone to the puppy. *give* + *to*

LCS *give*: DO $(x, [x,$ CAUSE $[$ **go** $(y,$ **to** $(F_{poss} (z)))$

$\wedge$ **go** $(y,$ **from** $(F_{poss} (x)))])$

(12) Jones planted marigold in the bed. *plant*, PUT 变体

LCS *plant*: x CAUSE $[$ BECOME $[$ **be-at** $(y, F_{place}$

$(z))]]$

(13) Jones planted the bed with marigold. *plant*, *with* 变体

LCS *plant*: x CAUSE $[$ BECOME $[$ **planted** $(z)]]$ BY

MEANS OF $[x$ CAUSE $[$ BECOME $[$ **be-at** $(y, F_{place}$

$(z))]]]$

(14) Barry salted the peanuts. BUTTER 动词

LCS *salt*: x CAUSE $[$ BECOME $[$ **be-at** $(y, F_{place}$

$(z))]]$ $\wedge$ **salt** (y)

(15) Lena watered the cabbages

LCS *water*: x CAUSE $[$ BECOME $[$ **be-at** $(y, F_{place}$

$(z))]]$ $\wedge$ **water** (y)

(16) Jones sweated. EMIT 动词

LCS *sweat*: **do** $(x,$ **emit** $(x, y)])$ $\wedge$ **sweat** (y)

(17) He smoked a herbal mixture. *smoke*, INGEST

LCS *smoke*: **do** $(x,$ **ingest-smoke** $(x, y)])$

(18) He smokes. *smoke*, 不及物

LCS*smoke*: **do** $(x,$ **ingest-smoke** $(x, y)])$ $\wedge$ **tobacco**

(y)

(19) The chimney smokes. *smoke*, EMIT

LCS *smoke*：**do**（x，**emit**（x，y）]）∧ **smoke**（y）

（20）He smoked the fishfillets. 状态改变 *smoke* 比较 *load*

LCS *smoke*：x CAUSE［BECOME（**smoked**（z）］BY MEANS OF［x，CAUSE［BECOME［**be-at**（y，z）]]］∧ **fish**（y）

（21）He smokes a pipe. *smoke*，USE

LCS *smoke*：**do**（x，［**use**（x，y）]）FOR［**ingest-smoke**（x，z）& **tobacco**（z）]

练 习

传统的论旨角色

（1）★

以表（28）为参考，确定下列句中方括号部分的论旨角色。

a.［Hilda slung［the case］［overboard］.

b.［In the field］was［a tiny cottage］.

c.［The cook］beat［the eggs］［to a froth］.

d.［Linda］had seen［something fabulous］in a shop downtown.

e.［Blofeld］stroked［the cat］.

f.［Annaliese］poked［the fire］cautiously.

g.［The mole］sniffed［the air］happily, and thought［that spring was here at last］.

h.［Brown］amused［Victoria］.

（2）★★

以表（28）为参考，确定下列句中方括号部分的论旨角色。

［ₐ British 19-year-olds Jim and Paul］crave［ᵦ adventure away from their dead-end jobs］. But the offer of a four-star

holiday in Venezuela if [꜀ they] bring [ᵈ back] [ₑ a package]
soon turn [ᶠ into a nightmare].

Manny uses [₉ his underworld connections] to find [ₕ Fran] [ᵢ
mysterious employment]. In return [ⱼ Bernard and Manny] must
educate [ₖ a psychopath].

After [ₗ Jack] learns [ₘ that [ₙthe evil Gorgon sisters] have
come back [ₒ to life] and are entrancing [ₚ the school
cheerleaders] to do their dirty work], Trixie infiltrates [ᵩ the
group] to stop them taking [ᵣ the world].

[ₛ Architect George Clarke] is about to teach [ₜ you] [ᵤ how to
really use space and light]. [ᵥ You] could be living [w in your
dream home] with a few simple changes.

词汇概念结构（LCS）

（3）★

用 LCS 分析下列句子整体的意思，然后给出单个动词的意思。
以 10.4.6 节作为参考。（你可以用 **go** + F ₚ ₐₜₕ（z）或 BECOME +
be-at 来表示运动事件，或者两者兼用。）

    a. Leander swam to the shore.

    b. The play alarmed Claudius.

    c. Bottom delighted Titania.

    d. Monica leaped over the wall.

    e. Gillian bumped the table.

    f. Boris laid the hat on the bed.

    g. The wind dried the washing.

(4) ★

同练习（3）。（你可以引入新的概括性谓词 **make**，或许需要带 **use** 的 BY MEANSOF 从句。）

a. The cliff dripped icy water.

b. Icy water dripped from the cliff.

c. Lucinda wove the twigs into a wreath. (*into a wreath* 是强制性的)。

d. Lucinda wove a wreath from the twigs. (*from the twigs* 是选择性的)。

e. Selena emailed the news to Luke.

f. Cheryl wiped the spots off the window.

动词分类

(5) ★★（建议讨论）

下列句子表明 *nibble* 和 *swallow* 属于不同的动词类型，尽管它们都可称为吃类动词。

nibble

a. Bugs nibbled the lettuce leaf.

b. #Bugs nibbled the lettuce leaf down.

c. Bugs nibbled at the leaf.

swallow

d. Benjamin swallowed the pill.

e. Benjamin swallowed the pill down.

f. #Benjaminswallowed at the pill.

参考以上例句，将下列动词分别归入 *nibble* 组和 *swallow* 组。（有些动词可能是兼类——仔细思考例句的意思，看动词是否有其他的解释。）

chew, *bolt*, *gulp*, *gnaw*, *swig*, *munch*, *sip*, *slurp*, *snarf*, *suck*, *guzzle*, *gobble*, *pick*, *hoover*, *lick*, *wolf*

 （i）每组动词的基本意思是什么？

 （ii）你是否可以给每组动词写出词汇概念结构（LCS）？

  （这里可使用概括性谓词 **contact**）

（6）★★★（建议讨论）

下列例句表明，在某些语境下 *look*，*watch* 和 *appear* 分属三个不同类动词。

see

a. Jake saw Loretta.

b. #Jake saw at Loretta.

c. #It was rude of Jake to see Loretta.

d. #Jake saw towards Loretta.

look

a. #Jake looked Loretta.

b. Jake looked at Loretta.

c. It was rude of Jake to look at Loretta.

d. Jake looked towards Loretta.

watch

a. Jake watched Loretta.

b. #Jake watched at Loretta.

c. It was rude of Jake to watch Loretta.

d. #Jake watched towards Loretta.

 （i）根据以上例句，请你将下列动词归入为 see 组，look 组和 watch 组。

 （ii）每组动词的基本意思和论元结构（θ角色）是什么？

 （iii）你是否可以给每组动词写出词汇概念结构（LCS）？

  peer, *gawk*, *spot*, *scan*, *sight*, *study*, *glare*, *eye*, *glance*, *observe*, *peep*, *stare*, *examine*, *glimpse*, *peek*, *perceive*, *goggle*, *witness*, *spy*, *gaze*, *leer*, *notice*, *scrutinize*, *aquint*, *inspect*, *survey*

（7）★★★★（建议讨论）

（a）和（b）引入动作的互换（可采用此类互换的动词还有 *canter*, *drive*, *fly*, *gallop*, *march*, *run*, *trot* 等）。

a. The pony jumped over the brook.

b. Viola jumped the pony over the brook.

c. The pony jumped.

d. #Viola jumped the pony.

普遍分配（UA, Universal Assignment；参见10.3节）潜在的问题是（b）句好像有两个施动者论元 Viola 和 the pony。而理想的状态是（b）句动词的 LCS 应当将 Viola 确定为施动者。（c）和（d）的差异为我们提供了解决这一问题的方法。若对应于 Viola 的论元出现，则必须有一个路径短语。

（i）给（b）写出一个概括性的 LCS，表明 Viola 和 pony 都是施动者，但 Viola 由主语表达。（提示：参见10.3节 Rappaport 和 Levin 对 *pray/ load* 互换的分析。）

（8）★★★★（建议讨论）

下列例句表明，*grow*, *develop*, *evolve* 以及 *hatch* 等变化类动词可以有一个目标，一个来源，或者两者皆无。

grow

a. The acorn grew / The oak tree grew.

b. The acorn grew into an oak tree.

c. An oak tree grew from the acorn.

語义学

develop

a. The bud developed / The leaf developed.

b. The bud developed into a leaf.

c. A leaf developed from the bud.

evolve

a. The reptiles evolved / Birds evolved.

b. Some reptiles evolved into birds.

c. Birds evolved from reptile.

hatch

a. The eggs hatched / The larvae hatched.

b. The eggs hatched into larvae.

c. The larvae hatched from the eggs.

把这些动词与 *alter*, *change*, *convert*, *transform*, *alter* 进行比较。

alter

a. *The lake altered / The marsh altered.*

(动词的意思一样吗？它是否有所变化？)

b. *The lake altered into a marsh.*

c. *#A marsh altered from the lake.*

change

a. *The tadpole changed / The frog changed.*

(动词的意思一样吗？它是否有所变化？)

b. *The tadpole changed into a frog.*

c. *#A frog changed from the tadpole.*

convert

a. *#The ironing board converted / The card table converted.*

b. *The ironing board converted into a card table.*

c. *#A card table converted from the ironing board.*

transform

a. #The ironing board transformed.

b. The ironing board transformed into the ironing board.

c. #A card table transformed from the ironing board.

你能否指出这两组动词基本意思上的不同，从而解释其论元结构的不同（在路径要求上的不同）？

延伸阅读

Van Valin 和 *LaPolla*（1977）对谓词的词汇解构分析主要集中在 102 – 129 页。该文容易理解，推荐阅读。

Levin（1993）对动词分类和论元转换给出了详尽的数据和清晰的描述，并且为每种分类和转换提供了例句。本书对动词分类的讨论便是基于 *Levin* 的数据和分类。特别推荐此书。

Ray Jackendoff 的概念结构表征理论属于心理语义表征与语言的界面理论，解释了许多与词汇解构理论相同的问题。*Jackendoff* 对动词、题元和修饰语的分析提供了详实而易懂的讨论。特别推荐 *Jackendoff*（1990）。

Dowty（1991）对施动和受事的讨论经常被引用，影响较广，并且对传统的论旨角色问题进行了讨论。*Jackendoff*（1987）在其他角色之外赋予施动者和受事独立的地位：动作层级和事件层级两个术语即是源于此文。两篇论文都深入浅出。

最近的一篇关于动词论元句法表达的论著是 *Levin* 和 *Rappaport Havav*（1991），其中包括了对 θ 角色的总结。此文分析深入，并预设了某些语法背景，但条理清楚，容易理解。

Dowty（1979）关于体的讨论实际上是非体的，见 *Levin*（2000）对此进行的批判性论述。

另一种完全不同的词义解构方法，而不只是动词，参见

Anna Wierzbicka 的著作，特别是 *Wierzbicka*（1996）。她将英语的基本单词作为分析的元素，而没有用逻辑形式。其论著易懂且有趣。

11 事件

本章评述由哲学家唐纳德·戴维森（*Donald Davidson*）提出的一个观点：含有动作动词的句子表示对事件的指称。一系列的语言现象都可以通过指称事件、对事件进行量化、对事件进行修饰、研究事件内在结构、对事件进行分类等来分析。戴维森对行动语句的分析通常被认为是一系列基于事件的理论的起点。

11.1 戴维森对行动语句的分析

戴维森在其 1967 年的论文《行动语句的逻辑形式》中提到行动语句语义中对事件的指称。他的论点集中在对副词的处理上，例如在以下例句中：副词包括 *slowly*，*with a knife*，*in the bathroom* 和 *at midnight*。

(1) Jones buttered the toast slowly with a knife in the bathroom at midnight.

回忆一下，在 2.3 节，我们把出现在同一个句子中的谓词论元和副词做了区分。当时这种区分把非论元的部分都从原子命题表达式中去除，理由是肯定能找到某种分析副词的方法。但如戴维森所指出的，当时的标准逻辑把副词也会当作谓词的论元，因此，例（1）中的 *slowly*，*with a knife*，*in the bathroom* 和 *at midnight* 会是谓词 *buttered* 的论元。如（2）所示。（为了表达清晰，我对很多表达未做分析，比如名词短语。）

（2）BUTTER（j, the toast, slowly, with a knife, in the bathroom, at midnight）

我们知道一个谓词有固定数量的论元。有了正确数量的论元才能形成一个形式完整的命题。如果例（2）的表达在形式上是完整的，那么（2）中的谓词 BUTTER 有六个论元位置。这样，它和（3）中的谓词就不可能是同一个，因为（3）中的谓词只有两个论元。

（3）Jones buttered the toast.

　　　BUTTER（j, the toast）

假设例（3）中的谓词是动词 *butter* 意义的最基本形式。那么当动词 *butter* 和被当做论元的副词一起出现的时候，如例（2），我们就必须假设不同数量的论元位置代表不同的谓词 BUTTER。对于每个与 *butter* 同现的不同论元的形式数量，就必须对应一个不同的谓词 BUTTER，其意义与相应的论元数量搭配。不同的谓词 BUTTER 可以用上标来标记。如（4）所示：

（4）a. Jones buttered the toast slowly.

　　　　BUTTER′（Jones, the toast, slowly）

　　　b. Jones buttered the toast slowly with a knife.

　　　　BUTTER″（Jones, the toast, slowly, with a knife）

　　　c. Jones buttered the toast slowly with a knife in the bathroom.

　　　　BUTTER''' (Jones, the toast, slowly, with a knife, in
　　　　the bathroom)

　　d.　Jones buttered the toast slowly with a knife in the
　　　　bathroom at midnight.
　　　　BUTTER'''' (Jones, the toast, slowly, with a knife, in
　　　　the bathroom, at midnight)

（4d）中的论元结构可以用（5）来表示：

（5）BUTTER''''（涂黄油者，被涂黄油者，方式，工具，地
　　　点，时间）

　　这种分析方法有几个问题。

　　首先，谓词与其论元关系紧密——论元填补作为谓词意义的
空间。比如，在涂黄油这个动作中，必须有某人或某物做涂黄油
的动作，也必须有某物被涂黄油。但副词与谓词 BUTTER 的连
接相对来说更松散。尽管每个动作都需要在某时某地发生，而且
都会以某种方式发生，但这大体上适用于所有的动作或事件，并
不是涂黄油这个事件所特别需要的。

　　第二，一个行为动词在不同的搭配中可以被多个副词修饰。
考虑到这些搭配，这种分析就得假设每个行为动词都是多重歧义
的，也就是说在这个动词可出现的每个修饰语境都对应一个不同
的谓词。但原则上，不同的副词或副词数量都会造成修饰语境的
不同。例如，下面的（6a）有这些论元：涂黄油者，被涂黄油
者，方式，（6b）有这些论元：涂黄油者，被涂黄油者，工具，
因此，两个动词 *buttered* 又一次会表示不同的谓词。

　　（6）a. Jones buttered the toast slowly.

b. Jones buttered the toast with a knife.

除了由于增加谓词数量所带来的复杂性，仅说例（4）和例（6）中的 *buttered* 代表不同的谓词就不是很具有说服力。凭直觉它们是同样的谓词。

戴维森也指出像（4）中的句子具有相互蕴涵的关系，似乎要求同一谓词出现在这些句子中。这些蕴涵关系节选如下。

（7）Jones buttered the toast slowly with a knife in the bathroom at midnight.

（7）蕴含（8）和（9）。

（8）Jones buttered the toast slowly with a knife in the bathroom.
（9）Jones buttered the toast slowly with a knife at midnight.

反过来，（8）蕴含（10）和（11）：

（10）Jones buttered the toast slowly with a knife.
（11）Jones buttered the toast slowly in the bathroom.

并且（10）蕴含（12），（13）和（14）：

（12）Jones buttered the toast slowly.
（13）Jones buttered the toast with a knife.
（14）Jones buttered the toast.

戴维森观察得出这种类型的每个蕴涵都像是"合取脱落"

（drop conjuncts）的蕴涵，就像（15）：

（15）p&q 蕴涵 p

　　　p&q&r 蕴涵 q&r

据此，戴维森指出（16a）中的蕴涵关系和（16b）中的蕴涵关系是同种蕴涵关系。

（16）a. "Jones buttered the toast with a knife" 蕴涵 "Jones buttered the toast"。

　　　b. "Donna had icecream and Laura had a Coke" 蕴涵 "Laura had a Coke"。

这种观点有两个要点。首先，蕴涵句的一部分与被蕴涵句相同。如（17）所示：

（17）a. "Donna had icecream and Laura had a Coke"

　　　　蕴涵

　　　　"Laura had a Coke"

　　　b. "Jones buttered the toast with a knife"

　　　　蕴涵

　　　　"Jones buttered the toast"

第二，从蕴涵句中被去掉从而形成被蕴含句的那部分应该被视作逻辑合取。这在（17a）中很明显，如（18）所示：

（18）"Donna had icecream & Laura had a Coke"

　　　蕴涵

"Laura had a Coke"

p&q 蕴涵 q

　　这两点在把副词当作动词论元的分析中都不能被涵盖。原因有两个：第一，副词不能被看做一个独立的合取部分而被去掉，因为副词是作为动词的论元出现的。第二，根据副词作论元的分析，以下（19a）中的动词 *buttered* 和（19b）中的动词 *buttered* 是不同的，因为它们有着不同的论元结构，因此划线部分不可能是完全相同的。

（19）a. Jones buttered the toast.

　　　 b. Jones buttered the toast with a knife.

　　如果（19）中的动词 *butter* 不是同一个动词，那么从（19b）到（19a）的蕴涵必须基于这两个不同动词的词汇蕴涵关系。也就是说，在副词作论元的分析中，以下（20a）中的蕴涵是一种词汇蕴含，就像（20b）中 *kill* 和 *die* 这两个词的蕴涵关系，而不是（20c）中像戴维森所说的形式蕴涵。

（20）a. "Jones buttered the toast with a knife" 蕴涵 "Jones buttered the toast"。

　　　 b. "Jones killed Smith" 蕴涵 "Smith died"。

　　　 c. "Tina screamed and strutted" 蕴涵 "Tina strutted"。

　　为替代副词作论元的分析，戴维森提出副词应该是连接到中心基本命题的那部分命题，如（21）所示：

（21）Jones buttered the toast slowly with a knife.

BUTTER（Jones, the toast）&p&q

p 表示"slowly"

q 表示"with a knife"

下一步是确认命题 p 与 q（对应于副词）的身份。戴维森通过引入行动句对事件的指称解决了这个问题。一种非常简单的事件指称就是（22）中的代词指称：

（22） a. Sally threatened Marcia.

Oh that's nothing-she's always shooting her mouth off.

No-this was with a knife.

b. Jones buttered the toast-I think it was in the bathroom.

这些例句中的划线部分是一些表达简单命题的句子，这些命题的形式是"x was with a knife"和"x was in the bathroom"。作主语的代词 this 或 it 回指已经被提到过的某种实体。戴维森认为这个实体是一个行为或事件，并且该行为或事件的指称是在前面的报导它发生的简单句中，该例就是 *Sally threatened Marcia* 和 *Jones buttered the toast*。*With a knife* 和 *in the bathroom* 这样的表达是之前提到的这些事件的谓词。

戴维森指出事件本身也是行动动词的一个论元，除了我们已经确定的该动词论元之外。如（23）所示：

（23） a. Jones buttered the toast slowly with a knife in the bathroom at midnight.

b. ∃e（BUTTER（Jones, the toast, e）& SLOWLY（e）& WITH（e, a knife）& IN（e, the bathroom）& AT（e, midnight））

此处变量 e 是一个限制性事件变量，就像时间变量 t 还有世界变量 w。事件变量是存在约束变量。第一个合取部分是原子命题，它包括主要谓词、传统论元（即涂奶油者和被涂奶油者）和作为论元的事件。副词是由单独的合取部分表达的与（22）*This was with a knife* 和 *It was in the bathroom* 是平行的。

上面所讨论的蕴涵关系的普遍形式是 p & q 蕴涵 q，如下所示，（24）蕴涵（25）和（26）：

(24) Jones buttered the toast slowly with a knife.

∃e（BUTTER（Jones, the toast, e）& SLOWLY（e）& WITH（e, a knife））

(25) Jones buttered the toast slowly.

∃e（BUTTER（Jones, the toast, e）& SLOWLY（e））

(26) Jones buttered the toast with a knife.

∃e（BUTTER（Jones, the toast, e）& WITH（e, a knife））

小结一下，戴维森认为一个行动句包含对事件的指称。在句子深层的逻辑形式中，事件本身是一个动词性谓词的论元，传统论元也还是动词论元。副词如时间、方式、地点等都是事件谓词。每一个副词性谓词都是以单独的合取逻辑形式表达的。副词性表达的出现与否并不会影响动词性谓词的论元位置。因此，没有必要把行为动词看成多重歧义，即每个动词对应很多不同的语义，如动词 *butter* 对应于谓词 BUTTER，BUTTER′，BUTTER″等。

11.2 新戴维森的发展

戴维森的观点一发表，他对蕴涵本质的论断就被更广泛地使用。戴维森提出修饰事件的副词在逻辑形式中应该表达为独立的合取命题，这样就可以处理"合取脱落"的蕴涵。相似的例子表明行动动词的传统论元，具体来说就是行动句中的主语和宾语，也可以用"合取脱落"来分析。这种做法叫新戴维森分析法，是对戴维森初始分析方法做出的相当激进的改变。

11.2.1 直接论元的分离

戴维森分析法的一个核心动机就是要证明之前提到的蕴涵其实是"合取脱落"。副词总是可以以这种方式脱落。除了引入事件变量，戴维森保留了动词的传统论元，比如主语和宾语，让它们作为基本谓词的论元。如（27）所示：

（27）Jones buttered the toast.
　　　BUTTER（j, the toast, e）

现在，命题"Jones buttered the toast"也蕴涵了两个单独的命题"Jones did some buttering"和"The toast got buttered"。这两个蕴涵看起来都像是"合取脱落"的蕴涵，就像支持副词分离的那种蕴涵。在戴维森的理论中，这些命题不可以被孤立为单独的合取部分，相应的，结构上它们也不能被表现成单独的蕴涵。

这一点是由 Hector-Neri Castaneda 提出的。以（28）为例：

（28）a. I flew my spaceship to the Morning Star.

　　　b. I flew to the Morning Star.

　　　c. My spaceship was flown to the Morning Star.

　　　d. I flew.

　　　e. My spaceship was flown.

Castaneda 认为（28a）蕴涵（28b-e）。（28b，d）的蕴涵包括脱落宾语 *my spaceship*，（28c，e）的蕴涵包括脱落主语 *I*。这些例子表明基础句里面更小的蕴涵可以把主语和宾语脱离出来，因此看来主语和宾语也可以从 FLY 的论元结构中移出并且以单独的合取形式表达。

用新戴维森法，（28a）表达为（29a）。（29b）是戴维森表示法，以做比较。

(29) a. **新戴维森法**

∃e（FLY（e）& SUBJECT（I，e）& OBJECT（my spaceship，e）& TO（e，the Morning Star））

有一个 fly 事件，该事件的主语是 I，宾语是 my spaceship，该事件是 to the Morning Star.

b. **戴维森法**

∃e（FLY（I，my spaceship，e）& TO（e，Morning Star））

有一个 flying my spaceship 事件，且该事件是 to the Morning Star'

根据（29a）中新戴维森表示法，（28）中的蕴涵可以在（30）中表示出来。（30a）蕴涵（30b-e），（30b）蕴涵（30d），（30c）蕴涵（30e）。

(30) a. I flew my spaceship to the Morning Star.

∃e（FLY（e）& SUBJECT（I，e）& OBJECT（my spaceship，e）& TO（e，the Morning Star））

b. I flew to the Morning Star.

∃e（FLY（e）& SUBJECT（I，e）& TO（e，the

Morning Star))

c. My spaceship was flown to the Morning Star.

∃e(FLY(e)& OBJECT(my spaceship, e)& TO
(e, the Morning Star))

d. I flew.

∃e(FLY(e)& SUBJECT(I, e))

e. My spaceship was flown.

∃e(FLY(e)& OBJECT(my spaceship, e))

11.2.2 与事件的关系

在本章之前，大部分标记符号都是直接从所要翻译的英语单词中借来的，包括谓词符号如 GIVE，CRAZY 和 SURGEON。正如我们看到的，新戴维森分析法把一个行动动词的内容解构成几个部分，而这些部分并不与句中的单词相对应，所以我们需要一些符号来代表所有原子命题之首的谓词。

戴维森最开始研究的副词可以被当作名词或形容词性质的谓词来处理。比如，*slowly* 就可以表示成 "SLOW（e）" 或 "SLOWLY（e）"。介词短语可以表示成（31），把介词当作主要谓词。

(31) a. IN(e, the kitchen)

b. WITH(e, a knife)

c. AT(e, midnight)

这样，动词的直接论元，主要是主语和宾语也需要被处理。为了简便，并且沿用 Castaneda 的方法，它们表示成 "SUBJECT（x，e）" 和 "OBJECT（y，e）"，但是这种表示法存在一些问题。再考虑一下上述例子，重复于下：

(32) a. I flew my spaceship to the Morning Star.

∃e（FLY（e）& SUBJECT（I, e）& OBJECT（my spaceship, e）& TO（e, the Morning Star））

b. My spaceship was flown to the Morning Star.

∃e（FLY（e）& OBJECT（my spaceship, e）& TO（e, the Morning Star））

在（32a）中，*my spaceship* 是句子的宾语，它所表达的意思由"OBJECT（my spaceship, e）"来表示。这个内容也是（32b）的一部分，（32b）被（32a）所蕴涵。为了表示戴维森所提出的这种蕴涵关系，"OBJECT（my spaceship, e）"必须在（32a）和（32b）中被一致地表示出来。但实际上 *my spaceship* 在（32b）中是主语，不是宾语，尽管它有 OBJECT 的含义因为这个句子是被动句。

"主语"和"宾语"是句法学术语，指出名词短语在句子中所充当的角色，例如名词短语 *my spaceship* 在句子 *My spaceship was flown* 中是主语。新戴维森表示法所需要的标签是要能够命名名词所指的实体在事件中所充当的角色。而 SUBJECT 和 OBJECT 并不是用于这种作用的正确标签。一个常见的（但有时也有争议）替代方式是使用传统语言学理论中的题元角色，之前 10.2 节中提到过这个概念。我采用 10.2.7 节（28）中所小结的角色：施动者和受事、施事、引发者、受事、来源、路径、目标、接受者、受益者、位置、体验者、刺激物（引起-刺激物和目标-刺激物）。

在新戴维森表示法中所使用的题元角色如（33）所示。注意（33c）和（33d）中论元角色不同，（33c）中是 location 角色而（33d）是 frame locative 角色.

（33） a. Clive sang a song to Marcia.

∃e(SING(e)&AGENT-SOURCE(c, e)& THEME(a song, e)& RECIPIENT(m, e))

有一个事件，这个事件是唱歌，Clive 是这个事件的施动者，歌是这个事件的受事，Marcia 是这个事件的接受者。

b. Sally ran to the shop.

∃e(RUN(e)& AGENT-THEME(s, e)& GOAL(the shop, e))

有一个事件并且这个事件是跑。Sally 是这个事件的施动者，商店是这个事件的目标。

c. Sally lives in Papatoetoe.

∃e(LIVE(e)& THEME(s, e)& LOCATION(p, e))

d. Sally bought a pasta machine in Papatoetoe.

∃e(BUY(e)& AGENT(s, e)& THEME(a pasta machine, e)& IN(e, p))

11.2.3 动词性谓词的价

新戴维森分析法使我们重新考虑动词的价。我们一直在假设传统的也是被广泛接受的一个观点，即一个动词的意义包括它的论元的"空格"。戴维森最初的分析保留了这个观点，仅仅是把事件论元加在了已有论元之上。例如，传统对 *give* 的分析由

GIVE（x, y, z）改成了 GIVE（x, y, z, e），但 x, y, z 作为论元被保留了下来。

但新戴维森分析法使什么是动词的最基本内容在形式上做了选择的可能：（34a）还是（34b）？（34a）只是把传统的分析方法做了词汇上的分解，但是（34b）却表达动词 *give* 的实际意义是仅仅有一个事件论元的一价谓词。

（34） a.　give = GIVE(e) & AGENT(x, e) & THEME(y, e) & RECIPIENT(z, e)

　　　 b.　give = GIVE（e）

传统的关于动词价的观点认为动词决定其固定的论元数目。这一观点一直通过动词 *give* 和 *put* 来讨论。这是因为 *give* 和 *put* 这两个动词的表现和这个理论所预测的一致，因此很容易对它们的论元结构达成一致。但如我们所见（见 2.3 节和 10.4.5 节），大多数动词的论元结构不是如此有序的。常见的动词通常有多于一种的论元结构，对应于不止一种动词类别，如论元转换（例如 *Jones broke the pot/ The pot broke*；*Gillian spread the crusts with butter/ Gillian spread butter on the crusts*）。动词意义和论元结构的变化给传统分析法带来了问题。有些学者，尤其是研究构式语法（Construction Grammar）的学者认为句法和语义论元是由句子形式决定的，而不是由动词意义决定的。例如，这种方法把双宾语结构分析成了一种习语，有着与其相配的论元角色。可以插入这个习语框架的动词所做的仅仅是一种方式上的修饰。如（35）所示，构式语法的分析方法和把动词分析为一价方式谓词相吻合。

（35） a. Jones sent Delia a pet stoat.

b. 双宾语结构 = subject V object1 object2
$\qquad\qquad\qquad\quad$|$\qquad$|$\qquad$|
$\qquad\qquad\qquad\;$施动者 接受者 受动者
$\qquad\qquad\qquad$*give*：以 *giving* 的方式
$\qquad\qquad\qquad$*send*：以 *sending* 的方式
$\qquad\qquad\qquad$*handed*：以 *handing* 的方式

我会继续采用被广泛接受的观点，即动词有论元结构，但同时承认在某些结构中，有些动词形式可以有不同的分析方法。

11.3 事件和感知动词

事件可以解释感知动词的光杆不定式（naked infinifives）补语现象，如下列括号中的部分。

（36）a. Jones saw [Lina shake the bottle].

$\qquad$b. Jones heard [the gun go off].

$\qquad$c. Jones felt [the floor shake].

括号部分有着一个从句的基本结构，即一个主语（Lina，the gun，the floor）和一个谓词。如果没有事件，传统逻辑会把这部分分析成一个命题，但在这些语境下这样做并不合适。括号部分描述了被看到的、听到的和感觉到的，而一个命题并不能被这样感知。显然，被感知到的是事件。例（36）可由例（37）表示：

（37）Jones saw Lina shake the bottle.

$\qquad$$\exists e \; \exists e' \, (\text{SEE}(e) \, \& \, \text{EXPERIENCER}(j, e) \, \& \, \text{STIMULUS}(e', e) \, \& \, \text{SHAKE}(e') \, \& \, \text{AGENT}(1, e') \, \& \, \text{PATIENT}(\text{the bottle}, e'))$

有一个事件 e 和一个事件 e′

e 是看的事件

Jones 是事件 e 的体验者

e′是事件 e 的刺激物

e′是摇晃事件

Lina 是事件 e′的施动者

瓶子是事件 e′的受动者

(38) Jones heard the gun go off.

∃e ∃e′(HEAR(e) & EXPERIENCER(j, e) & STIMULUS (e′, e) & GO OFF(e′) & THEME(the gun, e′))

有一个事件 e 和一个事件 e′

e 是听的事件

Jones 是事件 e 的体验者

e′是事件 e 的刺激物

e′是开枪事件

枪是事件 e′的受事

(39) Jones felt the floor shake

∃e ∃e′(FEEL(e) & EXPERIENCER(j, e) & STIMULUS (e′, e) & SHAKE(e′) & THEME(the floor, e′))

有一个事件 e 和一个事件 e′

e 是感觉事件

Jones 是事件 e 的体验者

e′是事件 e 的刺激物

e′摇晃事件

地板是事件 e′的受事

　　需要注意的是，这些表达式蕴涵了存在（即真实发生的事），所以它们适用于真正的感知，并不适用于幻想。例如，（37）蕴涵例（40），同样的蕴涵也适用于（38）和（39）：

（40）Lina shook the bottle.

$\exists e'$（SHAKE（e'）& AGENT（l，e'）& PATIENT（the bottle，e'））

简要重述一下，这种分析假定了 *Lina shake the bottle* 是 *Jones saw Lina shake the bottle* 的一个从句并且指称一个事件，而且这个事件是感知动词 *saw* 的第二个论元。

还应该注意的是，光杆不定式句子中感知动词后的名词短语像动词的论元——例如，*Jones saw Lina shake the bottle* 蕴涵 *Jones saw Lina*。但是（37）中的表达并不能体现这一点，因为它没有表现出 Lina 是"看"这一事件的刺激物。但更多的例子表明 *Jones saw Lina shake the bottle* 和 *Jones saw Lina* 之间明显的蕴涵关系可能是该语境下的常识性推论，而不是同类句式之间的普遍逻辑蕴涵。以下（41a－c）的蕴涵并不成立，（41d）为假。

（41）a. *Jones felt the floor shake* 蕴涵 *Jones felt the floor*。

b. *She heard the carpet rustle* 蕴涵 *She heard the carpet*。

c. *She saw the wind blow the clouds away* 蕴涵 *She saw the wind*。

d. （The intruder was hiding behind the curtain）*I saw him twitch the curtain* 蕴涵 *I saw him*。

11.4　加入时态和量化名词组

为了简洁，到目前为止新戴维森表示法没有引入时态，量化名词短语也只是放在论元的位置没有被分析。如果把这些细节包括进来的话，就需要确定这些表达的相对辖域。

首先，假设∃e 表达一个事件的存在，并且假设一个事件存在就是事件发生，那么一个事件的存在要受限于它所发生的时间。因此，一个过去的事件，一旦结束了，就不存在了；一个将来的事件，如果还没发生，也不能算作存在。所以一个时间算子总是比约束事件论元的存在量词的辖域范围要大，因为事件的发生是受制于由时态表达的时间的。例如：

(42) a. Jones left.

     b. Past ∃e (LEAVE (e) & AGENT (j, e))

       在过去的时间里，有一个事件，这个事件是离开，Jones 是这个事件的施动者

     c. #∃ePast (LEAVE (e) & AGENT (j, e))

       有一个事件，在过去的时间里，这一事件是离开，Jones 是它的施动者

根据句法学的一些研究（在这里就不介绍了），我们假设约束事件变量的存在量词总是取狭域。我们知道，量化名词短语和时态有辖域上的交叉（见第 9 章练习 2）。把这些点放在一起就产生了以下可能的顺序。

(43) 量化 NP—时态—∃e

     时态—量化 NP—∃e

包括时态的新戴维森表示法见（44）。例（44）表明了时态与量化名词短语的辖域变化。为简单起见，这里使用时态算子。

（44）a. The president visited Harbin.

　　b. ［The x：PRESIDENT（x）］Past ∃e（VISIT（e）&
　　　　AGENT（x, e）& PATIENT（h, e））

　　　　对这个 x 来说，x 是总统，在过去的一个时间里，
　　　　有一个访问的事件，x 是该事件的施事，哈尔滨是
　　　　这个事件的受事。

　　c. Past［The x：PRESIDENT（x）］∃e（VISIT（e）&
　　　　AGENT（x, e）& PATIENT（h, e））

　　　　在过去的一个时间里，对这个 x 来说，x 是总统，
　　　　有一个访问的事件，x 是该事件的施事，哈尔滨是
　　　　这个事件的受事。

　　时态算子的定义可以用更明确的对时间的量化来代替。如果
一个表达式包括了时间变量，那么一个事件和它发生的时间之间
的关系可以由"AT（e, t）"来表示。如（45）所示，（45b）对
应于（44b）。（和第 9 章一样，t^* 代表现在。）

（45）a. Jones will leave.

　　　　$\exists t \exists e(t^* < t$ & $(\text{LEAVE}(e)$ & $\text{AGENT}(j, e)$ & $\text{AT}(e, t)))$

　　b. The president visited Harbin.

　　　　$[\text{The } x：\text{PRESIDENT}(x)] \exists t \exists e(t < t^*$ & $\text{VISIT}(e)$ &
　　　　$\text{AGENT}(x, e)$ & $\text{PATIENT}(h, e)$ & $\text{AT}(e, t))$

练 习

新戴维森表示法

（1）★

用新戴维森表示法写出下列句子，要加入时态算子。

a. Marcia quickly shoved Clive into the cupboard.

b. Marcia took the book from Clive.

c. Clive broke some clods up roughly with a shovel.

d. The tree will fall suddenly.

e. Marcia saw Clive punch John.

f. Kennedy's assassination shocked America.

（Note that *Kennedy's assassination* is a definite description.）

副词

（2）★★（建议讨论）

有些副词不像是以事件为论元的谓词。例如，*John lied plausibly* 用新戴维森表示法会表示为：

Past ∃e（LIE（e）& AGENT（j，e）& PLAUSIBLE（e））

"有一个 John 撒谎的事件并且这个事件是合理的"

合理性是建议、推论、理论或命题等特性，而我们平常并不会说某个事件是合理的。如果我们用 *tell a lie* 把这个句子转写一下，那么这个句子就可以写成 *John told a plausible lie*。这样被这个副词修饰的是谎言（lie）这个词，而不是说谎这个事件。

在以下的句子中，你会把划线部分分析为事件谓词吗？如果不会，你会怎样分析相应的副词？

a. The Bedouin stole <u>silently</u> <u>away</u>.

b. Jones woke up <u>in a foul mood</u>.

c. Horace leaned <u>heavily</u> <u>on the counter</u>.

d. They gathered <u>together</u> <u>in a huddle</u>.

e. Marcia <u>spontaneously</u> combusted.

f. John arrived <u>unexpectedly</u>.

g. Jones was <u>willingly</u> instructed by Clive.

h. Jones was instructed <u>willingly</u> by Clive.

i. Jones woke up <u>in a bar</u>.

j. Anita interviewed Barry <u>over coffee</u>.

事件和题元角色

（3）★★★

用新戴维森表示法转写下列句子，要确保以下的蕴涵关系在你的表示法中都有体现：

（a）蕴含（b）-（e），（c）蕴含（b）和（d）。

a. Brutus stabbed Caesar in the marketplace.

b. Brutus did something.

c. Brutus did something to Caesar.

d. Something happened to Caesar.

e. There was a stabbing in the marketplace.

以上（a）-（e）中的蕴涵关系哪个可以用戴维森表示法表示？

进一步量化事件

（4）★★★

参考你对练习（3）的解答，给出下列句子的新戴维森表达式。（c）和（d）中要包括时态算子。

a. Everything John does is crazy.

b. Most of what happens to Marcia is funny.

c. Clive isn't going to do anything for Marcia.

d. Something awful is going to happen.

你给出的（c）的表示法蕴涵了下列或类似的句子吗？

e. Clive isn't going to buy flowers for Marcia.

f. Clive isn't going to sharpen a pencil for Marcia.

g. Clive isn't going to sing for Marcia.

另一类辖域歧义

（5）★★（建议讨论）

下例 *almost* 修饰的句子有歧义。假设 *almost* 是一个 ALMOST 算子，它的辖域是一个命题并且它的辖域可能是一个复杂命题也可能是一个原子命题。运用新戴维森分析法，你可以为下列句子写出几种表达式？

a. Jones almost ran to the store.

b. Jones almost killed Bill.

感知类句子

（6）★★★（建议讨论）

参考新戴维森分析法对 11.3 节感知类句子的分析，给出下列句子的表达式。

a. Zapruder saw Oswald shoot Kennedy.

b. Zapruder saw Kennedy shot by Oswald.

新戴维森表示法在这里可以给出正确的结果吗？（动词 *saw* 后面的部分在两句中描述同样的事件吗？）

缺失的论元

（7）★★★（建议讨论）

下列句中划线部分动词至少有一个论元在句中缺失。找到缺失的论元，并且如果可以的话，决定它们是否在语义上是必要的。

a. The cakes were eagerly <u>devoured</u>.

b. The boat was <u>sunk</u> to <u>collect</u> the insurance.

c. I <u>gave</u> at the office.

d. She <u>sliced</u> the cheese with a pocket-knife.

e. She <u>sliced</u> the cheese.

f. I gave him a beer and he <u>drank</u>.

g. To <u>know</u> her is to <u>love</u> her.

h. Tom <u>wrote</u> Harry a note.

i. Tom <u>wrote</u> a note.

j. To <u>love</u> is to <u>exalt</u>.

k. To <u>love</u> is to <u>exult</u>.

延伸阅读

本章很多讨论都基于 Parsons（1990）的第 1 到第 6 章。它是新戴维森分析法的重要来源而且简单易懂。Kennedy（1963）的第 7 章讨论了不同类谓词的价，还讨论了是否所有论元都必要的问题。

Dowty（1989）讨论了新戴维森分析法中价的问题以及逻辑表达式中的题元关系。Parsons（1995）回应了 Dowty（1989）。

Goldberg（1995）介绍了构式语法和动词不能决定其论元的观点（见 11.2.3 节）。

参考书目

Aarts, B. (1997). *English Syntax and Argumentation.* Basingstoke: Macmillan.

Abbott, B. (1997). Definiteness and existentials. *Language* 73, 103 -8.

Adams, E. W. (1970). Subjunctive and indicative conditionals. *Foundations of Language* 6, 89 -94.

Allan, K. (1980). Nouns and countability. *Language* 56, 541 -67.

Allan, K. (1986). *Linguistic Meaning*, vols. 1 and 2. London and New York: Routledge & Kegan Paul.

Allwood, J., Andersson, L. -G., and Dahl, O. (1977). *Logic in Linguistics.* Cambridge: Cambridge University Press.

Anderson, A. R. (1951). A note on subjunctive and counterfactual conditionals. *Analysis* 12, 35 -8.

Asher, R. E., ed. (1994). *The Encyclopaedia of Language and Linguistics.* Oxford and New York: Pergamon Press.

Audi, R., ed. (1995). *The Cambridge Dictionary of Philosophy.* Cambridge: Cambridge University Press.

Bach, E. (1981). On time, tense, and aspect: An essay in English metaphysics. In P. Cole, ed., *Radical Pragmatics.* New York: Academic Press. 63 -81.

Bach, E. (1989). *Informal Lectures in Formal Semantics*. Albany, NY: SUNY Press.

Bach, E., Jelinek, E., Kratzer, A., and Partee, B. H., eds (1995). *Quantification in Natural Languages*, vols. 1 and 2 (*Studies in Linguistics and Philosophy* 54). Dordrecht, Boston and London: Kluwer.

Barwise, J. and Cooper, R. (1981). Generalized quantifiers and natural language. *Linguistics and Philosophy* 4, 159 – 219.

Berg, J. (1988). The pragmatics of substitutivity. *Linguistics and Philosophy* 11, 355 – 70.

Bertinetto, P. M., Bianchi, V., Dahl, O., and Squartini, M., eds (1995). *Temporal Reference: Aspect and Actionality*, vols 1 and 2. Turin: Rosenberg & Sellier.

Blackburn, S. (1994). *The Oxford Dictionary of Philosophy*. Oxford: Oxford University Press.

Blakemore, D. (1992). *Understanding Utterances: An Introduction to Pragmatics*. Oxford: Blackwell.

Blakemore, D. (1995). Relevance theory. In J. Verschueren et al., eds. 443 – 52.

Borik, O. (2006). *Aspect and Reference Time*. Oxford: Oxford University Press.

Bright, W., ed. (1992). *International Encyclopaedia of Linguistics*. Oxford: Oxford University Press.

Burton-Roberts, N. (1989). *The Limits to Debate: A Revised Theory of Semantic Presupposition*. Cambridge: Cambridge University Press.

Cann, R. (1993). *Formal Semantics: An introduction*. Cambridge: Cambridge University Press.

Carnie, A. (2007). *Syntax: A Generative Introduction*, 2nd edn.

Oxford: Blackwell.

Carston, R. (1988). Implicature, explicature and truth-theoretic semantics. In R. M. Kempson, ed. *Mental Representations: The Interface between Language and Reality*. Cambridge: Cambridge University Press. 155−81. Reprinted in S. Davis, ed. 33−51.

Carston, R. (1995). Truth-conditional semantics. In J. Verschueren et al., eds. 544−50.

Carston, R. (1998). Informativeness, relevance and scalar implicature. In R. Carston and S. Uchida, eds. 179−236.

Carston, R. (1998). Negation, "presupposition" and the semantics/pragmatics distinction. *Journal of Linguistics* 34, 309−50.

Carston, R. and Uchida, S., eds. (1998). *Relevance Theory: Applications and Implications*. Amsterdam: John Benjamins.

Chierchia, G. and McConnell-Ginet, S. (1990). *Meaning and Grammar: An introduction to semantics*. Cambridge, MA: MIT Press.

Chomsky, N. (1970). Deep Structure, Surface Structure, and Semantic Interpretation. In R. Jakobson and S. Kawamoto, eds. *Studies in General and Oriented Linguistics*. Tokyo: TEC Corporation.

Clark, H. H. and Clark, E. V. (1977). *Psychology and Language: An Introduction to Psycholinguistics*. New York: Harcourt Brace Jovanovich.

Cole, P., ed. (1978). *Pragmatics (Syntax and Semantics 9)*. New York: Academic Press.

Comorovski, I. (1995). On quantifier strength and partitive noun phrases. In E. Bach et al., eds. 145−77.

Comrie, B. (1985). *Tense*. Cambridge: Cambridge University

Press.

Cruse, D. A. (1973). Some thoughts on agentivity. *Journal of Linguistics* 9, 11 – 23.

Crystal, D. (1966). Specification of English tenses. *Journal of Linguistics* 2, 1 – 133.

Davidson, D. (1967). The logical form of action sentences. In N. Rescher, ed. *The Logic of Decision and Action*. Pittsburgh, PA: University of Pittsburgh Press. 81 – 120.

Davidson, D. and Hintikka, J. (1975). *Words and Objections: Essays on the Work of W. V. Quine*, rev. edn. Dordrecht: Reidel.

Davis, S., ed. (1991). *Pragmatics: A Reader*. Oxford: Oxford University Press.

Depraetere, I. (1995). On the necessity of distinguishing between (un)boundedness and (a)telicity. *Linguistics and Philosophy* 18, 1 – 19.

Diver, W. (1963). The chronological system of the English verb. *Word* 19, 141 – 81.

Donnellan, K. (1966). Reference and definite descriptions. *Philosophical Review* 77, 281 – 304. Reprinted in S. Davis, ed. (1991). 52 – 64.

Dowty, D. R. (1977). Toward a semantic analysis of verb aspect and the English "imperfective" progressive. *Linguistics and Philosophy* 1, 45 – 77.

Dowty, D. R. (1979). *Word Meaning and Montague Grammar*. Dordrecht: Reidel.

Dowty, D. R. (1986). The effects of aspectual class on the temporal structure of discourse: Semantics or pragmatics? *Linguistics and*

Philosophy 9, 37 –61. Reprinted in I. Mani et al. (2005). 333 –51.

Dowty, D. R. (1989). On the semantic content of the notion of "thematic role". In G. Chierchia, B. H. Partee and R. Turner, eds. *Properties, Types and Meaning*. Dordrecht: Kluwer. 69 –129.

Dowty, D. R. (1991). Thematic proto-roles and argument selection. *Language* 67, 547 –619.

Dowty, D., Wall, R. E. and Peters, S. (1981). *Introduction to Montague Semantics*. Dordrecht: Reidel.

Dudman, V. H. (1991). Interpretations of 'if' -sentences. In F. Jackson, ed. 202 –32.

Emonds, J. (1975). Arguments for assigning tense meanings after certain syntactic transformations apply. In E. L. Keenan, ed. 351 –72.

Fodor. J. D. (1970). *The Linguistic Description of Opaque Contexts*. Doctoral dissertation, Massachusetts Institute of Technology. Published 1979, New York: Garland.

Frawley, W. (1992). *Linguistic Semantics*. Hillsdale, NJ: Lawrence Erlbaum.

Frege, Gottlob ([1891] 1980). Function and concept. In P. T. Geach and Max Black, eds, *Translations from the Philosophical Writings of Gottlob Frege*. Trans. P. T. Geach, 3rd edn. Oxford: Blackwell. 22 –41.

Gärdenfors, P. ed. (1987). *Generalized Quantifiers*. Dordrencht: Reidel.

Geirsson, H. and Losonsky, M., eds (1996). *Readings in Language and Mind*. Oxford: Blackwell.

Gil, D. (1995). Universal quantifiers and distributivity. In E. Bach et al. eds. 321 – 62.

Goldberg, A. E. (1995). *Constructions: A Construction Grammar Approach to Argument Structure*. Chicago: Chicago University Press.

Goodman, N. (1944). The problem of counterfactual conditionals. *Journal of Philosophy* 44, 113 – 28. Reprinted in F. Jackson, ed. (1991). 9 – 27.

Grice, H. P. (1975). Logic and conversation. In P. Cole and J. L. Morgan, eds. *Speech Acts*. New York: Academic Press. 41 – 58. Reprinted in S. Davis, ed. (1991). 305 – 15.

Grice, H. P. (1978). Further notes on logic and conversation. In P. Cole. ed. *Pragmatics (Syntax and Semantics* 9). New York: Academic Press. 113 – 27.

Grundy, p. (1995). *Doing Pragmatics*. London: Edward Arnold.

Guerssel, M., Hale, K., M. Laughren, M., Levin, B., B. Levin and White Eagle, J. (1985). A cross-linguistic study of transitivity alternations. In *Papers from the Parasession on Causatives and Agentivity*. Chicago, IL: Chicago Linguistic Society.

Hale, K. and Keyser, S. J. (2002). *Prolegomenon to a Theory of Argument Structure*. Cambridge, MA: MIT Press.

Hatav, G. (1993). The aspect system in English: An attempt at a unified analysis. *Linguistics* 31, 209 – 37.

Heim, I. (1982). *The Semantics of Definite and Indefinite Noun Phrases*. Doctoral dissertation, University of Massachusetts at

Amherst.

Heim, I. and Kratzer, A. (1998). *Semantics in Generative Grammar*. Cambridge, MA: MIT Press.

Higginbotham, J. (1983). The logic of perceptual reports: An extensional alternative to situation semantics. *Journal of Philosophy* 80, 100-27.

Hinrichs, Erhard (1986). Temporal anaphora in discourses of English. *Linguistics and Philosophy* 9, 63-82.

Hitzeman, J. (1997). Semantics partition and the ambiguity of sentences containing temporal adverbials. *Natural Language Semantics* 5, 87-100.

Horn, L. R. (1984). Toward a new taxonomy for pragmatic inference: Q-based and R-based implicature. In D. Schiffrin, ed. (1984). *Meaning, Form and Use in Context: Linguistic Applications (Georgetown University Round Table on Languages and Linguistics* 1984). Washington, DC: Georgetown University Press. 11-42.

Horn, L. R. (1989). *A Natural History of Negation*. Chicago, IL: University of Chicago Press.

Horn, L. R. (1996). Presupposition and implicature. In S. Lappin, ed. 299-319.

Horsnstein, N. (1990). *As Time Goes By*. Cambridge, MA: MIT Press.

Huang, Y. (2007). *Pragmatics*. Oxford: Oxford University Press.

Ioup, G. (1997). Specificity and the interpretation of quantifiers. *Linguistics and Philosophy* 1, 233-45.

Jackendoff, R. (1983). *Semantics and Cognition*. Cambridge, MA:

MIT Press.

Jackendoff, R. (1987). The status of thematic relations in linguistic theory. *Linguistic Inquiry* 18, 369 – 411.

Jackendoff, R. (1990). *Semantic structures.* Cambridge, MA: MIT Press.

Jackendoff, R. (1991). Parts and Boundaries. In B. Levin and S. Pinker, eds. 9 – 45.

Jackendoff, R. (2002). *Foundations of Language: Brain, Meaning, Grammar, Evolution.* Oxford: Oxford University Press.

Jackson, F. (1987). *Conditionals.* Oxford: Basil Blackwell.

Jackson, F., ed. (1991). *Conditionals.* Oxford: Oxford University Press.

Jesperson, O. (1932). *A Modern English Grammar on Historical Principles*, Part IV. London: George Allen & Unwin.

Johnson-Laird, P. N. (1982). Formal semantics and the psychology of meaning. In S. Peters and E. Saarinen, eds. 1 – 68.

Johnson-Laird, P. N. (1988). *The Computer and the Mind: An Introduction to Cognitive Science.* Cambridge, MA: Harvard University Press.

Johnson-Laird, P. N. and Wason, P. C., eds. (1977) *Thinking: Readings in Cognitive Science.* Cambridge: Cambridge University Press.

Kamp, H. (1981). A theory of truth and semantic representation. In J. Groenendijk, T. Janssen and M. Stokhoff, eds. *Truth, Interpretation, Information* (GRASS 2). Dordrecht: Foris. 1 – 41. Reprinted in P. Portner and B. H. Partee, B., eds (2002). 189 – 222.

Kamp, H. (1995). Discourse representation theory. In J.

Verschueren et al. , eds. 253 - 7.

Kamp, H. and Reyle, U. (1993). *From Discourse to Logic: Introduction to Modeltheoretic Semantics of Natural Language, Formal Logic and Discourse Representation Theory*, 2 vols. Dordrecht: Kluwer.

Katz, J. J. (1972). *Semantic Theory*. New York: Harper & Row.

Keenan, E. L. and Stavi, J. (1986). A semantic characterization of natural language determiners. *Linguistics and Philosophy* 9, 253 - 326.

Keenan, E. L. ed. (1975). *Formal Semantics of Natural Language*. Cambridge: Cambridge University Press.

Keenan, E. L. (1996). The semantics of determiners. In S. Lappin, ed. 41 - 63.

Kenny, A. (1963). *Action, Emotion and Will*. London: Routledge & Kegan Paul.

Kiparsky, P. and Kiparsky, C. (1971). Fact. In D. D. Steinberg and L. A. Jakobovits, eds. *Semantics: An Interdisciplinary Reader in Philosophy, Linguistics and Psychology*. Cambridge: Cambridge University Press. 345 - 69.

Klein, W. (1992). The present perfect puzzle. *Language* 68, 525 - 52.

Kratzer, A. (1977). What *must* and *can* must and can mean. *Linguistics and Philosophy* 1, 337 - 55.

Kratzer, A. (1991). Modality. In Arnim von Stechow and Dieter Wunderlich, eds. *Semantics: An international handbook of contemporary research*. Berlin and New York: Walter de Gruyter. 639 - 50.

Kripke, S. (1979). Speaker's Reference and Semantic Reference. In P. A. French et al., eds. *Contemporary Perspectives in the Philosophy of Language.* Minneapolis: University of Minneapolis Press. Reprinted in S. Davis, ed. (1991). 77 – 96.

Kripke, S. A. (1980). *Naming and Necessity*, rev. edn. Cambridge, MA: Harvard University Press.

Ladusaw, W. (1980). *Polarity Sensitivity as Inherent Scope Relations.* PhD dissertation, University of Texas at Austin. Distributed by Indiana University Linguistics Club, Bloomington, Indiana.

Ladusaw, W. (1988). Semantic theory. In F. Newmeyer, F. ed. 89 – 112.

Ladusaw, W. (1996). Negation and polarity items. In S. Lappin, ed. 321 – 41.

Lakoff, G, (1965). *On the Nature of Syntactic Irregularity.* PhD thesis, Indiana University. Published as *Irregularity in Syntax.* New York: Holt, Rinehart & Winston, 1970.

Lamarque, P. V., ed. (1997). *Concise Encyclopaedia of Philosophy of Language.* Oxford and New York: Elsevier Science.

Landman, F. (1996). Plurality. In S. Lappin, ed. 425 – 57.

Lappin, S., ed. (1996). *The Handbook of Contemporary Semantic Theory.* Oxford and Cambridge, MA: Blackwell.

Larson, R. K. (1988). On the Double Object Construction. *Linguistic Inquiry* 19, 335 – 91.

Larson, R., and Segal, G. (1995). *Knowledge of Meaning.* Cambridge, MA: MIT Press.

Leech, G. N. (1971). *Meaning and the English Verb.* London and New York: Longman.

Levin, B. (1993). *English Verb Classes and Alternations: A Preliminary Investigation.* Chicago, IL: University of Chicago Press.

Levin, B. (2000). Aspect, lexical semantic representation, and argument expression. *Proceedings of the26 th Annual Meeting of the Berkeley Linguistics Society.* Berkeley Linguistics Society, University of California.

Levin, B., and Pinker, S., eds. (1991). *Lexical and Conceptual Semantics.* Oxford: Blackwell. Reprinted form *Cognition: International Journal of Cognitive Science*, vol. 41, nos. 1 - 3.

Levin, B., and Rappaport Hovav, M. (1991). Wiping the slate clean: A lexical semantic exploration. In B. Levin and S. Pinker, eds. 123 - 51.

Levinson, S. C. (1983). *Pragmatics.* Cambridge: Cambridge University Press.

Lewis, D. (1973). *Counterfactuals.* Cambridge: MA: Harvard University Press.

Lewis, D. (1975). Adverbs of quantification. In E. L. Keenan, ed. 3 - 15.

Lewis, D. (1979). Counterfactual dependence and time's arrow. *Noûs* 13, 455 - 76. Reprinted in F. Jackson, ed. (1991), 46 - 75.

Lewins, D. (1979). Scorekeeping in a language game. *Journal of Philosophical Language* 8, 339 - 59. Reprinted in S. Davis, ed. (1991). 416 - 27.

Link, G. (1987). Generalized quantifiers and plurals. In P. Gärdenfors, ed. 151 - 80.

Löbner, S. (1986). Quantification as a major module of natural language semantics. In J. Groenendijk et al. , eds. *Studies in Discourse Representation Theory and the Theory of Generalized Quantifiers*. Dordrecht: Foris. 53 – 85.

Ludlow, P. and Neale, S. (1991). Indefinite descriptions: In defense of Russell. *Linguistics and Philosophy* 14, 171 – 202.

Lumsden, M. (1988). *Existential Sentences: Their Structure and Meaning*. London: Croom Helm. Published (1990) London and New York: Routledge.

Mani, I, Pustejovsky, J. and Gaizauskas, R. , eds (2005). *The Language of Time: A Reader*. Oxford: Oxford University Press.

Martin, R. M. (1987). *The Meaning of Language*. Cambridge, MA: MIT Press.

McCawley, J. D. (1971). Tense and time reference in English. In C. Fillmore and T. Langendoen, eds. *Studies in Linguistic Semantics*. New York: Holt, Rinehart & Winston. 97 – 113.

McCawley, J. D. (1993). *Everything that Linguists Have Always Wanted to Know about Logic But Were Ashamed to Ask*, 2 nd edn. Chicago, IL: Chicago University Press.

McConnell-Ginet, S. (1982). Adverbs and logical form. *Language* 58, 144 – 84.

Michaelis, L. A. (1994). The ambiguity of the English present perfect. *Journal of Linguistics* 30, 111 – 57.

Miller, G. A. and Johnson-Laird, P. N. (1976). *Language and Perception*. Cambridge: Cambridge University Press.

Milsark, G. (1974). *Existential Sentences in English*, MIT doctoral dissertation, Cambridge, Massachusetts.

Milsark, G. (1977). Toward and explanation of certain peculiarities in the existential construction in English. *Linguistic Analysis* 3, 1 -30.

Mittwoch, A. (1988). Aspects of English aspect: On the interaction of perfect, progressive and durational phrases. *Linguistics and Philosophy* 11, 203 -54.

Mittwoch, A. (1995). The English perfect, past perfect and future perfect in a neo-reichen-bachian framework. In P. M. Bertinetto et al. , eds. 255 -67.

Moltmann, F. (1991). Measure Adverbials. *Linguistics and Philosophy* 14, 629 -60.

Mourelatos, A. P. D. (1978). Events, processes and states. *Linguistics and Philosophy* 2, 415 -34.

Munitz, M. K. and Unger, P. K. , eds (1974). *Semantics and Philosophy*. New York: New York University Press.

Neale, S. (1990). *Descriptions*. Cambridge, MA: MIT Press.

Neale, S. (1992). Paul Grice and the philosophy of language. *Linguistics and Philosophy* 15, 509 -59.

Newmeyer, F. , ed. (1988). *Linguistics: The Cambridge Survey*, vol. 1. Cambridge: Cambridge University Press.

Nute, D. (1984). Conditional Logic. In D. Gabbay and F. Guenthner, eds. *Handbook of Philosophical Logic*, vol. II. Dordrecht: Reidel. 387 -439.

Oh, C. -K. and Dinneen, D. A. , eds (1979). *Presupposition* (*Syntax and Semantics* 11). New York: Academic Press.

Palmer, F. R. (1987). *The English Verb*, 2nd edn. London and New York: Longman.

Parsons, T. (1980). Modifiers and quantifiers in natural language.

Canadian Journal of Philosophy 6, 29 – 60.

Parsons, T. P. (1989). The progressive in English: Events, states and processes. *Linguistics and Philosophy* 12, 213 – 41.

Parsons, T. P. (1990). *Events in the Semantics of English.* Cambridge, MA: MIT Press.

Parsons, T. P. (1995). Thematic relations and arguments. *Linguistic Inquiry* 26, 635 – 62.

Partee, B. H. (1973). Some structural analogies between tenses and pronouns in English. *Journal of Philosophy* 70, 601 – 9.

Partee, B. H. (1973). The semantics of belief-sentences. In K. J. J. Hintikka, J. M. E. Moravcsik and P. Suppes, eds. *Approaches to Natural Language: Proceedings of the 1970 Stanford Workshop on Grammar and Semantics.* Dordrecht and Boston, MA: Reidel. 309 – 35.

Partee, B. H. (1974). Opacity and scope. In M. K. Munitz and P. Unger, eds. 81 – 101.

Partee, B. H. (1981). Montague Grammar, mental representations and reality. In K. Kanger and S. Öhman, eds (1981). *Philosophy and Grammar: Papers on the Occasion of the Quincentennial of Uppsala University.* Dordrecht: Reidel. 59 – 78.

Partee, B. H. (1982). Belief-sentences and the limits of semantics. In S. Peters and E. Saarinen, eds. 87 – 106.

Partee, B. H. (1984). Nominal and temporal anaphora. *Linguistics and Philosophy* 7, 243 – 86.

Partee, B. H. (1996). Semantics-mathematics or psychology? In H. Geirsson and M. Losonsky, eds. 88 – 100.

Pesetsky, D. (1995). *Zero Syntax: Experiencers and Cascades.*

Cambridge, MA: MIT Press.

Peters, S. and Saarinen, E. , eds (1982). *Processes, Beliefs and Questions.* Dordrecht: Reidel.

Pinker, S. (1989). *Learnability and Cognition.* Cambridge, MA: MIT Press.

Portner, Paul H. (2005). *What Is Meaning? Fundamentals of Formal Semantics.* Oxford: Blackwell.

Portner, P. and Partee, B. H. (2002). *Formal Semantics: The Essential Readings.* Oxford: Blackwell.

Progovac, L. (1994). *Negative and Posotive Polarity (Cambridge Studies in Linguistics* 68). Cambridge: Cambridge University Press.

Pustejovsky, J. , ed. (1993). *Semantics and the Lexicon.* Dordrecht: Kluwer.

Pustejovsky, J. (1995). *The Generative Lexicon.* Cambridge, MA: MIT Press.

Quine, W. v. O. (1956). Quantifiers and propositional attitudes. *Journal of Philosophy* 53, 177 – 87. Reprinted in, W. v. O. Quine (1976). *The Ways of Paradox and Other Essays.* Cambridge, MA: Harvard University Press. 185 – 96.

Radford, A. (1988). *Transformational Grammar.* Cambridge: Cambridge University Press.

Rappaport, M. and Levin, B. (1988). What to do with theta-roles. In W. Wilkins, ed. *Syntax and Semantics 21 : Themantic Relations.* New York: Academic Press. 7 – 36.

Reichenbach, H. (1947). The tenses of verbs. Section 51 of *Elements of Symbolic Logic,* ed. M. Reichenbach. New York: Macmillan. 287 – 98. Reprinted in I. Mani et al. , eds (2005).

71 −8.

Reuland, E., and ter Meulen, A., eds. (1987). *The Representation of (In)Definiteness*. Cambridge, MA: MIT Press.

Richard, M. (1990). *Propositional Attitudes: An Essay on Thoughts and How We Ascribe Them*. Cambridge: Cambridge University Press.

Rijkhoff, J. (1991). Nominal Aspect. *Journal of Semantics* 8, 291 −309.

Russell, B. (1905). On denoting. *Mind* 14, 479 −493. Reprinted in R. C. Marsh, ed. (1956). *Logic and Knowledge*. London: George Allen & Unwin. 41 −56.

Russell, B. (1911). Knowledge by acquaintance and knowledge by description. In *Proceedings of the Aristotelian Society* 11 (1910 − 11), 108 −128. Reprinted in N. Salmon and S. Soames, eds (1988). 16 −32.

Ryle, R. (1949). *The Concept of Mind*. London: Hutchinson. Published (1963) Harmondsworth: Peregrine Books.

Saeed J. I. (1997). *Semantics*. Oxford: Blackwell.

Salmon, N. and Soames, S., eds (1988). *Propositions and Attitudes*. Oxford: Oxford University Press.

Sanford, D. H. (1989). *If P, then Q: Conditionals and the Foundations of Reasoning*. London and New York: Routledge.

Schlesinger, I. M. (1987). Instruments as agents: On the nature of semantic relations. *Journal of Linguistics* 25, 189 −210.

Schwenter, S. A. (1994). "Hot news" and the grammaticalization of perfects. *Linguistics* 32, 995 −1028.

Sharvy, R. (1980). A more general theory of definite descriptions.

The Philosophical Review 89, no. 4, 607 – 24.

Smith, C. S. (1997). *The Parameter of Aspect*. Dordrecht: Kluwer.

Soames, S. (1979). A projection problem for speaker presuppositions. *Linguistic Inquiry* 10, 623 – 66.

Soames, S. (1982). How presuppositions are inherited: A solution to the projection problem. *Linguistic Inquiry* 13, 483 – 545.

Soames, S. (1987). Substitutivity. In J. J. Thompson, ed. (1987). *On Being and Saying: Essays for Richard Cartwright*. Cambridge, MA: MIT Press. 99 – 132

Soames, S. (1989). Presupposition. In D. Gabbay and F. Guenther, eds. *Handbook of Philosophical Logic*, vol. IV. Dordrecht: Reidel. 553 – 616.

Sperber, D. and Wilson, D. (1986). *Relevance*, rev. edn (1995). Cambridge, MA: Harvard University Press.

Sperber, D. and Wilson, D. (1996). Précis of *Relevance: Communication and Cognition*. In H. Geirsson and M. Losonsky, eds. 460 – 86.

Stalnaker, R. C. (1974). Pragmatics presuppositions. In M. K. Munitz and P. K. Unger, eds. 197 – 213.

Strawson, P. F. (1950). On Referring. *Mind* 59, 320 – 44. Reprinted in P. F. Strawson (1971). *Logico-Linguistic Papers*. London: Methuen.

Talmy, Leonard (1985). Lexicalization Patterns. In Timothy Shopen et al., eds. *Language Typology and Syntactic Description*, vol. III: *Grammatical Categories and the Lexicon*. Cambridge: Cambridge University Press. 57 – 149.

Tedeschi, P. and Zaenen, A., eds (1981). *Tense and Aspect*

(*Syntax and Semantics* 14). New York: Academic Press.

Van Benthem, J. and ter Meulen, A., eds (1984). *Generalized Quantifiers in Natural Language*. Dordrecht: Foris.

Van Valin, R. D. (1995). Role and Reference Grammar. In J. Verschueren et al., eds (1995). 461 – 9.

Van Valin, R. D. and LaPolla, R. (1997). *Syntax: Structure, Meaning & Function*. Cambridge: Cambridge University Press.

Van Voorst, J. (1992). The aspectual semantics of psychological verbs. *Linguistics and Philosophy* 15, 65 – 92.

Vendler, Z., (1967). *Linguistics in Philosophy*. Ithaca, NY: Cornell University Press.

Vendler, Z. (1967). Each and every, any and all. In Z. Vendler. 70 – 96.

Verschueren, J., Östman, J. -O. and Blommaert, J., eds (1995) *Handbook of Pragmatics Manual*. Amesterdam and Philadelphia, PA: John Benjamins.

Von Fintel, Kai (2004). Would you believe it? The King of France is back! (Presuppositions and truth-value intuitions). In Marga Reimer and Anne Bezuidenhout, eds. *Descriptions and Beyond*. Oxford: Oxford University Press. 315 – 41.

Ward, G. and Birner, B. J. (1997). Response to Abbott. *Language* 73, 109 – 12.

Webster, N. (1789). *Dissertations on the English Language*. Menston: Scolar Press.

Westerståhl, D. (1984). Determiners and context sets. In J. van Benthem and A. J. B. ter Meulen, eds. 45 – 71.

Wettstein, H. (1991). *Has Semantics Rested on a Mistake? and*

Other Essays. Stanford, C. A. : Stanford University Press.

Wierzbicka, Anna. (1996). *Semantics: Primes and Universals.* Oxford: Oxford University Press.

Wilson, D. and Sperber, D. (1986). Inference and implicature. In C. Travis, ed. *Meaning and Interpretation.* Oxford: Blackwell, 45 - 75. Reprinted in S. Davis, ed. (1991). 377 - 93.

Woods, M. (1997). *Conditionals*, ed. David Wiggins. Oxford: Clarendon Press.

Zwarts, F. (1983). Determiners: A relational perspective. In A. G. B. ter Meulen, ed. *Studies in Modeltheoretic Semantics*, Dordrecht: Foris.